GW01605226

Progetto Lingua Edizioni
Via S. Reparata, 105
50129 Firenze

Tel/Fax 055 - 48 66 44

http//www.progettolingua.it

E-mail: info@progettolingua.it
pled@inwind.it

Volume stampato in Italia - Printed in Italy.

ISBN 88-87883-02-5

Claudio Manella

Ecco!

Grammatica italiana

Elementi essenziali di grammatica italiana
con esercizi, test e chiavi.
Annesso dizionario con traduzioni in
inglese, francese, tedesco, spagnolo

Progetto Lingua
Firenze

Indice

Unità 1

Gli articoli, i nomi e gli aggettivi

Articoli maschili

determinativi		*indeterminativi*	
singolare	*plurale*	*singolare*	*plurale*
IL	I	UN	DEI
LO	GLI	UNO	DEGLI
L'	GLI	UN	DEGLI

Es. il divano, i divani - un divano, dei divani.
lo Stato, gli Stati - uno Stato, degli Stati.
l'albero, gli alberi - un albero, degli alberi.

Articoli femminili

determinativi		*indeterminativi*	
singolare	*plurale*	*singolare*	*plurale*
LA	LE	UNA	DELLE
L'	LE	UN'	DELLE

Es. la patata, le patate - una patata, delle patate.
l'isola, le isole - un'isola, delle isole.

Articoli maschili

. *«**il**» e «**un**» (plurale «**i**» e «**dei**») sono i più comuni. Si usano con la maggioranza delle parole che iniziano con una consonante.*

Es. il tavolo (plur. i tavoli) — un tavolo (plur. dei tavoli).
il disegno (plur. i disegni) — un disegno (plur. dei disegni).
il libro (plur. i libri) — un libro (plur. dei libri).

. *«**lo**» e «**uno**» (plurale «**gli**» e «**degli**») si usano con le parole che iniziano con «s» + consonante (studente), con «p» + «s» (psicologo), con «z» (zio), con «x» (xilofono) e con «gn» (gnocco).*

Es. lo studente (plur. gli studenti) — uno studente (plur. degli studenti).
lo psicologo (plur. gli psicologi) — uno psicologo (plur.degli psicologi).
lo zucchero (plur. gli zuccheri) — uno zucchero (plur. degli zuccheri).

. *«**l'**» e «**un**» (plurale «**gli**» e «**degli**») si usano con le parole che iniziano con una vocale, come albero, incendio, ombrello,...*

Es. l'albero (plur. gli alberi) — un albero (plur. degli alberi).
l'incendio (plur. gli incendi) — un incendio (plur. degli incendi).
l'ombrello (plur. gli ombrelli) — un ombrello (plur. degli ombrelli).

Articoli femminili

. *«**la**» e «**una**» (plurale «**le**» e «**delle**») sono i più comuni. Si usano con tutte le parole che non iniziano per vocale.*

Es. la donna (plur. le donne) — una donna (plur. delle donne).
la sedia (plur. le sedie) — una sedia (plur. delle sedie).
la porta (plur. le porte) — una porta (plur. delle porte).

. *«**l'**» e «**un'**» (plurale «**le**» e «**delle**») si usano con tutte le parole che iniziano per vocale.*

Es. l'isola (plur. le isole) — un'isola (plur. delle isole).
l'anatra (plur. le anatre) — un'anatra (plur. delle anatre).
l'ora (plur. le ore) — un'ora (plur. delle ore).

Esercizi

I. *Mettere l'articolo determinativo (il, lo, l', i, gli, la, le).*

1) ... bottiglia
2) ... valigia
3) ... libri
4) ... lampade
5) ... albergo
6) ... stivali
7) ... statua
8) ... pantaloni
9) ... scuole
10) ... giardino
11) ... olio
12) ... sbaglio
13) ... zoo
14) ... spaghetti
15) ... bicchiere
16) ... armadio
17) ... gnocchi
18) ... opere
19) ... quadro
20) ... isola
21) ... porte
22) ... ospiti
23) ... camicia
24) ... macchina
25) ... automobile
26) ... caramella
27) ... ore
28) ... disco
29) ... zio
30) ... studio
31) ... acqua
32) ... errori
33) ... carta
34) ... zucchero
35) ... pasta
36) ... autunno

II. *Mettere l'articolo indeterminativo (un, uno, dei, degli, una, un', delle).*

1) ... caramella
2) ... signore
3) ... panino
4) ... fotografia
5) ... vestiti
6) ... occhi
7) ... libri
8) ... agenzie
9) ... estate
10) ... gonne
11) ... paese
12) ... occhiali
13) ... sguardo
14) ... proposta
15) ... ambulanza
16) ... spagnoli
17) ... grammatica
18) ... inverno
19) ... braccio
20) ... sogni
21) ... monete
22) ... psicologi
23) ... malattie
24) ... giornale
25) ... dizionari
26) ... camicie
27) ... motore
28) ... stupido
29) ... scherzo
30) ... ora
31) ... cosa
32) ... agenzia
33) ... lettere
34) ... verbi
35) ... spesa
36) ... fiabe

***Nota**: Gli articoli determinativi si usano quando vogliamo indicare un oggetto preciso, specifico, determinato; l'unico oggetto a cui ci riferiamo.*
Quando diciamo «il libro», vogliamo parlare di quel libro specifico e solo di quello.
*Es. **Il libro** che mi hai prestato è molto interessante.*

Gli articoli indeterminativi si usano quando vogliamo indicare un oggetto indefinito, generico, non specifico, indeterminato.
Quando diciamo «un libro» vogliamo parlare di un libro qualsiasi.
*Es. La sera mi piace leggere **un libro** prima di addormentarmi.*

Esercizi

***III.** Mettere l'articolo, scegliendo fra determinativo e indeterminativo.*

Es. Mi puoi prestare ... penna, per favore?
*Mi puoi prestare **una** penna, per favore?*

Stasera voglio guardare ... TV.
*Stasera voglio guardare **la** TV.*

1) .... madre di Paola è .... signora molto simpatica.
2) .... professor Rossi è .... nostro migliore insegnante.
3) Signori, posso fare .... proposta?
4) .... mia macchina è molto vecchia.
5) Ieri ho trovato per terra .... banconota da 100 euro!
6) .... vostre domande sono molto interessanti.
7) Questa non è .... risposta giusta.
8) Non dare ascolto a quei ragazzi. Sono .... stupidi!
9) Finalmente ho trovato .... lavoro per .... estate.
10) .... sabato sera di solito esco con .... amici.
11) Ti piacerà molto .... cena che ho preparato.
12) Ieri sera è stato inaugurato .... nuovo Teatro Comunale.
13) Steven è .... studente americano di Chicago.
14) Non posso venire con voi, perché ho .... febbre.
15) .... esercizi che hai fatto sono tutti sbagliati.
16) .... telefono squilla. Perché non rispondi?
17) In quel ristorante si mangiano .... dolci buonissimi.
18) Vorrei .... chilo di mele e .... banane molto mature.
19) Siamo stati in .... albergo grazioso e molto economico.
20) Stasera ho .... forte mal di testa. Andrò a letto presto.
21) Ho comprato .... dischi di musica classica.
22) .... mio unico desiderio è quello di abitare su .... isola.
23) Maurizio è .... ragazzo molto simpatico e generoso.
24) Non posso dirti che cosa abbiamo preparato. È .... sorpresa!

Nomi e aggettivi

*. **I nomi e gli aggettivi maschili** hanno di solito il singolare in «**o**» e il plurale in «**i**»*

*Es. il libr**o** ross**o** - i libr**i** ross**i**.*
*uno scherz**o** stupid**o** - degli scherz**i** stupid**i**.*
*un quadr**o** famos**o** - dei quadr**i** famos**i**.*

*. **I nomi e gli aggettivi femminili** hanno di solito il singolare in «**a**» e il plurale in «**e**».*

*Es. la penn**a** giall**a** - le penn**e** giall**e**.*
*una propost**a** chiar**a** - delle propost**e** chiar**e**.*
*una bottigli**a** pien**a** - delle bottigli**e** pien**e**.*

Esercizi

***IV.** Completare con la giusta terminazione.*

Es. L'orologio che ho comprato è molto car...
*L'orologio che ho comprato è molto car**o**.*

1) La macchina di Stefano è nuovissim... .
2) Il romanzo che sto leggendo è molto bell... .
3) Ho regalato a Gabriella delle rose ross... .
4) Molt... uomini dicono che Sandra è una bell... donna.
5) I mobili che avete comprato sono bell... .
6) Il professore corregge i compiti con una penna ross... .
7) Mi hanno detto che in Italia il cielo è sempre azzurr... .
8) Mi piacciono molto le patate bollit... .
9) Ho affittato un appartamento a un prezzo bass... .
10) L'armadio è pien... e io non so più dove mettere i vestiti.
11) Mario è un ragazzo molto alt... e magr... .
12) Ho comprato il nuov... disco del musicista Abel Mustafà Nazir.

Nota: *Molti nomi e aggettivi (maschili e femminili) hanno il singolare in «**e**» e il plurale in «**i**». Ecco qui gli aggettivi più usati:*

abbondante
attuale
borghese
breve
celibe
centrale
colpevole
debole
difficile
divertente
dolce
elegante
facile
felice
femminile
forte
gentile
giovane
grande
grave
importante
impossibile
intelligente
interessante
inutile
irregolare
maschile
migliore
nazionale
normale
nubile
occidentale
orientale
originale
orizzontale
orribile
particolare
pesante
possibile
puntuale
regolare
semplice
singolare
speciale
terribile
triste
uguale
urgente
utile
veloce
verticale

*Es. il grand**e** fium**e** - i grand**i** fium**i**.*
*il fior**e** verd**e** - i fior**i** verd**i**.*
*un uom**o** (una donn**a**) gentil**e** - degli uomin**i** (delle donn**e**) gentil**i**.*

*la grand**e** vall**e** - le grand**i** vall**i***
*una letter**a** (un pacc**o**) urgent**e** - delle letter**e** (dei pacch**i**) urgent**i**.*
*la stazion**e** central**e** - le stazion**i** central**i**.*

Nota: *Molti nomi maschili (m) e femminili (f) hanno al singolare la terminazione femminile. Ecco qui i più usati:*

artista (mf)
atleta (mf)
autista (m)
capolinea (m)
chitarrista (mf)
clarinettista (mf)
clima (m)
collega (mf)
dentista (mf)
fantasma (m)
musicista (mf)
pianista (mf)
pilota (m)
poeta (m)
problema (m)
programma (m)
sistema (m)
telegramma (m)
trombettista (mf)
turista (mf)
violinista (mf)

Schema generale riassuntivo
(nomi e aggettivi)

Maschile			*Femminile*		
Singolare		*plurale*	*Singolare*		*Plurale*
il libro	-	*i libri*	*la penna*	-	*le penne*
il fiume	-	*i fiumi*	*la valle*	-	*le valli*
bello	-	*belli*	*bella*	-	*belle*
dolce	-	*dolci*	*dolce*	-	*dolci*

Nota: *Lo schema qui presentato è naturalmente solo riassuntivo, dato che ci sono molti casi in cui queste regole non sono applicabili. Ricapitoliamo qui i più importanti.*

. I nomi maschili che terminano in -co e -go preceduti da una consonante, al plurale diventano -chi e -ghi (il bosco - i boschi ; il chirurgo - i chirurghi).

. Tutti i nomi femminili che terminano in -ca e -ga al plurale diventano -che e -ghe. (l'amica - le amiche ; la strega - le streghe).

. I nomi maschili che terminano in -io con l'accento tonico sulla «i» al plurale fanno -ii (lo zio - gli zii).

. I nomi maschili che terminano in -io con l'accento tonico che non cade sulla «i», al plurale perdono la «o» (lo studio - gli studi).

. I nomi femminili che terminano in -cia e -gia con l'accento tonico sulla «i» al plurale fanno -cie -gie.
(la scia - le scie ; la bugia - le bugie).

. I nomi femminili che terminano in -cia e -gia con l'accento tonico non sulla «i» al plurale fanno -ce -ge (la faccia - le facce ; la pioggia - le piogge).

. Alcuni nomi maschili hanno il plurale uguale alla forma femminile singolare.
(il braccio - le braccia ; l'uovo - le uova ; il labbro - le labbra ; il dito - le dita).

. Tutti i nomi dei musicisti, maschili e femminili, terminano in «a», mentre al plurale sono regolari. (il pianista - i pianisti ; la pianista - le pianiste).

. Non cambiano al plurale
I nomi maschili che terminano per consonante (il film - i film).
I nomi femminili che terminano in «i» (la crisi - le crisi)
I nomi maschili e femminili monosillabici (il re - i re).
I nomi maschili e femminili che hanno l'accento sull'ultima lettera (la città - le città).

Esercizi

V. *Completare i nomi e gli aggettivi seguenti con la giusta terminazione. (Nomi e aggettivi regolari e irregolari).*

Es. Quando ero piccola mio padre mi raccontava le fiab...
*Quando ero piccola mio padre mi raccontava le fiab**e**.*

Mi scusi, potrebbe dirmi dov'è la stazione central...?
*Mi scusi, potrebbe dirmi dov'è la stazione central**e**?*

1) Maria Callas aveva una voce bellissim... .
2) Spesso i turist... creano in questa città molt... traffico.
3) Giacomo Leopardi è stato uno dei più grandi poet... italiani.
4) Non possiamo continuare così. Dobbiamo cambiare sistem... !
5) Il libro che mi hai prestato è veramente interessant... .

6) Mio fratello è chitarrist... in un complesso rock.
7) Bravo! Hai avuto un'idea molto original... .
8) Sono certa che l'imputato è colpevol... !
9) Da piccolo volevo fare il pilot... di Formula Uno.
10) Svegliati! È arrivato un telegramm... per te!

11) È una lettera molto urgent... . Dobbiamo spedirla subito.
12) Negli ultimi anni ci sono stati molt... cambiament... di clim... .
13) Dove andrai in vacanz... quest'anno? Andrò su un'isol... desert...
14) Allo spettacol... saranno presenti molti artist... famos...
15) Mio padre da giovan... faceva l'attor... in teatro.

16) Andrea ci racconta spesso storie divertent...
17) Il mio dentist... dice che non devo più mangiare dolci.
18) In quell'ospedale lavorano chirurg... famos... in tutto il mondo.
19) Ieri sera ho visto due film... molto belli alla televisione.
20) Devo fare una comunicazion... molto urgent... al direttore.

Esercizi

VI. *Completare i nomi e gli aggettivi seguenti con la giusta terminazione. (Nomi e aggettivi regolari e irregolari).*

Es. Dottore, da qualche giorno ho spesso mal di test...
*Dottore, da qualche giorno ho spesso mal di test**a**.*

La ragazza di Sergio è molto simpatic...
*La ragazza di Sergio è molto simpatic**a**.*

1) Non riesco a ricordare tutti i verbi irregolar... .
2) Signori, si scende! Siamo al capoline... .
3) Tutti i miei sacrifici sono stati inutil... .
4) Il mio dentist... è un uomo molto spiritoso.
5) Complimenti, Carla! Oggi sei davvero elegant... !

6) Il mio nuovo colleg... di lavoro è un ragazzo molto gentil... .
7) È una decisione important... . Sei sicuro di quello che fai?
8) Gli atlet... e le atlet... si devono preparare bene per le Olimpiadi.
9) Hai mai visto un fantasm... ? Ma che dici? I fantasm... non esistono!
10) Ho un problem... molto grav... . Puoi darmi un consiglio?

11) Siamo andati al concerto di un giovan... e interessant... musicist... .
12) Il programm... del corso di italiano è troppo difficil... per me.
13) Anna e sua sorella sono sempre felic... quando stanno insieme.
14) Questa settimana abbiamo visto due commedie molto divertent... .
15) Stefania e Giovanna sono due artist... molto original... .

16) Quando ero giovan... praticavo molti sport... .
17) Oggi a pranzo abbiamo mangiato solamente due uov... .
18) Firenze e Venezia sono due citt... meraviglios... .
19) Per me è cominciata la decadenza della civilt... occidental... .
20) Di solito i pianist... e le pianist... hanno le dit... delle mani molto lunghe.

I gradi di comparazione

Nomi e pronomi

Luciano è più alto **di** *Sergio.* (Comparativo di maggioranza con nome)
Sergio è meno alto **di** *Luciano.* (Comparativo di minoranza con nome)
Luciano è alto **quanto** *Sergio.* (Comparativo di uguaglianza con nome)

Lucia è più simpatica **di** *lei.* (Comparativo di maggioranza con pronome)
Lucia è meno simpatica **di** *lei.* (Comparativo di minoranza con pronome)
Lucia è simpatica **quanto** *lei.* (Comparativo di uguaglianza con pronome)

Aggettivi, verbi e quantità

Anna è più bella **che** *simpatica.* (Comparativo di maggioranza con aggettivo)
Anna è meno simpatica **che** *bella.* (Comparativo di minoranza con aggettivo)
Anna è simpatica **quanto** *bella.* (Comparativo di uguaglianza con aggettivo)

Studiare è più bello **che** *lavorare.* (Comparativo di maggioranza con verbo)
Lavorare è meno bello **che** *studiare.* (Comparativo di minoranza con verbo)
Studiare è bello **quanto** *lavorare.* (Comparativo di uguaglianza con verbo)

Mangiamo più verdure **che** *carne.* (Comparativo di maggioranza con quantità)
Mangiamo meno carne **che** *verdure.* (Comparativo di minoranza con quantità)
Mangiamo **tanta** *carne* **quante** *verdure.* (Comparativo di uguaglianza con quantità)
Mangiamo **tante** *verdure* **quanta** *carne .* (Comparativo di uguaglianza con quantità)

Nota: *I comparativi più usati sono quelli di maggioranza. Negli esempi sono stati inseriti anche i comparativi di minoranza e di uguaglianza, ma il loro uso (soprattutto con gli aggettivi e i verbi) non è frequente.*

Luca è più alto **di** *Sergio → Luca è* **il** *più alto* **di** *tutti.* (Superlativo relativo)
Luca è **molto alto** *→ Luca è* **altissimo**. (Superlativo assoluto)
Luca e Sergio sono **molto alti** *→ sono* **altissimi**.

Anna è più bella **di** *Lucia → Anna è* **la** *più bella* **di** *tutte.* (Superlativo relativo)
Anna è **molto bella** *→ Anna è* **bellissima**. (Superlativo assoluto)
Anna e Lucia sono **molto belle** *→ sono* **bellissime**.

Test *(Unità 1)*

Scegliere la frase giusta.

1. a) Ho una problema. Puoi aiutarmi? O
   b) Ho un problema. Puoi aiutarmi? O

2. a) Anna e Francesca sono due ragazze intelligente. O
   b) Anna e Francesca sono due ragazze intelligenti. O

3. a) Abbiamo ricevuto molti telegrammi di auguri. O
   b) Abbiamo ricevuto molti telegramma di auguri. O

4. a) Non sono d'accordo con questa sistema! O
   b) Non sono d'accordo con questo sistema! O

5. a) Stefania è più avara di me. O
   b) Stefania è più avara che me. O

6. a) Paola e Stefania sono sempre gentile con me. O
   b) Paola e Stefania sono sempre gentili con me. O

7. a) Hai preparato una cena per stasera? O
   b) Hai preparato la cena per stasera? O

8. a) Questo vento mi ha seccato le labbra. O
   b) Questo vento mi ha seccato i labbri. O

9. a) Mi piace molto passeggiare nei bosci. O
   b) Mi piace molto passeggiare nei boschi. O

10. a) Preferisco bere vino di bere birra. O
    b) Preferisco bere vino che bere birra. O

11. a) La crisa della nostra industria è grave. O
    b) La crisa della nostra industria è grava. O
    c) La crisi della nostra industria è grave. O

12. a) Gli zii di Francesco sono persone divertente. O
b) Gli zii di Francesco sono personi divertenti. O
c) Gli zii di Francesco sono persone divertenti. O

13. a) Ho fatto una festa con le mie colleghe di lavoro. O
b) Ho fatto una festa con le mie collegе di lavoro. O

14. a) Questa torta è troppo dolce per i miei gusti. O
b) Questa torta è troppo dolca per i miei gusti. O

15. a) È stato un'incidente terribile. O
b) È stato un incidente terribile. O

16. a) Mio fratello vuole fare il psicologo. O
b) Mio fratello vuole fare lo psicologo. O

17. a) Su questa strada passano troppi camion. O
b) Su questa strada passano troppi camioni. O

18. a) Marco è un uomo più affascinante che bello. O
b) Marco è un uomo più affascinante di bello. O

19. a) Le mie amice mi hanno aiutato molto. O
b) Le mie amiche mi hanno aiutato molto. O

20. a) Quando andavo a scuola mi piaceva molto una matematica. O
b) Quando andavo a scuola mi piaceva molto la matematica. O

21. a) Amiamo molto visitare le città d'arte. O
b) Amiamo molto visitare le citté d'arte. O

22. a) Il marito di Flavia è un più elegante di tutti. O
b) Il marito di Flavia è il più elegante di tutti. O

23. a) Ho incontrato Gianni e mi ha detto che i studi vanno bene. O
b) Ho incontrato Gianni e mi ha detto che gli studii vanno bene. O
c) Ho incontrato Gianni e mi ha detto che gli studi vanno bene. O

Unità 2

I verbi

I verbi italiani si dividono in regolari e irregolari.
Hanno 7 Modi:

Indicativo

Congiuntivo

Condizionale

Imperativo

Gerundio

Infinito

Participio

Modo Indicativo

È il Modo più importante. Si usa quando si vuole comunicare una sicurezza, una certezza, una notizia, un fatto, una realtà, una constatazione.
Ha 8 Tempi:

1) Presente	5) Futuro semplice
2) Passato prossimo	6) Futuro composto
3) Passato remoto	7) Trapassato prossimo
4) Imperfetto	8) Trapassato remoto

Presente

Verbi ausiliari

Avere	**Essere**
ho	**sono**
hai	**sei**
ha	**è**
abbiamo	**siamo**
avete	**siete**
hanno	**sono**

Esercizi

I. *Completare le frasi seguenti con l'Indicativo presente.*

1) Che cosa (tu-avere) .... nella borsa?
2) (Tu-essere) .... già stanco di camminare?
3) Chi (essere) .... quell'uomo con l'abito scuro?
4) Paolo e Manuela (avere) .... due bellissimi bambini.
5) Mia moglie e io (avere) .... molti interessi in comune.

Presente

. Il Presente si usa per esprimere un'azione in atto, che si svolge nel momento in cui si parla oppure una situazione valida nella sua genericità.

Es. ***Parlo*** *bene l'italiano.*
Che cosa ***ascolti****?* ***Ascolto*** *la radio.*

. Spesso, soprattutto nella lingua parlata, si utilizza questo Tempo anche per situazioni future.

Es. Domani ***vado*** *a cena da alcuni amici.*

Verbi regolari

Parl**are**	Cred**ere**	Sent**ire**	Cap**ire**
parl**o**	cred**o**	sent**o**	cap**isco**
parl**i**	cred**i**	sent**i**	cap**isci**
parl**a**	cred**e**	sent**e**	cap**isce**
parl**iamo**	cred**iamo**	sent**iamo**	cap**iamo**
parl**ate**	cred**ete**	sent**ite**	cap**ite**
parl**ano**	cred**ono**	sent**ono**	cap**iscono**

Es. Lui non ***parla*** *mai dei suoi problemi con gli amici.*
Ma tu ***credi*** *a tutta quella storia?*
Non ***sentite*** *uno strano rumore?*
Loro non ***capiscono*** *il senso delle nostre parole.*

Nota: *I verbi principali che si coniugano come «capire» sono:*
abolire, abortire, chiarire, colpire, costruire, digerire, dimagrire, diminuire, distribuire, ferire, finire, guarire, impazzire, impedire, preferire, proibire, pulire, reagire, restituire, sostituire, spedire, trasferire, ubbidire

Esercizi

II. *Trovate la forma giusta del Presente Indicativo.*
(verbi regolari)

Es. (Tu-ballare) .... molto bene. Tu ***balli*** *molto bene.*

1) Qualche volta (io-aiutare) .... mia madre in cucina.
2) Stefania (cantare) .... sempre sotto la doccia.
3) Negli ultimi tempi (io-dormire) .... con difficoltà.
4) (Tu-credere) .... che domani sera potremo uscire?
5) (Noi-sperare) .... di vincere la prossima partita.

6) Perché (tu-non aprire) .... la porta?
7) Sergio (non pulire) .... mai la sua camera.
8) Di solito (noi-cenare) .... verso le sette e mezza.
9) Paolo e Maria (partire) .... venerdì per le vacanze.
10) (Io-preferire) .... non discutere di questo problema.

11) (Io-non guadagnare) .... molti soldi con il mio lavoro.
12) Come (tu-passare) .... le tue serate?
13) In macchina (io-ascoltare) .... spesso la musica.
14) (Noi-amare) .... molto passare le vacanze al mare.
15) (Lei-aiutare) .... sempre gli amici che sono in difficoltà.

16) A che ora (arrivare) .... tua sorella alla stazione?
17) (Noi-non guardare) .... mai il calcio in TV.
18) I prezzi (aumentare) .... ogni giorno di più.
19) Questo film (durare) .... poco più di due ore.
20) Mi dispiace, ma (io-non firmare) .... questo documento.

21) Se (tu-non accettare) .... questo lavoro sei uno stupido.
22) Perché (voi-gridare) .... così forte? Non siamo sordi!
23) Allora, chi (lavare) .... i piatti oggi?
24) Il medico che (curare) .... mio nonno è molto bravo.
25) I miei due fratelli (suonare) .... molto bene il sax.

Esercizi

III. *Trovate la forma giusta del Presente Indicativo.*
(verbi regolari)

*Es. Dove (voi-abitare) .... ? Dove **abitate**?*

1) Che cosa (tu-regalare) .... a Silvio per il suo compleanno?
2) A chi (tu-spedire) .... questa lettera?
3) (Io-non ricordare) .... il nome di quel ragazzo.
4) Signora, Suo figlio (non studiare) .... abbastanza.
5) Da circa una settimana (io-non ricevere) .... posta.
6) (Lui-non mostrare) .... a nessuno le sue emozioni.
7) Il mio bambino ha solo 18 mesi e già (nuotare) ....
8) Che cosa fai, Robertino? (Io-disegnare) .... la mia casa.
9) (Non bastare) .... solo parlare. È necessario anche agire!
10) Cara, l'acqua (bollire) .... (Io-buttare) .... la pasta?
11) (Loro-non ascoltare) .... mai i nostri consigli.
12) L'aereo del Primo Ministro (partire) .... tra pochi minuti.
13) (Io-non tollerare) .... questo vostro atteggiamento!
14) Dottore, da un po' di tempo (io-respirare) .... con difficoltà.
15) La legge (proibire) .... di fumare nei locali pubblici.
16) Quando (lui-parlare) .... (io-sbadigliare) .... sempre.
17) Mio marito di notte (russare) .... come un trombone!
18) Chi crede di avere sempre ragione (sbagliare) .... di sicuro.
19) La signora (indossare) .... un vestito di alta moda.
20) In montagna (nevicare) .... ininterrottamente da tre giorni.
21) Lei, signore (meritare) .... senz'altro una promozione.
22) Che cosa (tu-preferire) .... bere? Vino rosso o bianco?
23) L'imputato (sperare) .... nella clemenza del giudice.
24) (Lei-lavorare) .... troppe ore al giorno, signor Bianchi.
25) Il professor Razzi (sostituire) .... oggi il vostro insegnante.

Presente

Principali verbi irregolari

	io	*tu*	*lui, lei*	*noi*	*voi*	*loro*
Andare	***vado***	***vai***	***va***	*andiamo*	*andate*	***vanno***
Bere	***bevo***	***bevi***	***beve***	***beviamo***	***bevete***	***bevono***
Cogliere	***colgo***	***cogli***	*coglie*	***cogliamo***	*cogliete*	***colgono***
Dare	*do*	***dai***	***dà***	*diamo*	*date*	***danno***
Dire	***dico***	***dici***	***dice***	***diciamo***	*dite*	***dicono***
Dovere	***devo***	***devi***	***deve***	***dobbiamo***	*dovete*	***devono***
Fare	***faccio***	***fai***	*fa*	***facciamo***	*fate*	***fanno***
Morire	***muoio***	***muori***	***muore***	*moriamo*	*morite*	***muoiono***
Potere	***posso***	***puoi***	***può***	***possiamo***	*potete*	***possono***
Produrre	***produco***	***produci***	***produce***	***produciamo***	***producete***	***producono***
Riempire	***riempio***	*riempi*	***riempie***	*riempiamo*	*riempite*	***riempiono***
Rimanere	***rimango***	*rimani*	*rimane*	*rimaniamo*	*rimanete*	***rimangono***
Salire	***salgo***	*sali*	*sale*	*saliamo*	*salite*	***salgono***
Sapere	***so***	***sai***	***sa***	***sappiamo***	*sapete*	***sanno***
Scegliere	***scelgo***	***scegli***	*sceglie*	***scegliamo***	*scegliete*	***scelgono***
Sciogliere	***sciolgo***	***sciogli***	*scioglie*	***sciogliamo***	*sciogliete*	***sciolgono***
Sedere	***siedo***	***siedi***	***siede***	*sediamo*	*sedete*	***siedono***
Spegnere	***spengo***	*spegni*	*spegne*	*spegniamo*	*spegnete*	***spengono***
Stare	*sto*	***stai***	*sta*	*stiamo*	*state*	***stanno***
Tacere	***taccio***	*taci*	*tace*	***tacciamo***	*tacete*	***tacciono***
Tenere	***tengo***	***tieni***	***tiene***	*teniamo*	*tenete*	***tengono***
Togliere	***tolgo***	***togli***	*toglie*	***togliamo***	*togliete*	***tolgono***
Tradurre	***traduco***	***traduci***	***traduce***	***traduciamo***	***traducete***	***traducono***
Uscire	***esco***	***esci***	***esce***	*usciamo*	*uscite*	***escono***
Venire	***vengo***	***vieni***	***viene***	*veniamo*	*venite*	***vengono***
Volere	***voglio***	***vuoi***	***vuole***	***vogliamo***	*volete*	***vogliono***

Esercizi

IV. *Trovate la forma giusta del Presente Indicativo. (verbi irregolari).*

Es. (Tu-volere) .... qualcosa da bere? ***Vuoi*** *qualcosa da bere?*

1) (Noi-non sapere) .... ancora il risultato degli esami.
2) (Io-non andare) .... mai in vacanza nel mese di agosto.
3) (Loro-potere) .... fare quello che (loro-volere) ....
4) In questa fabbrica (noi-produrre) .... orologi di precisione.
5) Ti dispiace se (io-rimanere) .... ancora un po' qui da te?

6) Allora? (Tu-venire) .... con noi? Si, (io-venire) ....
7) Quei due (non dire) .... mai dove (andare) ....
8) (Io-morire) .... dal caldo. Aprite la finestra, per favore.
9) Dove (sedere) .... la signora? Qual è il suo posto?
10) I signori Ferrari (venire) .... stasera a cena da noi.

11) Chi (dare) .... questa brutta notizia a Piero?
12) (Tu-volere) .... bere un po' di vino? No, grazie, sono astemio.
13) Perché (tu-non togliere) .... tutte quelle riviste dal tavolo?
14) (Io-cogliere) .... l'occasione per farvi i miei migliori auguri.
15) (Tu-dire) .... sul serio? È una notizia incredibile!

16) Come (stare) .... i tuoi genitori? È tanto che non li vedo.
17) (Voi-non dire) .... sempre la verità e questo non ci piace.
18) (Loro-non fare) .... nulla per cambiare la loro situazione.
19) Mia sorella (tradurre) .... libri dallo spagnolo all'italiano.
20) (Tu-uscire) .... stasera? No, sono stanca e resto a casa.

21) Si può sapere dove (tu-andare) .... a quest'ora?
22) Non prendo mai l'ascensore. (Io-salire) .... sempre a piedi.
23) (Noi-volere) .... capire esattamente che cosa succede qui.
24) (Loro-non andare) .... d'accordo e forse divorziano.
25) Scusi, signora (io-potere) .... chiederLe un'informazione?

Esercizi

***V.** Trovate la forma giusta del Presente Indicativo.*
(verbi irregolari).

Es. (Io-rimanere) .... qui ancora un po'.
*Io **rimango** qui ancora un po'.*

1) Allora, fra queste due magliette, quale (tu-scegliere) .... ?
2) Che cosa (tu-fare) .... stasera? (Io-non sapere) ....
3) Che cosa (dire) .... quell'uomo? Non capisco quasi niente.
4) La mattina, di solito, (io-non uscire) .... mai di casa prima delle nove. (Io-volere) .... fare colazione con calma e leggere un po' il giornale, prima di mettermi al lavoro.
5) Signori, (noi-dovere) .... cercare di non perdere la calma.
6) (Loro-non sapere) .... quello che (loro-dire) ....
7) I miei figli (rimanere) .... troppe ore davanti alla TV.
8) Anche i miei. Per questo qualche volta (io-spegnerla) ....
9) Che cosa (Lei-bere) .... questa sera Signore? (Lei-volere) .... un «Margherita», come al solito, o preferisce gustare qualcosa di più forte? Grazie, ma stasera (io-non bere) .... niente.
10) Nessuno (sapere) .... del nostro arrivo. Soltanto Annamaria e Piero (sapere) .... che siamo in città.
11) Mio padre è testardo. (Lui-non dare) .... mai ascolto a quello che dice mia madre, che ha quasi sempre ragione.
12) Paolino, (tu-volere) .... qualcosa da mangiare? Un panino? Un pezzo di pizza? Un dolce? Un po' di frutta? No, grazie, nonna, (io-non volere) .... niente.
13) (Noi-non dovere) .... credere a chi (dire) .... che non c'è soluzione ai problemi del nostro Paese. Al contrario, io affermo che (noi-potere) .... farcela.
14) In questa galleria d'arte (esporre) .... sempre artisti famosi.

Esercizi

VI. *Trovate la forma giusta del Presente Indicativo. (verbi irregolari).*

Es. Perché (tu-non cogliere) .... questa occasione?
Perché non ***cogli*** *questa occasione?*

1) (Io-fare) .... molta fatica a credere alle tue parole. Quello che (tu-dire) .... non mi convince affatto.
2) Mario (tenere) .... sempre in mano uno strano oggetto. (Lui-dire) .... che gli porta fortuna.
3) (Io-dire) .... che, per evitare guai, è molto meglio fare come (volere) .... i tuoi genitori.
4) Mi dispiace, ma (io-non potere) .... tradurre questa frase, perché (io-non sapere) .... il giapponese.
5) Signor vigile, (Lei-dovere) .... veramente farmi la multa? Mi dispiace, signore, ma (io-fare) .... semplicemente il mio dovere. (Io-non potere) .... chiudere un occhio di fronte a un'infrazione così grave.
6) (Tu-sapere) .... che cosa (loro-dire) .... i critici del tuo film? Sì, (io-saperlo) .... ma (io-non volere) .... nemmeno ascoltare simili argomenti.
7) Dove (loro-andare) .... a quest'ora della notte? (Loro-uscire) .... a prendere un po' d'aria.
8) Le condizioni che (voi-porre) .... sono inaccettabili!
9) È un uomo molto ricco: (lui-possedere) .... molte case in città e diverse ville al mare e in montagna.
10) (Io-proporre) .... di telefonargli e di parlargli con sincerità.
11) Chi (venire) .... a cena stasera? (Venire) .... Emma e Luigi, i due ragazzi che (stare) .... al piano di sotto.
12) (Loro-volere) .... smettere di fumare al più presto.

Esercizi

VII. *Trovate la forma giusta del Presente Indicativo. (verbi irregolari).*

Es. (Noi-potere) .... chiedervi un favore?
Possiamo *chiedervi un favore?*

1) I prezzi dei prodotti alimentari (salire) .... ogni giorno di più.

2) Se Giancarlo (non ridurre) .... i prezzi dei prodotti che vende, nel suo negozio (non venire) .... più nessuno a comprare.

3) Ti prego, accendi il condizionatore d'aria, perché (io-morire) .... dal caldo e (io-non potere) .... neanche respirare.

4) Che cosa (tu-fare) .... qui? Aspetto una telefonata importante.

5) Scusatemi, ma purtroppo (io-dovere) .... andare. (Io-essere) .... in ritardo a un appuntamento importante.

6) La mamma (dire) .... che bisogna mettere tutto in ordine.

7) (Tu-dare) .... l'impressione di conoscere tutta la verità.

8) (Loro-condurre) .... una vita tranquilla; (loro-stare) .... quasi sempre in casa durante la settimana. (Loro-uscire) .... solo la domenica pomeriggio per fare una breve passeggiata.

9) Ragazzi, (voi-bere) .... troppo. Cercate di limitarvi un po'!

10) Basta! (Io-essere) .... stanca di te! (Io-andare) .... via!

11) Mio fratello (comporre) .... canzoni e suona la chitarra.

12) Mia nonna dice spesso che i ragazzi di oggi (non sapere) .... quello che (loro-volere) ....

13) Che cosa (tu-avere) .... nella mano? (Tu-volere) .... mostrarmi quello strano oggetto?

14) Mario (tradurre) .... libri d'arte dall'italiano al tedesco.

15) Dove (andare) .... signora? Qui (Lei-non potere) .... entrare. Questo è l'ufficio del direttore.

16) Perché (noi-non fare) .... lo stesso gioco di ieri?

Passato prossimo

Il Passato prossimo si forma con il Presente dell'ausiliare («avere» o «essere») e il Participio passato del verbo.
Si usa per esprimere un passato vicino, recente o al quale ci sentiamo ancora legati, un passato che ha ancora un rapporto con il presente.

Participio passato regolare

ausiliare «avere»

Parl***are***	Cr*e*d***ere***	Sent***ire***
ho, hai, ha, abbiamo, avete, hanno	ho, hai, ha, abbiamo, avete, hanno	ho, hai, ha, abbiamo, avete, hanno
parl***ato***	cred***uto***	sent***ito***

Es. *Ieri* ***ho parlato*** *con Giacomo del nostro problema*
Hai creduto *alla storia che* ***ha raccontato*** *Luigi?*
Abbiamo sentito *degli strani rumori durante la notte.*

ausiliare «essere»

Arriv***are***	Cad***ere***	Part***ire***
sono, sei, è	sono, sei, è	sono, sei, è
arriv***ato,a***	cad***uto,a***	part***ito,a***
siamo, siete, sono	siamo, siete, sono	siamo, siete, sono
arriv***ati,e***	cad***uti,e***	part***iti,e***

Es. ***Sono arrivato,a*** *in ritardo a causa dello sciopero.*
Paola ***è caduta*** *dalla bicicletta e non può camminare.*
Siamo partiti,e *subito dopo la telefonata di Sergio.*

*Quando si usa l'ausiliare «**avere**»?*

a) Con tutti i verbi transitivi.

Es. *Ho letto* un libro molto interessante.
Ermanno *ha raccontato* una storia divertente.
Abbiamo sbagliato strada un'altra volta.

b) Con alcuni verbi intransitivi

(bussare, cenare, dormire, litigare, piangere, pranzare, reagire, resistere, ridere, russare, scioperare, sorridere...)

Es. Ieri *abbiamo pranzato* con i nostri genitori.
Qualcuno *ha bussato* alla porta. Vado ad aprire.
Hai russato tutta la notte e io non ho potuto dormire.

c) Con i verbi «camminare», «passeggiare» e «viaggiare».

Es. *Ho viaggiato* tutta la notte e adesso sono stanca.
Abbiamo passeggiato per le vie del centro.
Ha camminato per quasi due ore, prima di trovare la casa.

d) Con i verbi servili «potere», «dovere», «volere» usati da soli.

Es. Ieri non sono venuto con voi perché non *ho potuto*.
Noi non volevamo fare quel lavoro, ma *abbiamo dovuto*.
Perché ti sei sposata così presto? Perché *ho voluto*.

Quando questi tre verbi sono usati insieme ad altri verbi, allora prendono l'ausiliare del verbo che segue.

Es. La settimana scorsa *sono dovuta andare* a Roma.
La settimana scorsa *ho dovuto fare* questo lavoro.

*Quando si usa l'ausiliare «**essere**»?*

a) Con i verbi intransitivi di moto che indicano un punto di partenza o di arrivo (arrivare, tornare, partire, uscire, entrare, scappare...)

Es. *Siamo arrivati* in anticipo all'appuntamento.
Paola è *partita* per le vacanze.
Mio padre è *tornato* da un lungo viaggio d'affari.

b) Con i verbi riflessivi.

Es. *Vi siete ricordati* di telefonare a Stefano?
Ieri sera *ci siamo addormentati* molto presto.
Giovanna e Carlo *si sono sposati* un anno fa.

c) Con i verbi alla forma passiva e impersonale.

Es. Questo romanzo è *stato scritto* da un giovane autore.
Stanotte *si è fatta* una bella dormita.
In quel ristorante *si è mangiato* bene.

*Verbi principali con cui si usa sempre l'ausiliare «**essere**»*

Accadere	Comparire	Essere	Rimanere	Sopravvivere
Andare	Costare	Giungere	Rincrescere	Sorgere
Apparire	Dimagrire	Intervenire	Risorgere	Sparire
Arrivare	Dipendere	Morire	Ritornare	Spiacere
Arrossire	Dispiacere	Nascere	Riuscire	Stare
Avvenire	Divenire	Occorrere	Sbocciare	Succedere
Bastare	Diventare	Parere	Scappare	Svenire
Cadere	Emergere	Partire	Scomparire	Tornare
Capitare	Entrare	Piacere	Scoppiare	Uscire
Cascare	Esistere	Restare	Sembrare	Venire

Esercizi

VIII. *Trovate la forma giusta del Passato prossimo regolare.*
*(ausiliare «**avere**»)*

Es. Ieri (io-aspettare) .... Luca per un'ora. Ieri ***ho aspettato*** *Luca per un'ora.*

1) Per tre anni (io-abitare) .... con la mia famiglia a Pisa.
2) (Tu-spedire) .... le lettere che (io-darti) ....ieri?
3) Piero e Sandra (non telefonarci) .... ancora.
4) Qualcuno (suonare) .... alla porta. Va' a vedere chi è.
5) (Tu-trovare) .... il libro di grammatica?

6) (Noi-vendere) .... la nostra vecchia automobile a Gino.
7) Stanotte (io-sognare) .... di essere su un'isola deserta.
8) (Io-non credere) .... a una sola parola del suo discorso.
9) I soldati (eseguire) .... l'ordine senza protestare.
10) Questo artista (creare) .... un nuovo genere di pittura.

11) I frati certosini (copiare) .... a mano molti testi antichi.
12) Smettete adesso! (Voi-chiacchierare) .... abbastanza!
13) (Io-dimenticare) .... l'ombrello a casa di Cesare.
14) Ricordi la prima volta che (tu-baciare) .... un ragazzo?
15) Quando (tu-comprare) .... il computer?

16) (Io-fumare) .... per più di dieci anni, ma adesso smetto.
17) Sono stanco. (Io-guidare) .... per tutto il giorno nel traffico.
18) (Tu-prenotare) .... i posti in treno?
19) Ieri sera (io-invitare) .... tutti i miei amici a cena.
20) (Voi-firmare) .... già il contratto?

21) L'anno scorso (io-guadagnare) .... un sacco di soldi.
22) Dove (voi-imparare) .... a parlare così bene l'italiano?
23) Che cos'hai? Ti senti male? Forse (tu-non digerire) ....
24) Perché (voi-usare) .... il mio telefono senza permesso?
25) Perché (tu-non reagire) .... alle sue provocazioni?

Esercizi

IX. *Trovate la forma giusta del Passato prossimo regolare.*
*(ausiliare «**avere**»)*

*Es. (Lui-sparare) .... due colpi di pistola. Lui **ha sparato** due colpi di pistola.*

1) Puoi dirmi per chi (tu-votare) .... alle ultime elezioni?
2) L'anno scorso (io-piantare) .... un albero nel giardino.
3) Ieri (io-buttare) .... via quattro paia di scarpe vecchie.
4) Quell'uomo (confessare) .... tutto davanti al giudice.
5) Per tutta la mia vita (io-combattere) .... contro il crimine.

6) (Noi-sudare) .... sette camicie per finire il lavoro entro oggi.
7) Quale sistema (tu-usare) .... per fare questi calcoli?
8) Sei pazzo? (Tu-sorpassare) .... un'auto della polizia!
9) Quest'anno (noi-risparmiare) .... più dell'anno scorso.
10) Chi (sbattere) .... la porta in questo modo?

11) I nostri genitori (costruire) .... la loro casa venti anni fa.
12) (Io-non potere) .... dormire stanotte a causa della tosse.
13) (Voi-restituire) .... il prestito che la banca vi ha fatto?
14) La squadra campione (battere) .... nettamente gli sfidanti.
15) (Tu-pagare) .... la multa per eccesso di velocità?

16) Gianna (compiere) .... diciotto anni il mese scorso.
17) (Noi-lavorare) .... tutta la notte e adesso siamo stanchi.
18) (Io-non tradire) .... mai mio marito! Quasi mai...
19) Guarda! (Tu-sporcare) .... il vestito della zia!
20) (Voi-sprecare) .... un'ottima occasione di guadagno.

21) (Lei-finire) .... di prenderci in giro, caro signore!
22) (Voi-chiarire) .... l'equivoco?
23) (Loro-sapere) .... la notizia e ci hanno subito telefonato.
24) Chi (pagare) .... il conto del ristorante?
25) (Noi-ricevere) .... molti complimenti dagli invitati.

Esercizi

X. *Trovate la forma giusta del Passato prossimo regolare. (ausiliare «**essere**»)*

Es. (Noi-cadere) .... per terra. ***Siamo caduti*** *per terra.*

1) (Noi-andare) .... per la prima volta a Firenze tre anni fa.
2) Nell'ultimo mese (noi-uscire) .... quasi tutte le sere.
3) Il direttore della scuola (essere) .... molto gentile con noi.
4) Maria (diventare) .... bravissima a dipingere.
5) Mia nonna (invecchiare) .... molto nell'ultimo anno.

6) La signora (cadere) .... mentre attraversava la strada.
7) (Noi-partire) .... molto presto ieri mattina.
8) (Tu-salire) .... già sul campanile di Giotto?
9) La nuova auto di Michele (costare) .... molti soldi.
10) Quando avevo tredici anni (io-scappare) .... di casa.

11) Ieri pomeriggio (noi-passare) .... da casa tua.
12) Perché (loro-ritornare) .... così presto dalle vacanze?
13) Ieri ero così stanca che (io-restare) .... a dormire da Pia.
14) (Io-scivolare) .... per terra a causa del ghiaccio.
15) La polizia dice che il ladro (entrare) .... dalla finestra.

16) (Scoppiare) .... una bomba e ha fatto diversi feriti.
17) Tutti i tuoi sforzi (non servire) .... a niente. Peccato!
18) Ieri sera il sole (tramontare) .... dopo le nove.
19) Ragazzi, la lezione (finire) .... Potete andare a casa.
20) Sai che nell'ultimo mese (io-dimagrire) .... di tre chili?

21) Che fortuna! Io, invece, (ingrassare) .... di 5 chili!
22) Lo spettacolo (durare) .... quasi tre ore.
23) Che cosa dici? (Tu-impazzire) .... per caso?
24) Il treno (arrivare) .... con qualche minuto di ritardo.
25) Presto! Il film (cominciare) .... già da dieci minuti.

Esercizi

XI. *Trovate la forma giusta del Passato prossimo regolare.*
*(ausiliare «**essere**»)*

*Es. Piero (cambiare) .... molto. Piero **è cambiato** molto.*

1) (Noi-non riuscire) .... a capire il senso delle sue parole.
2) Nessuno (fuggire) .... mai da questa prigione.
3) Ieri sera (noi-tornare) .... a casa molto tardi.
4) Mentre tornavamo a casa (noi-cadere) .... dalla bicicletta.
5) (Lui-diventare) .... in pochi anni direttore generale.

6) Dove (tu-stare) .... tutta la notte?
7) La nostra squadra (non riuscire) ..,.......................... a vincere la partita.
8) Ieri sera mio marito (tornare) .... presto dal lavoro.
9) Finalmente (tornare) .... l'estate! Io amo molto il caldo.
10) I ladri (scappare) .... subito quando siamo arrivati noi.

11) (Io-restare) .... solo pochi giorni a casa di mio padre.
12) I miei occhiali (sparire) .... Qualcuno li ha visti?
13) Lo spettacolo di ieri sera (durare) .... troppo a lungo.
14) La vita in città ormai (diventare) .... troppo caotica.
15) C'è il professor Faggi? No. (Lui-uscire) .... pochi minuti fa.

16) (Noi-divertirci) .... molto ieri sera a casa tua.
17) Sabrina (arrabbiarsi) .... perché non le hai telefonato.
18) Dove (tu-stare) .... quest'anno in vacanza?
19) Tutto il mio impegno (non bastare) .... ad aiutare Giovanna.
20) (Loro-non fidarsi) .... delle sue promesse.

21) La lezione di matematica (finire) .... prima del previsto.
22) (Tu-riuscire) .... a superare l'esame di maturità?
23) Mio fratello (tornare) .... ieri dal suo lungo viaggio.
24) (Io-non pentirmi) .... della decisione che ho preso.
25) Questo orologio (costare) .... troppo e non vale niente.

Esercizi

XII. *Trovate la forma giusta del Passato prossimo regolare.*
*(ausiliare «**avere**» e «**essere**»)*

Es. (Noi-salire) .... le scale velocemente.
***Abbiamo salito** le scale velocemente.*

(Noi-salire) .... al quarto piano del palazzo.
***Siamo saliti** al quarto piano del palazzo.*

1) Ieri pomeriggio mia figlia (cadere) .... dal motorino.
2) L'assassino (sparare) .... tre colpi di pistola.
3) L'attore protagonista (recitare) .... bene la sua parte.
4) (Tu-sentire) .... quello strano rumore in cucina?
5) (Loro-rifiutare) .... di rispondere a tutte le nostre domande.
6) Tutti (contribuire) .... al successo dell'operazione.
7) Sergio e Paola (partire) .... ieri sera con il treno delle due.
8) (Lei-ballare) .... per tutta la notte e questa mattina dorme.
9) (Lui-battere) .... il record dei cento metri alle ultime olimpiadi.
10) Noi eravamo stanchi e (andare) .... a letto presto ieri sera.

11) Mia madre (stare) .... qui con me per tutto il pomeriggio.
12) Il tentativo (fallire) .... non per incapacità, ma per sfortuna.
13) Molti studenti (manifestare) .... ieri per le vie della città.
14) Tutti i tuoi discorsi (non servire) .... a niente.
15) I ladri (fuggire) .... ma la polizia è già sulle loro tracce.
16) Ieri pomeriggio (noi-passeggiare) .... per il parco.
17) (Loro-dovere) .... partire presto per non perdere l'aereo.
18) Paola (divorziare) .... dopo soli due anni di matrimonio.
19) Mi dispiace, ma (noi-non potere) .... arrivare prima.
20) Gli impiegati della nostra ditta (non-scioperare) .... mai.

Esercizi

XIII.*Trovate la forma giusta del Passato prossimo regolare.*
*(ausiliare «**avere**» e «**essere**»)*

Es. (Noi-cantare) .... per tutta la serata.
***Abbiamo cantato** per tutta la serata.*

(Lei-cadere) .... su una buccia di banana.
***È caduta** su una buccia di banana.*

1) (Tu-provare) .... qualche volta a usare meno la macchina?
2) (Io-non digerire) .... la cena di ieri sera. Era troppo pesante.
3) (Noi-volere) .... restare ancora qualche giorno al mare.
4) Hai visto Giovanni? No, da qualche giorno (lui-sparire) ....
5) (Voi-viaggiare) .... bene con questa vecchia automobile?
6) Marcello (tradire) .... sua moglie con un'altra donna.
7) Negli ultimi anni la mia situazione economica (migliorare) ....
8) Mia madre (essere operata) .... da un chirurgo molto bravo.
9) Stanotte (io-dormire) .... poco perché faceva troppo caldo.
10) (Io-stare) .... a far visita a Pietro, che si trova in ospedale.

11) Perché (tu-disturbare) .... il babbo che stava dormendo?
12) L'anno scorso (io-non potere) .... fare le vacanze in estate.
13) Piero, (ricordarti) .... di telefonare alla zia Ersilia?
14) (Io-conservare) .... tutte le lettere di mio nonno.
15) Questo abito (essere disegnato) .... da un famoso stilista.
16) (Io-comprare) .... questo libro da un vecchio antiquario.
17) La nostra squadra (battere) .... gli avversari in finale.
18) (Noi-camminare) .... molto prima di trovare la strada giusta.
19) (Io-accettare) .... di sposarlo perché è l'uomo giusto per me.
20) Perché (voi-volere) .... partire così presto ieri sera?

Esercizi

XIV. *Trovate la forma giusta del Passato prossimo regolare. (ausiliare «**avere**» e «**essere**»)*

Es. (Loro-parlare) .... dei loro progetti.
***Hanno parlato** dei loro progetti.*

(Voi-stare) .... a casa tutto il giorno?
***Siete stati** a casa tutto il giorno?*

1) (Tu-finire) .... di scrivere quella famosa lettera all'avvocato?
2) Il medico (sperare) .... fino all'ultimo di salvare il paziente.
3) (Loro-sbattere) .... la porta perchè sono dei maleducati!
4) (Tu-comportarti) .... davvero male durante la cerimonia.
5) Hai ragione. (Io-sbagliare) ...., ma ora me ne pento.
6) (Tu-russare) .... tutta la notte e io (non dormire) ....
7) Annamaria (dovere) .... uscire presto stamattina.
8) Perché (tu-non rallentare) .... prima di quella curva?
9) Durante la cena Maria (arrabbiarsi) .... con suo marito.
10) (Loro-partire) .... senza salutare nessuno. È molto strano.

11) (Tu-notare) .... come si veste bene quella ragazza?
12) Cesare e Carolina (sposarsi) .... la settimana scorsa.
13) Quante volte (voi-visitare) .... la nostra bella città?
14) Non sono partita con voi, perché (io-non volere) .... !
15) Ragazzi, (voi-lavarvi) .... i denti prima di andare a letto?
16) (Noi-non potere) .... restare a cena da loro ieri sera.
17) Perché non sei partito prima? Perché (io-non potere) ....
18) Stamattina (io-andare) .... in banca a versare un assegno.
19) (Lui-rifiutare) .... di aiutarci ad aggiustare la macchina.
20) (Lui-rifiutarsi) .... di aiutarci ad aggiustare il motorino.

Passato prossimo

Principali Participi passati irregolari

ausiliare «avere»

Accendere	*acceso*	Muovere	*mosso*
Aprire	*aperto*	Nascondere	*nascosto*
Assistere	*assistito*	Offendere	*offeso*
Assumere	*assunto*	Offrire	*offerto*
Bere	*bevuto*	Perdere	*perso*
Chiedere	*chiesto*	Piangere	*pianto*
Chiudere	*chiuso*	Prendere	*preso*
Cogliere	*colto*	Produrre	*prodotto*
Concludere	*concluso*	Proteggere	*protetto*
Conoscere	*conosciuto*	Ridere	*riso*
Correggere	*corretto*	Ridurre	*ridotto*
Correre	*corso*	Risolvere	*risolto*
Cuocere	*cotto*	Rispondere	*risposto*
Decidere	*deciso*	Rompere	*rotto*
Deludere	*deluso*	Scegliere	*scelto*
Difendere	*difeso*	Sciogliere	*sciolto*
Dipingere	*dipinto*	Scrivere	*scritto*
Dire	*detto*	Soffrire	*sofferto*
Dirigere	*diretto*	Sospendere	*sospeso*
Discutere	*discusso*	Spegnere	*spento*
Distruggere	*distrutto*	Spendere	*speso*
Dividere	*diviso*	Spingere	*spinto*
Fare	*fatto*	Tradurre	*tradotto*
Illudere	*illuso*	Uccidere	*ucciso*
Introdurre	*introdotto*	Vedere	*visto*
Leggere	*letto*	Vincere	*vinto*
Mettere	*messo*	Vivere	*vissuto*

Passato prossimo

Principali Participi passati irregolari

ausiliare «essere»

Accorrere	*accorso,a,i,e*	Nascere	*nato,a,i,e*
Apparire	*apparso,a,i,e*	Piacere	*piaciuto,a,i,e*
Avvenire	*avvenuto,a,i,e*	Rimanere	*rimasto,a,i,e*
Comparire	*comparso,a,i,e*	Scendere	*sceso,a,i,e*
Crescere	*cresciuto,a,i,e*	Scomparire	*scomparso,a,i,e*
Dipendere	*dipeso,a,i,e*	Sopravvivere	*sopravvissuto,a,i,e*
Esistere	*esistito,a,i,e*	Sorgere	*sorto,a,i,e*
Essere	*stato,a,i,e*	Succedere	*successo,a,i,e*
Giungere	*giunto,a,i,e*	Svenire	*svenuto,a,i,e*
Intervenire	*intervenuto,a,i,e*	Valere	*valso,a,i,e*
Morire	*morto,a,i,e*	Venire	*venuto,a,i,e*

Nota: *Ricordiamoci che con l'ausiliare «essere» il Participio passato si accorda con il soggetto. La terminazione sarà dunque «-o» per il maschile singolare, «-a» per il femminile singolare, «-i» per il maschile plurale, «-e» per il femminile plurale.*

Es. In questo secolo ***sono scomparse*** *molte specie di animali.*
Al ricevimento ***sono intervenuti*** *molti ospiti illustri.*

Il libro che mi hai prestato mi ***è piaciuto*** *moltissimo.*
La storia che Giorgio ha raccontato ***è successa*** *veramente!*

Mayumi ***è nata*** *in Giappone, ma* ***è cresciuta*** *in Italia.*
Adesso ***è giunto*** *il momento di dire tutta la verità.*

Esercizi

XV. *Trovate la forma giusta del Passato prossimo irregolare. (ausiliare «**avere**»).*

Es. (Io-risolvere) .... finalmente un problema.
***Ho risolto** finalmente un problema.*

1) Vedo che (tu-decidere) .... di sposarti, finalmente!
2) Ieri sera (io-scrivere) .... una cartolina a tutti i miei amici.
3) Chi (aprire) .... la finestra? Non sentite il freddo che fa?
4) (Loro-discutere) .... tutto il pomeriggio di politica.
5) Stamattina (io-leggere) .... sul giornale solo brutte notizie.
6) Basta! Non voglio più vederti! (Tu-distruggere) .... la mia vita!
7) (Io-vivere) .... a casa dei miei genitori fino a diciotto anni.
8) (Tu-fare) .... male a rispondere così. Sei un maleducato!
9) Sai che (loro-non prendere) .... ancora nessuna decisione?
10) Tu ti senti male perché ieri sera (tu-bere) .... troppo.
11) Chi (nascondere) .... il mio cappello nell'armadio?
12) (Tu-conoscere) .... il nuovo fidanzato di Maria?

13) (Tu-vedere) .... che avevo ragione io?
14) Paola e io (sospendere) .... la dieta dimagrante.
15) Il medico (dire) .... che siamo dimagrite abbastanza.
16) Non mi ricordo se (noi-chiudere) .... la porta a chiave.
17) (Voi-risolvere) .... il problema, ragazzi?
18) (Tu-non rispondere) .... ancora alla mia domanda.
19) Il concerto (deludere) .... molto il pubblico.
20) Ma come! (Tu-accendere) .... un'altra sigaretta?
21) (Noi-spendere) .... troppi soldi questo mese.
22) Che disco (tu-mettere) ....? Non l'ho mai sentito.
23) Il dottore (escludere) .... la possibilità di una malattia grave.
24) L'ingegner Minelli (dirigere) .... i lavori di restauro.

Esercizi

XVI. *Trovate la forma giusta del Passato prossimo irregolare.*
*(ausiliare «**essere**»)*

Es. (Noi-rimanere) .... tutto il giorno in casa.
Siamo rimasti *tutto il giorno in casa.*

1) L'uomo di cui parla la TV (scomparire) .... da tre giorni.
2) (Io-nascere) .... in un paesino vicino a Milano.
3) Quando ha visto quella scena, mia sorella (svenire) ....
4) La paziente (sopravvivere) .... ma la situazione è grave.
5) Potete dirci che cosa (succedere) .... ieri?
6) La mia amica non si sentiva bene e (rimanere) .... a casa.
7) La pizza che ho mangiato sabato scorso (non piacermi) ....
8) Ieri (essere) .... una splendida giornata!
9) (Voi-venire) .... in treno o in macchina?
10) Sabato scorso (noi-rimanere) .... tutto il pomeriggio in casa.
11) Paolo (scendere) .... al bar a comprare le sigarette.
12) Nell'incidente automobilistico (morire) .... tre persone.
13) La polizia cerca una ragazza di circa diciotto anni che (scomparire) .... misteriosamente due mesi fa.
14) È Suo figlio, signora? Ma guarda come (lui-crescere) ....!
15) Perché (loro-non venire) .... con noi?
16) Quando ho visto l'incidente (io-accorrere) .... subito per vedere se c'era bisogno del mio aiuto.
17) Al congresso (intervenire) .... molti medici e scienziati.
18) Tutti i nostri sforzi (non valere) .... a nulla.
19) All'improvviso (comparire) .... un uomo e mi ha aggredito.
20) Puoi raccontarmi che cosa esattamente (avvenire) ....?
21) Ieri all'ospedale cittadino (nascere) .... quattro gemelli!
22) I pompieri (intervenire) .... per spegnere il fuoco.

Esercizi

XVII. *Trovate la forma giusta del Passato prossimo irregolare. (ausiliare «**avere**» e «**essere**»)*

*Es. Che cosa (tu-dire) ....? Che cosa **hai detto**?*
*(Tu-venire) .... in macchina? **Sei venuto** in macchina?*

1) Ieri (noi-non accendere) .... la TV per tutto il giorno.
2) Devi andare a letto, Sergio, (tu-bere) .... troppo stasera.
3) Durante la tua assenza (succedere) .... molte cose.
4) Tutti sapevano la verità, ma (loro-tacere) ....
5) Negli ultimi tempi (noi-spendere) .... troppi soldi.
6) Perché (voi-non rimanere) .... un'altra settimana al mare?
7) (Io-non prendere) .... ancora una decisione sul vostro caso.
8) Quando hanno saputo la notizia (loro-piangere) .... di gioia.
9) Stefania e Caterina (nascere) .... lo stesso giorno.
10) (Tu-vedere) .... che avevo ragione io?
11) Durante le vacanze (io-leggere) .... due romanzi molto belli.
12) Sono andato alla festa perché Anna (insistere) .... tanto.

13) Quella donna (soffrire) .... molto dopo la morte di suo marito.
14) Il direttore (espellere) .... due studenti per cattiva condotta.
15) Ancora non sappiamo con certezza chi (uccidere) .... JFK.
16) Ah! (Tu-venire) .... finalmente! (Tu-fare) .... bene.
17) (Loro-vivere) .... momenti difficili qualche anno fa.
18) La tempesta (distruggere) .... quasi tutto il raccolto.
19) Che cosa (dire) .... Giovanni? Viene o non viene con noi?
20) I bambini (rompere) .... il vaso cinese di zia Marta.
21) (Voi-scegliere) .... un brutto momento per venire a trovarmi.
22) Alla fine anche Daniele (decidersi) .... a cambiare casa.
23) Il cane di mio nonno (morire) .... all'età di sedici anni.
24) (Noi-decidere) .... di studiare insieme e di aiutarci a vicenda.

Passato remoto

Il Passato remoto si usa per esprimere un passato lontano nel tempo, che non ha nessun rapporto con la nostra vita di oggi.
Molto spesso è usato anche per raccontare un fatto storico.
Nell'Italiano moderno il Passato remoto viene usato soprattutto nella lingua scritta, mentre in quella orale si preferisce utilizzare il Passato prossimo.
È il Tempo più irregolare di tutti.

Verbi ausiliari

Avere	**Essere**
ebbi	**fui**
avesti	**fosti**
ebbe	**fu**
avemmo	**fummo**
aveste	**foste**
ebbero	**furono**

Es. Quella volta loro non ***ebbero*** *molta fortuna.*
In quell'occasione non ***fummo*** *molto fortunati.*
Quando era giovane ***ebbe*** *un brutto incidente.*
Lei ***fu*** *campionessa olimpica di salto in alto.*
Molti anni fa ***ebbi*** *un'occasione irripetibile.*
Fui *molto felice quando* ***ebbi*** *quella notizia.*

Passato remoto
Verbi regolari

Parl**are**	Cred**ere**	Sent**ire**
parl***ai***	cred***ei*** (-*etti*)	sent***ii***
parl***asti***	cred***esti***	sent***isti***
parl**ò**	cred**é** (-**ette**)	sent**ì**
parl***ammo***	cred***emmo***	sent***immo***
parl***aste***	cred***este***	sent***iste***
parl***arono***	cred***erono*** (-***ettero***)	sent***irono***

Es. Una sola volta, alcuni anni fa, ***parlai*** *con quell'uomo.*
Molti cittadini ***sentirono*** *l'esplosione e* ***uscirono*** *in strada.*
Ripeté *più volte quella frase, ma nessuno* ***capì****.*
Gli antichi Romani ***costruirono*** *molti teatri.*
Circa dieci anni fa ***partecipai*** *a una gara di sci.*
Nel secolo scorso molti Europei ***emigrarono*** *in America.*

Esercizi

XVIII. *Trovate la forma giusta del Passato remoto regolare.*

Es. Quell'anno (io-superare) .... brillantemente gli esami.
Quell'anno ***superai*** *brillantemente gli esami.*

1) (Lei-non credere) .... a tutte quelle storie.
2) Ricordo che (noi-partire) .... con quasi un'ora di ritardo.
3) In quell'anno molti studenti (manifestare) .... per le strade.
4) Il ladro (salire) .... le scale fino all'ultimo piano.
5) (Io-constatare) .... che ormai non c'era più niente da fare.

Esercizi

XIX. *Trovate la forma giusta del Passato remoto regolare.*

Es. (Io-comprare) .... questa casa dieci anni fa.
Comprai *questa casa dieci anni fa.*

1) La prima guerra mondiale (iniziare) .... nel 1914.
2) (Io-finire) .... i miei studi universitari all'età di 26 anni.
3) Il medico (curare) .... il paziente con gli antibiotici.
4) (Noi-dimenticare) .... completamente l'appuntamento.
5) Quell'uomo (fumare) .... fino all'età di 75 anni.

6) Il testimone (giurare) .... di avere detto tutta la verità.
7) (Noi-non capire) .... subito le sue reali intenzioni.
8) (Io-non credere) .... a una sola parola del suo racconto.
9) L'esperimento (fallire) .... a causa di un calcolo sbagliato.
10) (Lui-sbattere) .... la porta e (lui-andare) .... via.

11) Ricordo che quella notte (io-dormire) .... molto male.
12) (Loro-attraversare) .... il fiume a nuoto.
13) Alla fine dell'800 molti Europei (emigrare) .... negli Stati Uniti.
14) Quando (io-incontrarlo) .... (io-non capire) .... il suo nome.
15) (Io-innamorarmi) .... di Luisa quando avevo quindici anni.

16) (Noi-cominciare) .... a frequentarci molti anni fa.
17) (Io-cenare) .... con lei e poi (io-tornare) .... a casa.
18) (Noi-abitare) .... in quella città solo per qualche mese.
19) Quella notte (io-guidare) .... per più di 500 chilometri.
20) Tutti i soldati (ubbidire) .... all'ordine del colonnello.

21) (Noi-viaggiare) .... per tutta la notte e arrivammo la mattina.
22) Quel giorno lui fu molto scortese, ma alla fine (scusarsi) ....
23) Quando lo vidi, quasi (io-non credere) .... ai miei occhi.
24) La prima volta che (io-visitare) .... Roma fu dieci anni fa.
25) Era disperato e (io-non potere) .... fare a meno di aiutarlo.

Esercizi

XX. *Trovate la forma giusta del Passato remoto regolare.*

Es. (Lui-partire) .... per il Brasile all'età di venti anni.
*Lui **partì** per il Brasile all'età di venti anni.*

1) (Noi-passeggiare) .... insieme lungo il fiume per più di un'ora.
2) In quel periodo (io-passare) .... momenti molto difficili.
3) Il medico (temere) .... a lungo per la salute del paziente.
4) (Loro-trovare) .... il sistema per toglierci da quella situazione.
5) La macchina (rallentare) .... e (fermarsi) ....

6) (Lei-dimagrire) .... di quasi dieci chili in soli due mesi.
7) (Lui-diventare) .... in breve uno dei musicisti più famosi d'Italia.
8) (Loro-andare) .... via durante l'intervallo dello spettacolo.
9) Ricordo che quella cena (durare) .... non meno di tre ore!
10) Perché (voi-non chiamare) .... aiuto? Noi eravamo vicini.

11) La polizia (mostrarmi) .... la foto di un uomo sui trent'anni.
12) (Io-non credere) .... a una sola parola del suo discorso.
13) Le cose (peggiorare) .... con la morte di sua moglie.
14) Dopo l'incidente (io-zoppicare) .... per qualche settimana.
15) Quella sera (io-non riuscire) .... a dormire neanche un'ora.

16) (Loro-vendere) .... tutto e (loro-partire) ....
17) (Io-salutare) .... tutti e (io-andare) .... via.
18) (Lui-tradire) .... la fiducia mia e di tutti i miei colleghi.
19) Il chirurgo che (operare) .... mio nonno era molto bravo.
20) (Loro-continuare) .... a protestare contro quella legge.

21) (Lui-non esitare) .... a lanciare gravi accuse a tutti.
22) Perché (tu-ordinare) .... a tutti di uscire dal tuo ufficio?
23) Il ladro (restituire) .... tutto quello che aveva rubato.
24) Gli impiegati (scioperare) .... per quasi tutta la settimana.
25) (Noi-spedire) .... tutto il materiale all'inizio dell'anno.

Passato remoto

Principali verbi irregolari

	io	*tu*	*lui, lei*	*noi*	*voi*	*loro*
Accendere	***accesi***	*accendesti*	***accese***	*accendemmo*	*accendeste*	***accesero***
Bere	***bevvi***	*bevesti*	***bevve***	*bevemmo*	*beveste*	***bevvero***
Cadere	***caddi***	*cadesti*	***cadde***	*cademmo*	*cadeste*	***caddero***
Chiedere	***chiesi***	*chiedesti*	***chiese***	*chiedemmo*	*chiedeste*	***chiesero***
Chiudere	***chiusi***	*chiudesti*	***chiuse***	*chiudemmo*	*chiudeste*	***chiusero***
Cogliere	***colsi***	*cogliesti*	***colse***	*cogliemmo*	*coglieste*	***colsero***
Conoscere	***conobbi***	*conoscesti*	***conobbe***	*conoscemmo*	*conosceste*	***conobbero***
Correre	***corsi***	*corresti*	***corse***	*corremmo*	*correste*	***corsero***
Crescere	***crebbi***	*crescesti*	***crebbe***	*crescemmo*	*cresceste*	***crebbero***
Dare[1]	***diedi***	*desti*	***diede***	*demmo*	*deste*	***diedero***
Dare[2]	***detti***	*desti*	***dette***	*demmo*	*deste*	***dettero***
Decidere	***decisi***	*decidesti*	***decise***	*decidemmo*	*decideste*	***decisero***
Deludere	***delusi***	*deludesti*	***deluse***	*deludemmo*	*deludeste*	***delusero***
Difendere	***difesi***	*difendesti*	***difese***	*difendemmo*	*difendeste*	***difesero***
Dipingere	***dipinsi***	*dipingesti*	***dipinse***	*dipingemmo*	*dipingeste*	***dipinsero***
Dire	***dissi***	***dicesti***	***disse***	***dicemmo***	***diceste***	***dissero***
Dirigere	***diressi***	*dirigesti*	***diresse***	*dirigemmo*	*dirigeste*	***diressero***
Discutere	***discussi***	*discutesti*	***discusse***	*discutemmo*	*discuteste*	***discussero***
Dividere	***divisi***	*dividesti*	***divise***	*dividemmo*	*divideste*	***divisero***
Fare	***feci***	***facesti***	***fece***	***facemmo***	***faceste***	***fecero***
Illudere	***illusi***	*illudesti*	***illuse***	*illudemmo*	*illudeste*	***illusero***
Leggere	***lessi***	*leggesti*	***lesse***	*leggemmo*	*leggeste*	***lessero***
Mettere	***misi***	*mettesti*	***mise***	*mettemmo*	*metteste*	***misero***
Muovere	***mossi***	***movesti***	***mosse***	***movemmo***	***moveste***	***mossero***
Nascere	***nacqui***	*nascesti*	***nacque***	*nascemmo*	*nasceste*	***nacquero***
Nascondere	***nascosi***	*nascondesti*	***nascose***	*nascondemmo*	*nascondeste*	***nascosero***
Offendere	***offesi***	*offendesti*	***offese***	*offendemmo*	*offendeste*	***offesero***

Perdere	***persi***	*perdesti*	***perse***	*perdemmo*	*perdeste*	***persero***
Piacere	***piacqui***	*piacesti*	***piacque***	*piacemmo*	*piaceste*	***piacquero***
Piangere	***piansi***	*piangesti*	***pianse***	*piangemmo*	*piangeste*	***piansero***
Piovere	-	-	***piovve***	-	-	***piovvero***
Prendere	***presi***	*prendesti*	***prese***	*prendemmo*	*prendeste*	***presero***
Produrre	***produssi***	***producesti***	***produsse***	***producemmo***	***produceste***	***produssero***
Ridere	***risi***	*ridesti*	***rise***	*ridemmo*	*rideste*	***risero***
Rimanere	***rimasi***	*rimanesti*	***rimase***	*rimanemmo*	*rimaneste*	***rimasero***
Risolvere	***risolsi***	*risolvesti*	***risolse***	*risolvemmo*	*risolveste*	***risolsero***
Rispondere	***risposi***	*rispondesti*	***rispose***	*rispondemmo*	*rispondeste*	***risposero***
Rompere	***ruppi***	*rompesti*	***ruppe***	*rompemmo*	*rompeste*	***ruppero***
Sapere	***seppi***	*sapesti*	***seppe***	*sapemmo*	*sapeste*	***seppero***
Scegliere	***scelsi***	*scegliesti*	***scelse***	*scegliemmo*	*sceglieste*	***scelsero***
Scendere	***scesi***	*scendesti*	***scese***	*scendemmo*	*scendeste*	***scesero***
Scrivere	***scrissi***	*scrivesti*	***scrisse***	*scrivemmo*	*scriveste*	***scrissero***
Spegnere	***spensi***	*spegnesti*	***spense***	*spegnemmo*	*spegneste*	***spensero***
Spendere	***spesi***	*spendesti*	***spese***	*spendemmo*	*spendeste*	***spesero***
Stare	***stetti***	***stesti***	***stette***	***stemmo***	***steste***	***stettero***
Succedere	-	-	***successe***	-	-	***successero***
Tacere	***tacqui***	*tacesti*	***tacque***	*tacemmo*	*taceste*	***tacquero***
Tenere	***tenni***	*tenesti*	***tenne***	*tenemmo*	*teneste*	***tennero***
Togliere	***tolsi***	*togliesti*	***tolse***	*togliemmo*	*toglieste*	***tolsero***
Tradurre	***tradussi***	***traducesti***	***tradusse***	***traducemmo***	***traduceste***	***tradussero***
Uccidere	***uccisi***	*uccidesti*	***uccise***	*uccidemmo*	*uccideste*	***uccisero***
Vedere	***vidi***	*vedesti*	***vide***	*vedemmo*	*vedeste*	***videro***
Venire	***venni***	*venisti*	***venne***	*venimmo*	*veniste*	***vennero***
Vincere	***vinsi***	*vincesti*	***vinse***	*vincemmo*	*vinceste*	***vinsero***
Vivere	***vissi***	*vivesti*	***visse***	*vivemmo*	*viveste*	***vissero***
Volere	***volli***	*volesti*	***volle***	*volemmo*	*voleste*	***vollero***

Esercizi

XXI. *Trovate la forma giusta del Passato remoto irregolare.*

Es. Ricordo che quel giorno Sandra (non volere) .... nemmeno parlarmi.
Ricordo che quel giorno Sandra non ***volle*** *nemmeno parlarmi.*

1) (Io-essere) .... sorpreso di rivedere il mio ex professore.
2) Napoleone (perdere) .... la battaglia di Waterloo.
3) (Io-avere) .... una sola volta l'occasione di incontrarla.
4) (Lui-piangere) .... molto quando arrivò la brutta notizia.
5) Per quel viaggio (loro-spendere) .... quasi tutti i soldi.

6) (Io-conoscere) .... quell'uomo solo per caso a una festa.
7) (Lui-non volere) .... sentire ragioni e andò via di corsa.
8) In quell'occasione (loro-prendere) .... la decisione giusta.
9) L'Italia (vincere) .... i campionati di calcio nel 1982.
10) Giacomo Puccini (nascere) .... nel 1858.

11) (Io-decidere) .... di non dare importanza alle sue parole.
12) Quando lui ti attaccò (tu-non dire) .... nulla per difenderti?
13) (Lui-bere) .... troppo e (lui-cadere) .... per terra.
14) L'avvocato (difendere) .... il suo cliente con tutte le forze.
15) (Non succedere) .... nulla di straordinario in quei giorni.

16) (Lui-stare) .... male per aver mangiato pesce non fresco.
17) (Io-rimanere) .... a casa sua soltanto pochi minuti.
18) (Loro-vedere) .... che non c'era nessuno e se ne andarono.
19) Botticelli (dipingere) .... la *Nascita di Venere* nel 1486.
20) (Lui-chiudere) .... la porta dietro di sé e andò via.

21) Leonardo da Vinci (essere) .... un genio straordinario.
22) In quell'occasione (io-tacere) .... per non offenderlo.
23) Purtroppo (lui-non dare) .... ascolto alle mie parole.
24) (Lui-rompersi) .... un braccio a causa della caduta.
25) (Loro-discutere) .... per tutta la serata, ma non litigarono.

Esercizi

XXII. *Trovate la forma giusta del Passato remoto irregolare.*

Es. (Io-discutere) .... con quell'uomo per più di un'ora.
*Io **discussi** con quell'uomo per più di un'ora.*

1) Mia nonna (vivere) .... molto a lungo: quasi novant'anni.
2) All'improvviso (lui-perdere) .... la pazienza e cominciò a urlare.
3) (Loro-spegnere) .... tardi la luce e si addormentarono.
4) In quell'occasione (loro-avere) .... molta fortuna.
5) (Io-discutere) .... a lungo con lui, ma non riuscii a convincerlo.

6) (Io-correre) .... subito all'ospedale per chiedere aiuto.
7) (Loro-rispondere) .... che non era il caso di preoccuparsi.
8) Al matrimonio (non venire) .... tutti i parenti della sposa.
9) (Lui-stare) .... per molte ore fra la vita e la morte, poi si salvò.
10) Quell'anno (piovere) .... e (fare) .... molto freddo.

11) (Io-risolvere) .... brillantemente un problema difficile.
12) (Loro-dire) .... un sacco di bugie durante il processo!
13) (Io-scendere) .... dall'aereo e subito (io-vederla) ....
14) Il concerto (deludere) .... molto il pubblico presente.
15) Nessuno (muoversi) .... Tutti (stare) .... immobili.

16) Davvero (lui-dirti) .... tutta la verità, tutto quello che sapeva?
17) È vero. Quella volta (voi-essere) .... molto sfortunati.
18) (Io-conoscere) .... quella donna in un ristorante del centro.
19) Quelle loro parole (offendermi) .... profondamente.
20) (Lei-scegliere) .... un menu molto raffinato per il ricevimento.

21) Il loro padre (dividere) .... l'eredità in parti uguali.
22) (Noi-stare) .... lì ad aspettare, ma non arrivò nessuno.
23) La mia prima moglie (spendere) .... tutti i soldi che avevo.
24) Durante la passeggiata (io-cogliere) .... dei fiori e glieli regalai.
25) (Loro-non vedere) .... quello che stava succedendo fuori.

Imperfetto

. Imperfetto significa "non perfetto", cioè "non finito". Questo Tempo indica quindi un'azione che non si è ancora compiuta completamente.
In questo senso l'Imperfetto si contrappone al Passato prossimo e al Passato remoto (Tempi «perfetti») che indicano invece una situazione compiuta.

*Es. «**dormivo** ancora, quando è arrivata Carla».*
Questa frase significa che non avevo ancora finito di dormire, quando Carla è arrivata. La prima azione («io dormivo») era ancora in corso, era «imperfetta», quando si è verificata la seconda («Carla è arrivata»).

*Es. «**Guardavamo** la TV, quando abbiamo avuto la notizia».*
Anche in questo caso l'azione «perfetta», finita («abbiamo avuto») arriva quando la prima azione («guardavamo») è ancora in corso, non è ancora finita, dunque è «imperfetta».

. L'Imperfetto si usa anche per descrivere persone, situazioni oppure oggetti al passato.

*Es. **Era** un uomo bellissimo. **Aveva** gli occhi azzurri e i capelli neri.*
*La nostra situazione **era** davvero molto difficile.*
*La casa **era** molto bella. **Si trovava** proprio in riva al mare.*

. Viene utilizzato anche per raccontare un'azione o uno stato abituali al passato.

*Es. Tutti i giorni **andavo** a fare colazione al bar e **leggevo** il giornale.*
*Loro **facevano** sempre gli stessi discorsi e **litigavano** spesso.*
*Lei **aveva** l'abitudine di non fare colazione la mattina.*

Imperfetto
Verbi ausiliari

Avere	**Essere**
avevo	**ero**
avevi	**eri**
aveva	**era**
avevamo	**eravamo**
avevate	**eravate**
avevano	**erano**

Es. Quando **ero** *piccola, i miei genitori* **erano** *spesso fuori casa.*
Il mio vecchio professore **aveva** *la barba e i capelli lunghi.*
Mio marito e io ci siamo conosciuti quando **eravamo** *al liceo.*

Imperfetto
Verbi regolari

Parl**are**	Cred**ere**	Sent***ire***
parl**avo**	cred**evo**	sent***ivo***
parl***avi***	cred***evi***	sent***ivi***
parl***ava***	cred***eva***	sent***iva***
parl***avamo***	cred***evamo***	sent***ivamo***
parl**avate**	cred**evate**	sent***ivate***
parl***avano***	cred***evano***	sent***ivano***

Es. L'anno scorso non **parlavo** *ancora bene in italiano.*
Da piccola **credevo** *a Babbo Natale che* **portava** *i regali.*
Tutti **sentivano** *i tuoi errori e* **cercavano** *sempre di correggerti.*

Esercizi

XXIII. *Trovate la forma giusta dell'Imperfetto regolare.*

Es. Mio padre (aiutare) .... sempre mia madre in casa.
Mio padre ***aiutava*** *sempre mia madre in casa.*

1) Da piccolo (io-andare) .... spesso a trovare i miei nonni.
2) In quel periodo la mia famiglia (vivere) .... in Sicilia, a Palermo.
3) Stamattina, quando Nadia è arrivata, io (dormire) .... ancora.
4) Ho divorziato perché mio marito (non aiutarmi) .... mai nei lavori domestici. (Lui-stare) .... sempre sdraiato sul divano.
5) Mentre (lui-studiare) ...., io (preparare) .... la cena.
6) Tre mesi fa (io-non potere) .... dire nemmeno una parola in italiano, mentre adesso parlo abbastanza bene.
7) In quel periodo i miei figli (frequentare) .... ancora il liceo.
8) (Tu-credere) .... a tutto quello che (lei-raccontare) ....?
9) Mio zio (avere) .... l'abitudine di andare a letto molto presto.
10) Quando (io-abitare) .... a Firenze, (io-studiare) .... in una scuola di lingua e cultura italiana.
11) La maestra si arrabbiò perché i bambini (non stare) .... zitti.
12) Adesso vado al mare, ma prima (io-preferire) .... la montagna.
13) Qualche anno fa (io-guardare) .... molto più spesso la TV.
14) (Tu-sapere) .... che Marianna ha avuto un incidente?
15) Mentre (noi-giocare) .... a tennis è scoppiato un temporale.
16) Prima i miei genitori (viaggiare) .... molto di più. (Loro-amare) .... visitare Paesi nuovi con culture e abitudini a loro sconosciute.
17) Dieci anni fa (io-guadagnare) .... molti meno soldi di oggi.
18) Una volta i contadini (non abbandonare) .... la campagna.
19) Tutte le volte che (noi-andare) .... a casa sua (lui-invitarci) .... a cena e (raccontarci) .... le sue avventure.
20) Quando eri piccola (piacerti) .... andare a scuola? Si (piacermi) ...., ma (io-non capire) .... quasi niente.

Imperfetto

Principali verbi irregolari

	io	*tu*	*lui, lei*	*noi*	*voi*	*loro*
Bere	*bevevo*	*bevevi*	*beveva*	*bevevamo*	*bevevate*	*bevevano*
Compiere	*compivo*	*compivi*	*compiva*	*compivamo*	*compivate*	*compivano*
Dire	*dicevo*	*dicevi*	*diceva*	*dicevamo*	*dicevate*	*dicevano*
Fare	*facevo*	*facevi*	*faceva*	*facevamo*	*facevate*	*facevano*
Muovere	*movevo*	*movevi*	*moveva*	*movevamo*	*movevate*	*movevano*
Porre	*ponevo*	*ponevi*	*poneva*	*ponevamo*	*ponevate*	*ponevano*
Produrre	*producevo*	*producevi*	*produceva*	*producevamo*	*producevate*	*producevano*
Ridurre	*riducevo*	*riducevi*	*riduceva*	*riducevamo*	*riducevate*	*riducevano*
Tradurre	*traducevo*	*traducevi*	*traduceva*	*traducevamo*	*traducevate*	*traducevano*
Trarre	*traevo*	*traevi*	*traeva*	*traevamo*	*traevate*	*traevano*

Esercizi

XXIV. *Trovate la forma giusta dell'Imperfetto irregolare.*

Es. (Loro-non dire) .... mai la verità.
Loro non ***dicevano*** *mai la verità*

1) Chi (essere) .... al telefono?
2) A tavola (lui-non bere) .... mai vino, ma solo acqua.
3) Quando abitavo a Roma (io-fare) .... sempre colazione tardi.
4) La fabbrica per cui lavoravo (produrre) .... abiti da uomo.
5) Quando mio zio (compiere) .... gli anni c'era sempre una festa.
6) (Tu-tradurre) .... anche lettere quando lavoravi al Consolato?
7) (Essere) .... così caldo, che siamo rimasti tutti a casa.
8) Quando tornavi a casa tardi, cosa (dirti) .... i tuoi genitori?
9) Il discorso del Primo Ministro (porre) .... l'accento sui problemi del lavoro e dell'occupazione.
10) Nessuno (muoversi) .... mentre lui parlava.

Esercizi

XXV. *Trovate la forma giusta dell'Imperfetto regolare e irregolare.*

Es. (Tu-andare) .... volentieri a scuola da piccolo?
*Tu **andavi** volentieri a scuola da piccolo?*

(Loro-essere) .... sempre gentili con noi.
*Loro **erano** sempre gentili con noi.*

1) (Loro-fare) .... sempre gli stessi discorsi, dalla mattina alla sera.
2) Che cosa (tu-avere) .... ieri? Sembravi piuttosto nervosa.
3) Mio nonno (essere) .... un uomo gentile e generoso.
4) Il pubblico che (assistere) .... allo spettacolo era numeroso.
5) Ho conosciuto Franco quando (io-abitare) .... a Trieste.

6) Molti anni fa quella vecchia fabbrica (produrre) .... armi.
7) E chi (potere) .... immaginare quello che poi è successo?
8) Quando giocavo al Casinò, (io-perdere) .... regolarmente.
9) Quell'uomo (dire) .... cose che non condividevo affatto.
10) Stavano tutti attenti e immobili. Nessuno (muoversi) ....

11) In quella casa (succedere) .... spesso cose strane.
12) Mi ricordo che da piccola (io-non bere) .... mai il latte.
13) Che libro (voi-leggere) .... ieri mattina in classe?
14) (Noi-dovere) .... sempre riferire tutto al nostro comandante.
15) Alcuni anni fa (lui-dirigere) .... un'importante Società.

16) La tecnica con cui (dipingere) .... Caravaggio era straordinaria.
17) Chi (essere) .... l'uomo che (correre) .... ?
18) (Io-non volere) .... cambiare casa, ma alla fine ho accettato.
19) Fino a un mese fa (lei-telefonarmi) .... a tutte le ore.
20) (Lui-non preoccuparsi) .... mai dei bisogni degli altri.

Futuro semplice

. Il Futuro semplice è uno dei Tempi più facili da usare in Italiano. Si usa, nella lingua parlata e scritta, per indicare situazioni che si svolgeranno nel futuro, sia lontano, che vicino.

Es. La prossima settimana ***comincerò*** *un corso di nuoto.*
Domani ***finirò*** *il lavoro che ho cominciato ieri.*

. Questo Tempo si usa spesso anche per esprimere un'incertezza relativa a una situazione presente. In questo caso bisogna usarlo da solo, senza farlo precedere da nessuna espressione che indichi questa incertezza.

Es. Che ore sono? Non lo so. ***Saranno*** *le undici... (Forse sono le undici...)*
Dov'è Massimo? Non lo so. ***Sarà*** *a casa sua... (Forse è a casa sua...)*

Verbi ausiliari

Avere	**Essere**
avrò	**sarò**
avrai	**sarai**
avrà	**sarà**
avremo	**saremo**
avrete	**sarete**
avranno	**saranno**

Es. Il mese prossimo ***avrò*** *un aumento dello stipendio.*
Sarò *molto felice di avervi come miei ospiti.*
Se ***avremo*** *fortuna, tra pochi giorni* ***saremo*** *ricchi!*

Futuro semplice
Verbi regolari

Parl**are**	Cred**ere**	Sent***ire***
parl**erò**	cred**erò**	sent***irò***
parl**erai**	cred**erai**	sent***irai***
parl**erà**	cred**erà**	sent***irà***
parl**eremo**	cred**eremo**	sent***iremo***
parl**erete**	cred**erete**	sent***irete***
parl**eranno**	cred**eranno**	sent***iranno***

Es. Questo pomeriggio il professore ***parlerà*** *di Dante.*
Loro non ***crederanno*** *mai alla nostra storia.*
Dottore, ***sentirò*** *molto dolore durante l'operazione?*

Esercizi

XXVI. *Trovare la forma giusta del Futuro semplice regolare.*

Es. (Noi-ritornare) .... domani mattina.
Noi ***ritorneremo*** *domani mattina.*

1) L'aereo (atterrare) .... alle cinque e mezza del pomeriggio.
2) L'ingegner Perini (collaborare) .... con noi al progetto.
3) Questa sera (noi-ballare) .... fino a tardi.
4) La Croce Rossa (distribuire) .... coperte e medicinali.
5) Gino è così stanco che (dormire) .... certamente fino a tardi.
6) I nipoti della signora (ereditare) .... tutto il patrimonio.
7) Domani (piovere) .... Lo dicono le previsioni meteorologiche.
8) (Noi-risolvere) .... molto presto anche questo problema.
9) Paola (sposare) .... domani un giovane conte inglese.
10) Allora (diventare) .... contessa anche lei!

Esercizi

XXVII. *Trovate la forma giusta del Futuro semplice regolare.*

Es. Domani (io-scrivere) .... una lettera a mio nonno.
Domani ***scriverò*** *una lettera a mio nonno.*

1) Domani (io-spedire) .... il pacco che ho preparato per Luca.
2) Molto presto questa radio (sospendere) .... le trasmissioni.
3) (Io-soffrire) .... moltissimo se tu (lasciarmi) ....
4) (Tu-scrivermi) ....? Si, (io-scriverti) .... ogni giorno.
5) (Io-mostrarti) .... che la tua teoria è decisamente sbagliata.

6) (Noi-pulire) .... la cucina e (noi-lavare) .... i piatti.
7) L'anno prossimo il nostro Paese (esportare) .... più prodotti.
8) Sono certo che (tu-riuscire) .... a superare l'esame.
9) Durante lo spettacolo (lei-leggere) .... poesie di Pavese.
10) Non sposare quell'uomo! (Lui-distruggere) .... la tua vita!

11) Che cosa (voi-dire) .... al presidente nel prossimo incontro?
12) Il successo dell'impresa (dipendere) .... soltanto da noi.
13) Spero che (voi-non deludere) .... le nostre speranze.
14) Che cosa (succedere) .... se facciamo come dici tu?
15) Stia tranquilla signora. Suo figlio (crescere) .... forte e sano.

16) La prossima settimana (noi-prendere) .... una decisione.
17) Un concerto in piazza (chiudere) .... il festival di quest'anno.
18) Chi (assumersi) .... il compito di darle questa notizia?
19) Fra pochi giorni (io-diventare) .... zio di una bella bambina.
20) Oggi (voi-assistere) .... a uno spettacolo indimenticabile.

21) (Noi-provare) .... a dimenticare tutto il male che ci ha fatto.
22) Sono convinto che (lui-imparare) .... a comportarsi meglio.
23) (Noi-tornare) .... qui da voi anche l'anno prossimo.
24) (Io-non cambiare) .... idea. Di questo puoi essere certo.
25) (Io-usare) .... ogni mezzo per farle capire che sbaglia.

Esercizi

XXVIII. *Trovate la forma giusta del Futuro semplice regolare.*

Es. Questa sera (noi-cenare) .... molto tardi.
Questa sera ***ceneremo*** *molto tardi.*

1) (Noi-affrontare) .... con coraggio questa difficile situazione.
2) (Io-ascoltare) .... con attenzione tutti i tuoi argomenti.
3) Ma quando (tu-buttare) .... via questo vecchio cappotto?
4) Domani (noi-pranzare) .... insieme in un bel ristorante.
5) Con tutto questo rumore, stanotte (io-non dormire) .... di certo.

6) Sicuramente (tu-guadagnare) .... la fiducia di tutti i colleghi.
7) Le signore (organizzare) .... una festa di beneficienza.
8) Nessuno (riuscire) .... a scappare da questa nuova prigione!
9) State tranquilli. (noi-trovare) .... di certo una soluzione.
10) (Io-non abbandonare) .... mai un amico in difficoltà!

11) Se continui a mangiare così (tu-ingrassare) .... di certo.
12) Il professor Magni (guidare) .... la spedizione archeologica.
13) Nelle prossime settimane il tempo (peggiorare) ....
14) Un gruppo di architetti (realizzare) .... questo progetto.
15) (Io-perdonarti) .... solo se (tu-chiedere) .... scusa.

16) Il prossimo fine settimana (noi-noleggiare) .... una macchina.
17) (Tu-pentirti) .... per tutto quello che mi hai fatto.
18) Ho deciso. (Io-vendere) .... la casa di campagna.
19) (Noi-visitare) .... solo i musei più importanti.
20) Da domani (noi-lavorare) .... insieme. Sei contenta?

21) Questa medicina (calmare) .... la Sua tosse, signora.
22) (Noi-mostrare) .... a tutti quello di cui siamo capaci.
23) Presto la nostra ditta (trasferire) .... i suoi uffici in centro.
24) (Noi-cambiare) .... casa all'inizio della prossima settimana.
25) Sicuramente Gina e Mauro (decidere) .... di separarsi.

Futuro semplice
Principali verbi irregolari

	io	*tu*	*lui, lei*	*noi*	*voi*	*loro*
Andare	*andrò*	*andrai*	*andrà*	*andremo*	*andrete*	*andranno*
Avere	*avrò*	*avrai*	*avrà*	*avremo*	*avrete*	*avranno*
Bere	*berrò*	*berrai*	*berrà*	*berremo*	*berrete*	*berranno*
Cadere	*cadrò*	*cadrai*	*cadrà*	*cadremo*	*cadrete*	*cadranno*
Compiere	*compirò*	*compirai*	*compirà*	*compiremo*	*compirete*	*compiranno*
Condurre	*condurrò*	*condurrai*	*condurrà*	*condurremo*	*condurrete*	*condurranno*
Dare	*darò*	*darai*	*darà*	*daremo*	*darete*	*daranno*
Dovere	*dovrò*	*dovrai*	*dovrà*	*dovremo*	*dovrete*	*dovranno*
Essere	*sarò*	*sarai*	*sarà*	*saremo*	*sarete*	*saranno*
Fare	*farò*	*farai*	*farà*	*faremo*	*farete*	*faranno*
Introdurre	*introdurrò*	*introdurrai*	*introdurrà*	*introdurremo*	*introdurrete*	*introdurranno*
Potere	*potrò*	*potrai*	*potrà*	*potremo*	*potrete*	*potranno*
Produrre	*produrrò*	*produrrai*	*produrrà*	*produrremo*	*produrrete*	*produrranno*
Ridurre	*ridurrò*	*ridurrai*	*ridurrà*	*ridurremo*	*ridurrete*	*ridurranno*
Rimanere	*rimarrò*	*rimarrai*	*rimarrà*	*rimarremo*	*rimarrete*	*rimarranno*
Sapere	*saprò*	*saprai*	*saprà*	*sapremo*	*saprete*	*sapranno*
Stare	*starò*	*starai*	*starà*	*staremo*	*starete*	*staranno*
Tenere	*terrò*	*terrai*	*terrà*	*terremo*	*terrete*	*terranno*
Tradurre	*tradurrò*	*tradurrai*	*tradurrà*	*tradurremo*	*tradurrete*	*tradurranno*
Vedere	*vedrò*	*vedrai*	*vedrà*	*vedremo*	*vedrete*	*vedranno*
Venire	*verrò*	*verrai*	*verrà*	*verremo*	*verrete*	*verranno*
Vivere	*vivrò*	*vivrai*	*vivrà*	*vivremo*	*vivrete*	*vivranno*
Volere	*vorrò*	*vorrai*	*vorrà*	*vorremo*	*vorrete*	*vorranno*

Per tutti i verbi *-care*, *-gare*, *-ciare*, *-giare*

Cer*care*	*cercherò*	*cercherai*	*cercherà*	*cercheremo*	*cercherete*	*cercheranno*
Pa*gare*	*pagherò*	*pagherai*	*pagherà*	*pagheremo*	*pagherete*	*pagheranno*
Comin*ciare*	*comincerò*	*comincerai*	*comincerà*	*cominceremo*	*comincerete*	*cominceranno*
Man*giare*	*mangerò*	*mangerai*	*mangerà*	*mangeremo*	*mangerete*	*mangeranno*

Esercizi

XXIX. *Trovate la forma giusta del Futuro semplice irregolare.*

Es. (Noi-vivere) .... molto meglio nella nuova casa.
***Vivremo** molto meglio nella nuova casa.*

1) Sono certa che questa volta (tu-avere) .... più fortuna.
2) Per quanto tempo (voi-rimanere) .... in questa casa?
3) L'anno prossimo (io-venire) .... in vacanza con voi.
4) Mio padre (compiere) .... cinquant'anni domani.
5) Che dici, (noi-fare) .... in tempo a prendere l'aereo?

6) Purtroppo (io-non potere) .... arrivare per l'ora di cena.
7) A causa della crisi, la ditta (ridurre) .... il personale.
8) Chi (vivere) .... (vedere) .... (*proverbio*).
9) Paola (non volere) .... certamente accettare il tuo invito.
10) Il professore (tenere) .... una conferenza nel pomeriggio.

11) L'anno prossimo (tu-sapere) .... parlare bene l'italiano.
12) Spero che tutto (andare) .... nel migliore dei modi.
13) Se non capirai quello che dirà, (tradurre) .... tutto io.
14) (Io-vivere) .... a casa dei miei nonni per tutta l'estate.
15) (Loro-dare) .... un premio anche all'ultimo classificato.

16) Davvero (tu-bere) .... tutta quella birra?
17) (Noi-dovere) .... fare molta attenzione alle sue parole.
18) Dal mese prossimo la direzione (introdurre) .... nuovi orari.
19) D'accordo. (Io-fare) .... come dite voi.
20) State tranquilli. (Noi-tenere) .... la bocca chiusa!

21) Se (tu-non stare) .... attento, l'avversario vincerà.
22) Il mio partito (condurre) .... una battaglia contro la droga!
23) (Noi-cercare) .... di non disturbare troppo la sua quiete.
24) Lunedì (noi-cominciare) .... gli allenamenti in palestra.
25) (Tu-dovere) .... avere molta pazienza con quel bambino.

Esercizi

XXX. *Trovate la forma giusta del Futuro semplice irregolare.*

Es. (Noi-rimanere) .... qui solo per qualche giorno.
***Rimarremo** qui solo per qualche giorno.*

1) Che cosa (voi-fare) .... se vincerete tutti quei soldi?
2) Beh, certamente (noi-condurre) .... una vita da re!
3) Sono certa che questa volta (lui-venire) .... in orario.
4) (Noi-essere) .... lieti di conoscere sua moglie.
5) (Io-non vivere) .... mai in questa casa con te!

6) (Tu-vedere) .... che tutto (andare) .... bene.
7) (Voi-non dovere) .... mai rientrare dopo mezzanotte.
8) Per il tuo compleanno (noi-fare) .... una bellissima festa.
9) Per fare questo lavoro (voi-non avere) .... molto tempo.
10) Stasera (noi-mangiare) .... tutti insieme a casa di Aldo.

11) Il prossimo anno la fabbrica (produrre) .... mille auto al giorno.
12) (Tu-pagare) .... per tutto quello che hai fatto.
13) (Io-vedere) .... lo spettacolo da una poltrona in prima fila.
14) Ragazzi, (voi-sapere) .... comportarvi bene al ricevimento?
15) (Noi-potere) .... usare il dizionario durante l'esame?

16) Sono sicuro che (loro-stare) .... attenti a non sbagliare.
17) (Noi-tenere) .... presente i Suoi consigli, dottore.
18) L'avvocato ha detto che i giudici (dare) .... ragione a noi.
19) Il Parlamento (dovere) .... votare presto la nuova legge.
20) Sono sicuro che (voi-dare) .... il buon esempio a tutti.

21) Devi farlo ora. Dopo (tu-non avere) .... altre possibilità.
22) La prossima settimana (noi-andare) .... tutti al mare.
23) Gli esami di Italiano (cominciare) .... lunedì mattina.
24) Domenica a pranzo (noi-mangiare) .... in campagna.
25) (Lui-volere) .... certamente molti soldi per la riparazione.

Futuro composto

. Il Futuro composto si forma con il Futuro semplice dell'ausiliare («avere» o «essere») e il Participio passato del verbo.

. Questo Tempo esprime una situazione futura che, però, avviene prima di un'altra futura, la precede, è anteriore a questa: è un po' meno futura...

«Quando ***avrò terminato*** *gli studi, comincerò a lavorare» significa che prima devo terminare gli studi e poi potrò cominciare a lavorare. Tutt'e due le azioni sono future, ma quella espressa con il Futuro composto avviene prima dell'altra, dalla quale dipende.*

. Ricordiamoci che il Futuro composto si usa quasi sempre in una proposizione che dipende da un'altra al Futuro semplice. Non è quasi mai possibile, infatti, usare il Futuro composto da solo, senza il Futuro semplice.

. Questo Tempo può esprimere anche un'incertezza relativa a una situazione passata. In questo caso bisogna usarlo da solo, senza farlo precedere da nessuna espressione che indichi questa incertezza.

Es. Perché Luca è andato via? ***Avrà finito*** *il lavoro... (Forse ha finito...)*
Dov'era Pino ieri? Non lo so. ***Sarà stato*** *malato... (Forse era malato...)*

Potrai giocare solo quando ***avrai finito*** *i compiti.*
Quando ***avrò terminato*** *questo corso, parlerò bene l'italiano.*
Comincerete il lavoro dopo che vi ***sarete riposati****.*
State tranquilli! Telefoneremo appena ***saremo arrivati****.*

Nota: *Oggi, nella lingua parlata, si tende sempre più a sostituire il Futuro composto con il Futuro semplice: «Quando arriverò (sarò arrivato), ti telefonerò»*

Trapassato prossimo

. Il Trapassato prossimo si forma con l'Imperfetto dell'ausiliare («avere» o «essere») e il Participio passato del verbo.

. È il Tempo più passato di tutti e viene usato per indicare il passato del Passato prossimo, del Passato remoto e dell'Imperfetto.

Es. «Ieri ho rivisto un film che ***avevo visto*** *già l'anno scorso».*
«Quando arrivammo, ***erano andati*** *via già tutti».*
«Eravamo sicuri che ***avevano ricevuto*** *già la notizia».*

. Si usa principalmente nelle proposizioni dipendenti, cioè in quelle "frasi" che da sole non hanno un senso compiuto, ma si può usare anche da solo, quando il passato non è detto ma viene sottinteso.

Es. «Non ***avevo visto*** *mai prima d'ora un panorama così bello».*
«Non ***ero*** *mai* ***stata*** *in un posto così pieno di gente!»*
*«Bella la tua camicia! Ma come, non l'****avevi*** *mai* ***vista*** *prima?»*

. Oltre al Trapassato prossimo esiste anche il ***<u>Trapassato remoto</u>****.*
Questo Tempo si deve utilizzare quando abbiamo una serie di condizioni:

a) La proposizione in cui usiamo il Trapassato remoto deve essere una dipendente temporale (cioè, non deve avere da sola un senso compiuto).

b) Questa proposizione deve essere introdotta dagli avverbi di tempo «dopo che», «quando», «appena», «finché» e l'azione da essa descritta deve avvenire immediatamente prima dell'azione descritta dalla principale.

c) Il Tempo principale deve essere il Passato remoto.

Es. «Dopo che ***ebbi finito*** *l'Università, cominciai a lavorare».*
«Appena la lezione ***fu finita****, tutti uscirono dall'aula»*

Nota: *L'uso del Trapassato remoto, soprattutto nell'italiano parlato, è molto raro.*

Trapassato prossimo

Participio passato regolare

ausiliare «avere»

Parl**are**		Cred**ere**		Sent**ire**	
avevo	parl***ato***	avevo	cred***uto***	avevo	sent***ito***
avevi	parl***ato***	avevi	cred***uto***	avevi	sent***ito***
aveva	parl***ato***	aveva	cred***uto***	aveva	sent***ito***
avevamo	parl***ato***	avevamo	cred***uto***	avevamo	sent***ito***
avevate	parl***ato***	avevate	cred***uto***	avevate	sent***ito***
avevano	parl***ato***	avevano	cred***uto***	avevano	sent***ito***

Es. Quando lui è arrivato a casa, noi ***avevamo*** *appena* ***finito*** *di mangiare.*
Loro ci raccontarono una storia bizzarra che ***avevamo*** *già* ***sentito****.*

ausiliare «essere»

Arriv**are**		Cad**ere**		Part**ire**	
ero	arriv***ato,a***	ero	cad***uto,a***	ero	part***ito,a***
eri	arriv***ato,a***	eri	cad***uto,a***	eri	part***ito,a***
era	arriv***ato,a***	era	cad***uto,a***	era	part***ito,a***
eravamo	arriv***ati,e***	eravamo	cad***uti,e***	eravamo	part***iti,e***
eravate	arriv***ati,e***	eravate	cad***uti,e***	eravate	part***iti,e***
erano	arriv***ati,e***	erano	cad***uti,e***	erano	part***iti,e***

Es. Telefonai subito alla direttrice, ma mi dissero che ***era*** *già* ***partita****.*
Un mese fa ho fatto delle radiografie perché ***ero caduto*** *da cavallo.*

Nota: *Per le forme irregolari del Participio passato, vedi alle pagine 39 e 40.*

Esercizi

XXXI. *Trovare la forma giusta del Trapassato prossimo.*
*(ausiliari «**avere**» e «**essere**»; verbi regolari e irregolari)*

Es. (Io-non vedere) .... mai la tua casa.
*Non **avevo visto** mai la tua casa.*

(Io-non stare) .... mai nella tua casa.
*Non **ero stato,a** mai nella tua casa.*

1) Ieri ho risposto alla lettera che (io-ricevere) .... l'altro ieri.
2) (Noi-finire) .... appena di mangiare, quando arrivò Paolo.
3) Non disse mai a nessuno quello che (succedergli) ....
4) Carlo capì subito che (lui-sbagliare) .... e si corresse.
5) Quando mi sposai (io-compiere) .... da poco 32 anni.

6) Il film che abbiamo visto ieri (io-vederlo) .... già l'anno scorso.
7) Arrivai tardi alla riunione perché (io-perdere) .... il treno.
8) Ero certo che gli studenti (capire) .... la mia spiegazione.
9) La polizia ha ritrovato la macchina che i ladri (rubare) ....
10) Sapevo che (loro-arrivare) .... prima di me.

11) Nessuno di loro si rese conto di quello che (accadere) ....
12) Mi hai fatto lo stesso regalo che (tu-farmi) .... l'anno scorso!
13) Ho cominciato a lavorare dopo che (io-finire) .... l'Università.
14) Ero certo che (tu-assaggiare) .... già questo piatto di pesce.
15) Beatrice (finire) .... appena il liceo, quando conobbe Piero.

16) (Io-non vedere) .... mai prima d'oggi una cosa simile!
17) Nessuno ha risposto alla domanda che (io-fare) .... prima.
18) (Noi-non stare) .... mai prima d'allora in un posto così bello.
19) (Io-tornare) .... appena a casa, quando ho avuto la notizia.
20) Quando arrivammo sul posto (loro-andare) .... già via.

Esercizi

XXXII. *Trovare la forma giusta del Trapassato prossimo.*
*(ausiliari «**avere**» e «**essere**»; verbi regolari e irregolari)*

Es. (Noi-non pensare) .... a questa soluzione.
*Noi non **avevamo pensato** a questa soluzione.*

(Io-non venire) .... mai in Italia prima d'ora.
*Io non **ero venuto,a** mai in Italia prima d'ora.*

1) Capii subito che (capitare) .... qualcosa di grave e partii.
2) L'uomo disse che (lui-non essere) .... lui a compiere l'omicidio.
3) (Noi-non visitare) .... mai una città così ricca d'arte!
4) È stato arrestato perché (lui-compiere) .... un furto.
5) Raccontarono a tutti quello che (loro-vedere) .... quel giorno.

6) Mangiai un panino che gli altri (lasciare) .... per me.
7) Ero molto arrabbiato con te per quello che (tu-fare) ....
8) Dopo che (lui-partire) .... tutti hanno deciso di seguirlo.
9) Si sposò con un uomo che (divorziare) .... già tre volte.
10) È venuto ad aiutarmi solo dopo che (io-risolvere) .... tutto!

11) Terminammo il lavoro che altri (iniziare) .... prima di noi.
12) (Io-tornare) .... appena a casa, quando mi ha telefonato.
13) Il testimone disse che (lui-vedere) .... quell'uomo sparare.
14) Decisi di non reagire alle offese che (loro-farmi) ....
15) (Noi-non essere) .... mai in questa casa prima d'ora.

16) L'ambulanza arrivò quando l'uomo (morire) .... già.
17) Il dottore gli disse che (lui-prendere) .... troppe medicine.
18) Andammo a quella cena perché (loro-insistere) .... tanto.
19) Dopo che (io-chiudere) .... la porta, ha squillato il telefono.
20) Mi scrisse che (lei-decidere) .... di non vedermi più.

La concordanza dei Tempi
del Modo Indicativo

Una frase può cominciare con un verbo principale al Presente, al Passato (Passato prossimo, Imperfetto, Passato remoto,Trapassato prossimo) o al Futuro. I verbi che seguono possono essere a loro volta contemporanei, anteriori o posteriori rispetto al verbo principale.
Le regole che stabiliscono i Tempi da scegliere in ogni caso sono indicate dalla Concordanza dei Tempi.

Verbo principale
(al presente, al passato o al futuro)

↙	↓	↘
verbo secondario	verbo secondario	verbo secondario
azione	azione	azione
anteriore	contemporanea	posteriore
(prima)	(nello stesso momento)	(dopo)

Es. Presente:

So che Paola è partita ieri.	*(azione anteriore)*
So che Paola parte oggi.	*(azione contemporanea)*
So che Paola partirà domani.	*(azione posteriore)*

Es. Passato:

Sapevo che Paola era partita il giorno prima.	*(azione anteriore)*
Sapevo che Paola partiva quel giorno.	*(azione contemporanea)*
Sapevo che Paola sarebbe partita il giorno dopo.	*(azione posteriore)*

Es. Futuro:

Sabato saprò se Paola sarà partita venerdì.	*(azione anteriore)*
Sabato saprò se Paola partirà quel giorno.	*(azione contemporanea)*
Sabato saprò se Paola partirà domenica.	*(azione posteriore)*

Schema generale
dell'Indicativo

Dico che lui
(presente)

↙ ↓ ↘

ha parlato,
parlava,
stava parlando,
parlò
(ieri)
az.anteriore

parla,
sta parlando
(oggi)
az.contemporanea

parlerà,
parla
(domani)
az.posteriore

Dirò che lui
(futuro)

↙ ↓ ↘

avrà parlato,
ha parlato,
parlava , parlò
(il giorno prima)
az.anteriore

parlerà,
parla
(quel giorno)
az. contemporanea

parlerà
(Il giorno dopo)
az. posteriore

Dicevo, ho detto,
dissi, avevo detto che lui
(passato)

↙ ↓ ↘

aveva parlato
(il giorno prima)
az. anteriore

parlava,
stava parlando
(quel giorno)
az. contemporanea

avrebbe parlato,
parlava
(il giorno dopo)
az. posteriore

Nota: *Quando il verbo secondario indica una situazione futura reale, bisogna sempre usare il Futuro, anche se il predicato principale è al passato.*

Es. Luciano ha detto che **arriverà** *domani. («domani» è un futuro reale)*

Quando il verbo secondario indica una realtà o una situazione sempre valide nella loro generalità, si deve usare il Presente, anche se il predicato principale è al passato.

Es. Mio padre mi ha insegnato che **bisogna** *essere sempre onesti.*

Esercizi

XXXIII. *Completare le frasi seguenti con la giusta concordanza. (Verbo principale al presente)*

Es. Sono certa che Daniela (partire) .... ieri.
Sono certa che Daniela ***è partita*** *ieri.*

Sono certa che Daniela (partire) .... oggi.
Sono certa che Daniela ***parte*** *oggi.*

Sono certa che Daniela (partire) .... domani.
Sono certa che Daniela ***partirà*** *domani.*

1) Il giornale scrive che ieri (succedere) .... un grave incidente.
2) Ti assicuro che (io-venire) .... certamente alla tua festa.
3) Sono sicura che (tu-trovare) .... un buon posto di lavoro.
4) Leggo il libro che (io-comprare) .... la settimana scorsa.
5) Mentre (io-lavare) .... i piatti, tu puoi mettere un po' in ordine?
6) Vedo che (tu-non capire) .... niente di quello che ti ho detto!
7) Io dico che Gianni (arrivare) .... in ritardo anche questa volta.
8) È sicuro che domani (essere) .... bel tempo. L'ha detto la TV.
9) Marco dice che (tu-andare) .... a casa sua ieri pomeriggio.
10) So che tua madre (essere) .... malata e mi dispiace molto.

11) Sento che (noi-non potere) .... mai vivere insieme.
12) La storia insegna che (noi-dovere) .... essere più tolleranti.
13) Scommetto che (vincere) .... il cavallo numero uno.
14) La lettera dice che tua madre (non venire) .... più a trovarci.
15) La polizia afferma che l'assassino (essere) .... ancora libero.
16) Lui continua a parlare, ma (io-non volere) .... rispondere!
17) Soltanto ora mi accorgo che (tu-non amarmi) .... mai!
18) Raccontano quello che (loro-vedere) .... ieri sera.
19) Giuro che (non essere) .... io a rompere il vaso!
20) La chiromante prevede che il mio futuro (essere) .... felice.

Esercizi

XXXIV. *Completare le frasi seguenti con la giusta concordanza. (Verbo principale al passato)*

Es. Ero certo che Daniela (partire) .... il giorno prima.
*Ero certo che Daniela **era partita** il giorno prima.*

Ero certo che Daniela (partire) .... quel giorno
*Ero certo che Daniela **partiva** quel giorno.*

Ero certo che Daniela (partire) .... il giorno dopo.
*Ero certo che Daniela **sarebbe partita** il giorno dopo.*

1) Piero mi ha assicurato che (lei-telefonare) .... stamattina.
2) Nessuno mi aveva detto che (tu-cambiare) .... casa.
3) Ha passato tutta la sera a raccontare quello che (lei-vedere) ....
4) Sapeva che tutto (essere) .... inutile, ma lo fece ugualmente.
5) Mentre (lui-stirare) .... le camicie, lei leggeva il giornale.
6) Rilessi diverse volte tutte le lettere che (io-ricevere) .... da lei.
7) Il direttore ha detto che domani (lui-presentare) .... le dimissioni.
8) Mi ha gridato in faccia che (io-tradire) .... la sua fiducia.
9) L'avvocato era certo che il suo cliente (essere) .... innocente.
10) Promise che (lei-ritornare) .... subito dopo, ma non la vidi più.

11) Mi accorsi che (io-non potere) .... fare nulla e tornai a casa.
12) Il testimone disse che (lui-vedere) .... tutta la scena.
13) Il giornalista scoprì che i due politici (essere) .... corrotti.
14) Reclamai perché (loro-vendermi) .... un disco difettoso.
15) Eravamo tutti sicuri che (loro-sposarsi) .... molto presto.
16) Ho letto che dal prossimo anno (aumentare) .... le tasse.
17) Ha detto che (noi-essere) .... tutti uguali di fronte alla legge.
18) Capirono subito che (essere) .... meglio dire tutta la verità.
19) Sapevano sin dall'inizio che (noi-reagire) .... in quel modo.
20) Rispose che in quel momento (lui-avere) .... da fare.

Esercizi

XXXV. *Completare le frasi seguenti con la giusta concordanza.*
(Verbo principale al presente, passato e futuro)

Es. Sono certo che Daniela (partire) .... ieri / oggi / domani.
Sono certo che Daniela ***è partita*** */* ***parte*** */* ***partirà****.*

Ero certo che (lei partire) .... il giorno prima / quel giorno / il giorno dopo.
Ero certo che Daniela ***era partita*** */* ***partiva*** */* ***sarebbe partita****.*

Domenica saprò se Daniela (partire) .... sabato / domenica / lunedì.
Domenica saprò se Daniela ***sarà partita*** */* ***partirà*** */* ***partirà****.*

1) Tutti sapevano che (io-essere) .... in difficoltà e mi aiutarono.
2) La settimana prossima saprò se (io-superare) .... l'esame.
3) Capimmo subito che (non essere) .... possibile partire.
4) Giulio sostiene che la sua macchina (essere) .... come nuova.
5) Eravamo sicuri che tutto (andare) .... bene.
6) Ti assicuro che (io-non tradirti) .... mai in tutta la mia vita!
7) Mi rendo conto che (tu-non capire) .... niente di quello che dico.
8) Il ministro rispose alla domanda che il giornalista (fargli) ....
9) Tua madre era certa che (tu-prendere) .... il raffreddore.
10) Mi ha detto tutto quello che (lui-pensare) .... di me.

11) Scommetto che il campione (vincere) .... anche questa volta.
12) Era chiaro che (loro-arrivare) .... prima di noi al traguardo.
13) Quando arrivammo all'aeroporto, l'aereo (partire) .... già.
14) Se non vi sbrigate, arriverete quando il treno (partire) .... già.
15) Al processo lei non disse tutto quello che (lei-vedere) ....
16) So che negli ultimi anni la tua vita (essere) .... molto difficile.
17) Giorgio mi scrive che (lui-non potere) .... venire a trovarci.
18) Ero certa che (voi-aiutarmi) .... a superare questa crisi.
19) Ho protestato perché (loro-commettere) .... un'ingiustizia.
20) Lei disse che (non-essere) .... il caso di arrabbiarsi tanto.

Modo Congiuntivo

. *Il Congiuntivo ha 4 Tempi (Presente, Passato, Imperfetto e Trapassato) e si usa soprattutto nelle proposizioni dipendenti, quando il predicato principale esprime:*

.un'opinione (pensiamo che il cinema oggi ***sia*** *in crisi).*
.un'incertezza (non sono sicuro che tu ***abbia*** *ragione).*
.una speranza o un augurio (spero che lui ***arrivi*** *in tempo per la cena).*
.una volontà (voglio che voi ***pensiate*** *solo al vostro lavoro).*
.un timore (ho paura che loro ***abbiano capito*** *male le mie parole).*
.un dubbio (dubitano che voi ***possiate*** *vincere la partita).*

Si usa inoltre:

. *Dopo le espressioni impersonali come:*

«è probabile che»; «è improbabile che»; «è possibile che»; «è bene che»; «è impossibile che»; «è necessario che»; «occorre che»; «è giusto che»; «non è giusto che»; «è facile che»; «è difficile che»; «peccato che».

Es. **È probabile che** *Luisa* **arrivi** *domani mattina.*
È possibile che *tu* **vinca** *il concorso.*
Peccato che *Cesare* **sia partito** *così presto.*

. *Dopo le espressioni che indicano uno stato d'animo come:*

«sono contento,a che»; «mi dispiace che»; «sono dispiaciuto,a che»; «mi rallegro che»; «sono felice che»; eccetera...

Es. **Siamo contenti che** *tu* **abbia trovato** *un buon lavoro.*
Mi dispiace che *loro* **abbiano avuto** *un brutto incidente.*
Mia madre **è felice che** *io* **vada** *bene a scuola.*

. *Dopo il grado superlativo relativo:*

Es. È il film ***più bello che*** *io* ***abbia visto*** *negli ultimi tempi.*
È la ragazza ***più noiosa che*** *tu* ***abbia conosciuto****.*
Siete le persone ***più simpatiche*** *che io* ***conosca****.*

. *Dopo gli aggettivi indefiniti «qualunque» e «qualsiasi»; dopo il pronome indefinito «chiunque» e dopo gli avverbi «ovunque», «dovunque» e «comunque»*

Es. ***Qualunque*** *cosa tu* ***faccia****, è sempre sbagliata!*
Comunque *tu* ***abbia fatto****, per me va sempre bene.*
Ovunque *(****dovunque****) tu* ***vada****, ricordati di telefonarmi.*

. *Dopo le congiunzioni «nonostante»; «malgrado»; «affinché»; «sebbene»; «quantunque»; «benché»; «perché» (nel significato di «al fine di»).*

Es. ***Nonostante sia*** *tanto freddo, vuole uscire lo stesso.*
Decisero di partire ***malgrado facesse*** *brutto tempo.*
Sebbene fosse *in ritardo, lo fecero entrare ugualmente.*

. *Dopo le locuzioni «come se»; «in qualsiasi modo»; «a patto che»; «a condizione che»; «purché»; «nel caso che»; «qualora».*

Es. Lo Stato mi pagherà la borsa di studio ***a patto che*** *io* ***superi*** *l'esame.*
Ti presterò i soldi che mi chiedi, ***purché*** *tu me li* ***restituisca*** *presto.*
Nel caso che *tu non* ***venissi*** *con noi, ricordati di avvertirci.*

. *Dopo le espressioni «prima che», «aspetto (aspetti, aspetta...) che» e «in attesa che».*

Es. ***Prima che*** *tu* ***prenda*** *una decisione ti vorrei dare un consiglio.*
Aspettiamo che *lui* ***chiarisca*** *la sua posizione e poi decidiamo.*

. *Quando si inverte l'ordine delle proposizioni:*

Es. ***Che lui sia*** *una persona intelligente, lo sanno tutti.*
(Tutti sanno ***che lui è*** *una persona intelligente).*

Congiuntivo Presente

Verbi ausiliari

Avere	**Essere**
abbia	**sia**
abbia	**sia**
abbia	**sia**
abbiamo	**siamo**
abbiate	**siate**
abbiano	**siano**

Esercizi

XXXVI. *Completare le frasi seguenti con il Congiuntivo presente*

1) Penso che (lui-avere) .... ragione di arrabbiarsi.
2) Non è sicuro che domani (essere) .... bel tempo.
3) Speriamo che (voi-avere) .... un posto a sedere.
4) Nel caso che (io-essere) .... in ritardo, vi prego di aspettarmi.
5) Chiunque (essere) .... ditegli che non sono in ufficio.
6) Il governo si impegna affinché tutti (avere) .... i migliori servizi.
7) Mi auguro che tutti i libri (essere) .... al posto giusto.
8) Ti porterò un regalo, a condizione che (tu-essere) .... buono.
9) Mio padre è contento che (io-avere) .... un lavoro sicuro.
10) Cercano di convincerci malgrado (loro-avere) .... torto.
11) Sembra che tutto (essere) .... in ordine nel motore.
12) Pare che (loro-non essere) .... molto convinti della loro scelta.

Congiuntivo Presente

verbi regolari

Parl**are**	Cred**ere**	Sent**ire**	Cap**ire**
parl***i***	cred**a**	sent**a**	cap***isca***
parl***i***	cred**a**	sent**a**	cap***isca***
parl***i***	cred**a**	sent**a**	cap***isca***
parl***iamo***	cred***iamo***	sent***iamo***	cap***iamo***
parl***iate***	cred***iate***	sent***iate***	cap***iate***
parl***ino***	cred***ano***	sent***ano***	cap***iscano***

Congiuntivo Passato

Participio passato regolare

(ausiliari «avere» e «essere»)

Parl**are**		Cred**ere**		Sent**ire**		Part**ire**	
abbia	parlato	abbia	creduto	abbia	sentito	sia	partito,a
abbia	parlato	abbia	creduto	abbia	sentito	sia	partito,a
abbia	parlato	abbia	creduto	abbia	sentito	sia	partito,a
abbiamo	parlato	abbiamo	creduto	abbiamo	sentito	siamo	partiti,e
abbiate	parlato	abbiate	creduto	abbiate	sentito	siate	partiti,e
abbiano	parlato	abbiano	creduto	abbiano	sentito	siano	partiti,e

***Nota**: Il Congiuntivo Presente o Passato si usa quando il verbo principale è al Presente: Es. **Penso** che lui **parta** (oggi) - **Penso** che lui **sia partito** (ieri).*

Per le forme irregolari del Participio passato, vedi alle pagine 39 e 40.

Esercizi

XXXVII. *Completare le frasi seguenti, scegliendo fra Congiuntivo Presente e Passato.*
(verbi regolari).

Es. Penso che (lui-arrivare) .... oggi. *Penso che (lui-arrivare) .... ieri.*
*Penso che **arrivi** oggi.* *Penso che **sia arrivato** ieri.*

1) Penso che Rita (scherzare) .... quando dice che non vuole più continuare gli studi all'Università.
2) È probabile che tua madre (preparare) .... già la cena.
3) Voglio che (tu-scrivere) .... immediatamente questa lettera.
4) Speriamo che il tempo (migliorare) .... nei prossimi giorni.
5) Signora, la nostra banca Le concederà il prestito a condizione che (Lei-firmare) .... il contratto entro domani.
6) Che strumenti suona Giancarlo? Credo che (lui-suonare) .... il pianoforte e il sassofono.
7) Nonostante (io-tornare) .... appena dalle ferie, non faccio che pensare alle prossime vacanze.
8) È possibile che il mio commercialista (sbagliare) .... a fare il calcolo preciso delle tasse che devo pagare.
9) Mi pare che Carlo e Laura (non salutarsi) .... quando si sono incontrati qualche giorno fa.
10) Che (lui-arrivare) .... sempre in ritardo lo sanno tutti.
11) Non sono sicuro che Patrizia (cambiare) .... idea così facilmente a proposito di questo tema.
12) Dubito che (voi-comportarvi) .... bene in quella occasione.
13) Tutti si augurano che quest'anno il governo (cambiare) .... la sua politica sociale.
14) Molti pensano che (bastare) .... pochi mesi per imparare bene una lingua come l'italiano.
15) Penso che (lui-rassegnarsi) .... ormai a vivere da solo.

Congiuntivo Presente

Principali verbi irregolari

	io	*tu*	*lui, lei*	*noi*	*voi*	*loro*
Andare	***vada***	***vada***	***vada***	*andiamo*	*andiate*	***vadano***
Bere	***beva***	***beva***	***beva***	***beviamo***	***beviate***	***bevano***
Cogliere	***colga***	***colga***	***colga***	***cogliamo***	***cogliate***	***colgano***
Dare	***dia***	***dia***	***dia***	*diamo*	*diate*	***diano***
Dire	***dica***	***dica***	***dica***	***diciamo***	***diciate***	***dicano***
Dovere	***debba***	***debba***	***debba***	***dobbiamo***	***dobbiate***	***debbano***
Fare	***faccia***	***faccia***	***faccia***	***facciamo***	***facciate***	***facciano***
Morire	***muoia***	***muoia***	***muoia***	*moriamo*	*moriate*	***muoiano***
Potere	***possa***	***possa***	***possa***	***possiamo***	***possiate***	***possano***
Produrre	***produca***	***produca***	***produca***	***produciamo***	***produciate***	***producano***
Riempire	***riempia***	***riempia***	***riempia***	*riempiamo*	*riempiate*	***riempiano***
Rimanere	***rimanga***	***rimanga***	***rimanga***	*rimaniamo*	*rimaniate*	***rimangano***
Salire	***salga***	***salga***	***salga***	*saliamo*	*saliate*	***salgano***
Sapere	***sappia***	***sappia***	***sappia***	***sappiamo***	***sappiate***	***sappiano***
Scegliere	***scelga***	***scelga***	***scelga***	***scegliamo***	***scegliate***	***scelgano***
Sciogliere	***sciolga***	***sciolga***	***sciolga***	***sciogliamo***	***sciogliate***	***sciolgano***
Sedere	***sieda***	***sieda***	***sieda***	*sediamo*	*sediate*	***siedano***
Spegnere	***spenga***	***spenga***	***spenga***	*spegniamo*	*spegniate*	***spengano***
Stare	***stia***	***stia***	***stia***	***stiamo***	***stiate***	***stiano***
Tacere	***taccia***	***taccia***	***taccia***	***tacciamo***	***tacciate***	***tacciano***
Tenere	***tenga***	***tenga***	***tenga***	*teniamo*	*teniate*	***tengano***
Togliere	***tolga***	***tolga***	***tolga***	***togliamo***	***togliate***	***tolgano***
Tradurre	***traduca***	***traduca***	***traduca***	***traduciamo***	***traduciate***	***traducano***
Uscire	***esca***	***esca***	***esca***	*usciamo*	*usciate*	***escano***
Venire	***venga***	***venga***	***venga***	*veniamo*	*veniate*	***vengano***
Volere	***voglia***	***voglia***	***voglia***	***vogliamo***	***vogliate***	***vogliano***

Per tutti i verbi in *-care*, *-gare*, *-ciare* e *-giare:*

Cerc*are*	*cerc**hi***	*cerc**hi***	*cerc**hi***	*cerc**hi**amo*	*cerc**hi**ate*	*cerc**hi**no*
Pag*are*	*pag**hi***	*pag**hi***	*pag**hi***	*pag**hi**amo*	*pag**hi**ate*	*pag**hi**no*
Cominc*iare*	*cominc**i***	*cominc**i***	*cominc**i***	*cominc**iamo***	*cominc**iate***	*cominc**ino***
Mang*iare*	*mang**i***	*mang**i***	*mang**i***	*mang**iamo***	*mang**iate***	*mang**ino***

Esercizi

XXXVIII. *Completare le frasi seguenti con il Congiuntivo Presente. (verbi irregolari)*

Es. Credo che (essere) .... meglio rimandare la partenza.
*Credo che **sia** meglio rimandare la partenza.*

1) Ma è proprio necessario che (io-spegnere) .... sempre la luce quando esco?
2) Questa volta voglio che (tu-venire) .... in orario e non in ritardo come fai sempre.
3) D'accordo, invitiamo pure tua madre, ma soltanto a condizione che (lei-non stare) .... qui da noi per più di due settimane!
4) Mi auguro che (tu-sapere) .... quello che fai e che (tu-scegliere) .... la soluzione giusta per questo problema.
5) Non credo che (loro-potere) .... capire un testo così difficile.
6) Non ti sembra che Lucio (bere) .... un po' troppo?
7) Ci dispiace tanto che (tu-essere) .... così raffreddato.
8) A chiunque (venire) .... a cercarmi, ditegli che oggi non posso ricevere nessuno perché sono molto occupato.
9) Non è giusto che (tu-dare) .... così tanta importanza a un fatto insignificante come questo.
10) Spero proprio che la banca (fargli) .... questo prestito, altrimenti non saprà come pagare i debiti.
11) Ragazzi, mi sembra che (voi-mangiare) .... un po' troppa carne e poche verdure.
12) Dicono che (lui-tenerci) .... particolarmente a fare questo lungo viaggio.
13) Voglio che (tu-toglierti) .... subito dalla testa queste strane e pericolose idee, capito?
14) Nonostante le quotazioni (salire) .... costantemente, gli operatori finanziari consigliano ancora di comprare queste azioni.

Esercizi

XXXIX. *Completare le frasi seguenti con il Congiuntivo Presente. (verbi irregolari)*

Es. Spero che (lei-non venire) .... in ritardo.
*Spero che lei non **venga** in ritardo.*

1) Mi pare che (tu-riempirti) .... spesso il bicchiere. Non stai bevendo troppo?

2) Sembra che i miei genitori oggi (essere) .... un po' nervosi. Pare che (loro-volere) .... litigare a tutti i costi. Ma io farò di tutto per restare calma e non provocarli.

3) Spero che questa volta (tu-scegliere) .... una cravatta che piace anche a me.

4) D'accordo, Le racconterò tutto, a condizione che (Lei-stare) .... zitto e (Lei-non dirlo) .... a nessuno.

5) Non voglio che i miei amici (sapere) .... quello che è successo l'altro giorno.

6) Sei certa che tuo figlio (volere) .... studiare per diventare un avvocato? Forse vuole semplicemente imparare un buon lavoro.

7) Non credo che (voi-potere) .... aiutarci a terminare questo progetto prima della fine del mese.

8) Che tutti (dovere) .... pagare le tasse, mi sembra una cosa ovvia. Sei d'accordo con me?

9) Comunque (tu-fare) .... e qualunque cosa tu decida, ricordati che per me va sempre bene.

10) Ho paura che (tu-dire) .... delle cose che possono essere interpretate male.

11) Peccato che (loro-dare) .... tanta importanza a fatti che secondo me non hanno nessun valore.

12) Nonostante (loro-avere) .... ragione, non sono ancora riusciti a ottenere giustizia.

Esercizi

XL. *Completare le frasi seguenti con il Congiuntivo Presente. (verbi irregolari)*

Es. Credo che (tu-bere) .... troppo.
*Credo che tu **beva** troppo.*

1) Credo proprio che (tu-dovere) .... comprare una macchina nuova. Quella che hai è tutta rotta.
2) Non penso che (loro-volere) .... restare così a lungo sulla spiaggia. Il sole è troppo forte.
3) È probabile che (loro-non uscire) .... prima di domattina.
4) Pare che quella fabbrica (produrre) .... sostanze chimiche dannose alla salute degli abitanti della zona.
5) Ho paura che (lui-essere) .... la persona sbagliata.
6) Sei contenta che tua figlia (andare) .... così bene a scuola?
7) Comunque (andare) .... le cose, posso dire di avere fatto tutto quello che era nelle mie possibilità.
8) Peccato che (loro-dovere) .... andare via così presto.

9) Che lui (essere) .... uno dei criminali più pericolosi in circolazione è cosa risaputa.
10) Se credi che Silvano (pagare) .... da bere a tutti, ti sbagli. È talmente avaro che non paga nemmeno per sé.
11) È ora che (tu-cominciare) .... a studiare seriamente, perché se continui così non supererai certamente l'esame.
12) Mi pare che negli ultimi tempi Giulia (cercare) .... di risparmiare. Infatti non esce quasi mai la sera, per non spendere.
13) Spero che questa volta tu (cogliere) .... l'occasione e che (tu-non fare) .... come l'altra volta, quando hai rinunciato.
14) Se devi uscire così presto è meglio che (tu-mangiare) .... un po', altrimenti avrai fame più tardi.

Congiuntivo Imperfetto

Verbi ausiliari

Avere	**Essere**
avessi	**fossi**
avessi	**fossi**
avesse	**fosse**
avessimo	**fossimo**
aveste	**foste**
avessero	**fossero**

Esercizi

XLI. *Trovare la forma giusta del Congiuntivo Imperfetto. (verbi ausiliari)*

Es. Credevamo che (lui-avere) .... maggiore fortuna.
Credevamo che lui ***avesse*** *maggiore fortuna.*

Speravo che (tu-essere) .... più maturo.
Speravo che tu ***fossi*** *più maturo.*

1) Avevamo paura che (tu-essere) .... in pericolo.
2) Credevo che (lui-essere) .... una persona più educata.
3) Era molto probabile che (loro-essere) .... colpevoli.
4) Pensavo che (lui-avere) .... più coraggio.
5) Era davvero un peccato che (loro-non avere) .... molti amici.
6) Malgrado (io-essere) .... malata, continuai a lavorare molto.
7) Fummo condannati, nonostante (noi-avere) .... ragione.
8) Dubitavamo che (voi-essere) .... favorevoli alla proposta.

Congiuntivo Imperfetto

Verbi regolari

Parl**are**	Cred**ere**	Sent**ire**
parl***assi***	cred***essi***	sent***issi***
parl***assi***	cred***essi***	sent***issi***
parl**asse**	cred**esse**	sent**isse**
parl***assimo***	cred***essimo***	sent***issimo***
parl***aste***	cred**este**	sent**iste**
parl**assero**	cred**essero**	sent**issero**

Congiuntivo Trapassato

Participio passato regolare

(ausiliari «avere» e «essere»)

Parl**are**		Cred**ere**		Sent**ire**		Part**ire**	
avessi	parlato	avessi	creduto	avessi	sentito	fossi	partito,a
avessi	parlato	avessi	creduto	avessi	sentito	fossi	partito,a
avesse	parlato	avesse	creduto	avesse	sentito	fosse	partito,a
avessimo	parlato	avessimo	creduto	avessimo	sentito	fossimo	partiti,e
aveste	parlato	aveste	creduto	aveste	sentito	foste	partiti,e
avessero	parlato	avessero	creduto	avessero	sentito	fossero	partiti,e

Nota: *Il Congiuntivo Imperfetto o Trapassato si usa quando il verbo principale è al passato. Es.* **Pensavo** *che lui* **parlasse** - **Pensavo** *che lui* **avesse parlato**.

Questi due Tempi si usano anche quando il verbo principale è al Condizionale:
Es. **Vorrei** *(***avrei voluto***) che tu* **parlassi** *(***avessi parlato***).*

I verbi «dire» e «pensare» fanno eccezione! Con essi si usa il Presente o il Passato:
Es. **Direi** *che* **sia** *(***sia stato***) meglio partire.*

Per le forme irregolari del Participio passato, vedi alle pagine 39 e 40.

Esercizi

XLII. *Completare le frasi seguenti, scegliendo fra Congiuntivo Imperfetto e Trapassato.*
(verbi regolari).

Es. Credevo che (lui-avere) .... ragione.
Credevo che lui ***avesse*** *ragione.*

Non sapevo che (tu-cambiare) .... casa.
Non sapevo che tu ***avessi cambiato*** *casa.*

1) Il professore decise di ritirare tutti i compiti, nonostante che a quell'ora nessuno (terminare) .... l'esame.
2) Non era giusto che (lui-passare) .... tutto quel tempo a non fare niente, mentre tu lavoravi duramente.
3) Vorrei che (tu-ascoltare) .... attentamente le mie parole.
4) Temevo che la situazione (peggiorare) .... e presi l'unica decisione che potevo prendere.
5) Mi prestò dei soldi a patto che (io-restituirglieli) .... entro una settimana al massimo.
6) Non sapevamo che Carolina (lasciare) .... il lavoro. Nessuno ce lo ha detto.
7) Non ho detto nulla perché non volevo che (tu-rovinare) .... a Giulio questa bella sorpresa.
8) Mi dispiaceva che Maria (non trovare) .... ancora una soluzione al problema che aveva da tanto tempo e decisi di aiutarla.
9) Chiunque (andare) .... a trovarlo era sempre il benvenuto.
10) Non sapevamo che Cesare (sposarsi) .... così giovane.
11) Mi piacerebbe che (tu-ubbidire) .... ai tuoi genitori.
12) Era necessario che tutti (tornare) .... prima del tramonto.
13) Girava senza impermeabile, nonostante (piovere) ....
14) Quando lo vidi mi sembrò che (lui-dormire) .... in piedi.

Esercizi

XLIII. *Completare le frasi seguenti, scegliendo fra Congiuntivo Imperfetto e Trapassato.*
(verbi regolari).

Es. Pensavo che (tu-amarmi) ....
Pensavo che tu mi ***amassi****.*

Non sapevo che (lui-partire) ....
Non sapevo che lui ***fosse partito****.*

1) Pensai che mio fratello (sbagliare) .... strada e così chiesi a un passante qual era la giusta direzione.

2) Credevi che (io-non protestare) .... per tutti i tuoi ritardi?

3) Non volevo che (lei-frequentare) .... certe compagnie e decisi di parlargliene.

4) Temevo che (tu-non capire) .... le nostre intenzioni e (tu-cercare) .... di ostacolarci.

5) L'unica condizione che avevamo chiesto per prestarvi la macchina era che (voi-ritornare) .... prima delle dieci, ma è quasi mezzanotte!

6) Giovanna aveva l'impressione che (io-scherzare) ...., ma al contrario, io ero serissimo.

7) Il mio vecchio professore di chimica del liceo voleva che noi (studiare) .... almeno sei ore al giorno solo per lui!

8) Credevo che (voi-finire) .... quel lavoro già da un pezzo, ma vedo che siete ancora in alto mare.

9) Riuscii a parlargli poco prima che (lui-partire) ....

10) Ci dispiaceva molto che (loro-continuare) .... a non fidarsi di noi, nonostante tutte le prove che gli avevamo dato.

11) Voi non dovevate assolutamente reagire in quel modo, qualunque cosa (loro-raccontarvi) ....

12) Sei ancora qui? Pensavo che (tu-partire) .... già.

Esercizi

XLIV. *Completare le frasi seguenti, scegliendo fra Congiuntivo Imperfetto e Trapassato.*
(verbi regolari).

Es. Non sapevo che (lei-aspettare) .... un bambino.
Non sapevo che lei ***aspettasse*** *un bambino.*

Avevo paura che (lui-capire) .... tutto.
Avevo paura che lui ***avesse capito*** *tutto.*

1) Che Luigi (avere) .... una grande fortuna lo si sapeva.
2) Desidererei che (voi-considerare) .... questo lavoro con maggiore serietà.
3) Avevo paura che (tu-non ricordare) .... più la strada per arrivare a casa mia.
4) Vorrei che (tu-prenotare) .... una camera in un albergo non molto distante dalla spiaggia.
5) Tutti credevano che (io-sbagliare) .... a pronunciare quel discorso, ma io ero convinto di avere fatto la cosa giusta.
6) Volevamo che (tu-non esagerare) .... con le tue critiche e che (tu-evitare) .... di offendere qualcuno.
7) Nonostante (loro-arrivare) .... in ritardo, nessuno ebbe il coraggio di arrabbiarsi con loro.
8) Mi sembrava che (lei-dormire) .... e cercai di non fare troppo rumore per non disturbarla.
9) Volevo parlarti prima che (tu-prendere) .... una decisione che avrebbe potuto rivelarsi del tutto sbagliata.
10) Mi dispiaceva tanto che quel viaggio (andare) .... male.
11) Angela e Piero divorziarono dopo appena due anni di matrimonio, sebbene (loro-sposarsi) .... con tanto entusiasmo.
12) Mi piacerebbe che (lui-raccontarmi) .... tutta la verità.

Congiuntivo Imperfetto
Principali verbi irregolari

	io	*tu*	*lui, lei*	*noi*	*voi*	*loro*
Benedire	*benedicessi*	*benedicessi*	*benedicesse*	*benedicessimo*	*benediceste*	*benedicessero*
Bere	*bevessi*	*bevessi*	*bevesse*	*bevessimo*	*beveste*	*bevessero*
Compiere	*compissi*	*compissi*	*compisse*	*compissimo*	*compiste*	*compissero*
Comporre	*componessi*	*componessi*	*componesse*	*componessimo*	*componeste*	*componessero*
Condurre	*conducessi*	*conducessi*	*conducesse*	*conducessimo*	*conduceste*	*conducessero*
Cuocere	*cocessi*	*cocessi*	*cocesse*	*cocessimo*	*coceste*	*cocessero*
Dare	*dessi*	*dessi*	*desse*	*dessimo*	*deste*	*dessero*
Dedurre	*deducessi*	*deducessi*	*deducesse*	*deducessimo*	*deduceste*	*deducessero*
Dire	*dicessi*	*dicessi*	*dicesse*	*dicessimo*	*diceste*	*dicessero*
Distrarre	*distraessi*	*distraessi*	*distraesse*	*distraessimo*	*distraeste*	*distraessero*
Fare	*facessi*	*facessi*	*facesse*	*facessimo*	*faceste*	*facessero*
Indurre	*inducessi*	*inducessi*	*inducesse*	*inducessimo*	*induceste*	*inducessero*
Introdurre	*introducessi*	*introducessi*	*introducesse*	*introducessimo*	*introduceste*	*introducessero*
Muovere	*movessi*	*movessi*	*movesse*	*movessimo*	*moveste*	*movessero*
Porre	*ponessi*	*ponessi*	*ponesse*	*ponessimo*	*poneste*	*ponessero*
Produrre	*producessi*	*producessi*	*producesse*	*producessimo*	*produceste*	*producessero*
Ridurre	*riducessi*	*riducessi*	*riducesse*	*riducessimo*	*riduceste*	*riducessero*
Sedurre	*seducessi*	*seducessi*	*seducesse*	*seducessimo*	*seduceste*	*seducessero*
Stare	*stessi*	*stessi*	*stesse*	*stessimo*	*steste*	*stessero*
Tradurre	*traducessi*	*traducessi*	*traducesse*	*traducessimo*	*traduceste*	*traducessero*
Trarre	*traessi*	*traessi*	*traesse*	*traessimo*	*traeste*	*traessero*

Esercizi

XLV. *Completare le frasi seguenti con il Congiuntivo Imperfetto. (verbi irregolari)*

Es. Tutti avevano paura che Marco (dire) .... delle sciocchezze.
Tutti avevano paura che Marco ***dicesse*** *delle sciocchezze.*

1) Non credevo che (loro-porre) .... condizioni così severe.
2) Era inevitabile che (lui-trarre) .... conclusioni sbagliate.
3) Che (lui-non dire) .... tutta la verità, era prevedibile.
4) Non sapevo che tua sorella (compiere) .... gli anni oggi.
5) Telefonai, affinché (tu-non stare) .... in pensiero.

6) Avevamo tutti paura che (lui-fare) .... qualche sciocchezza.
7) Speravo che (tu-essere) .... diverso, ma sei come tutti gli altri!
8) Dubitavo che (lui-darmi) .... tutte le informazioni che volevo.
9) Era inevitabile che (loro-dire) .... quelle cose su di te.
10) Vorrei che (tu-tradurre) .... per me questa lettera in italiano.

11) Sembrava che tutti (distrarsi) .... mentre io parlavo.
12) Nessuno credeva che Mozart (comporre) .... tutto a memoria.
13) Non pensavo minimamente che (lui-bere) .... tanto.
14) Erano contenti che (noi-dare) .... ragione a loro.
15) Non sapevo che (tu-stare) .... così male. Mi dispiace.

16) Pareva che nulla (muoversi) .... nella pace di quel posto.
17) Sembrava che nessuno (fare) .... attenzione alle mie parole.
18) Era necessario che (tu-ridurre) .... le tue pretese.
19) Che loro (essere) .... persone disoneste era cosa nota a tutti.
20) Non credevo che questa fabbrica (produrre) .... plastica.

La concordanza dei Tempi
del Modo Congiuntivo

Una frase può cominciare con un verbo principale al Presente, al Passato (Passato prossimo, Imperfetto, Passato remoto,Trapassato prossimo) o al Futuro. I verbi che seguono possono essere a loro volta contemporanei, anteriori o posteriori rispetto al verbo principale.
Le regole che stabiliscono i Tempi da scegliere in ogni caso sono indicate dalla Concordanza dei Tempi.

Verbo principale
(al presente, al passato o al futuro)

↙	↓	↘
verbo secondario	verbo secondario	verbo secondario
azione	azione	azione
anteriore	contemporanea	posteriore
(prima)	(nello stesso momento)	(dopo)

Es. Presente:

Credo che Eva sia partita ieri.	*(azione anteriore)*
Credo che Eva parta oggi.	*(azione contemporanea)*
Credo che Eva parta (partirà) domani.	*(azione posteriore)*

Es. Passato:

Credevo che Eva fosse partita il giorno prima.	*(azione anteriore)*
Credevo che Eva partisse quel giorno.	*(azione contemporanea)*
Credevo che Eva sarebbe partita il giorno dopo.	*(azione posteriore)*

Es. Futuro:

Sabato crederò che Eva sarà (sia) partita venerdì.	*(azione anteriore)*
Sabato crederò che Eva partirà (parta) quel giorno.	*(azione contemporanea)*
Sabato crederò che Eva partirà (parta) domenica.	*(azione posteriore)*

Schema generale
del Congiuntivo

Penso che lui
(presente)
↙ ↓ ↘

az. anteriore	*az. contemporanea*	*az. posteriore*
abbia parlato, parlasse, stesse parlando (ieri)	*parli, stia parlando (oggi)*	*parli, parlerà (domani)*

Penserò che lui
(futuro)
↙ ↓ ↘

az. anteriore	*az. contemporanea*	*az. posteriore*
abbia parlato, avrà parlato (il giorno prima)	*parli, parlerà (quel giorno)*	*parli, parlerà (il giorno dopo)*

Pensavo, ho pensato, pensai, avevo pensato che lui
(passato)
↙ ↓ ↘

az. anteriore	*az. contemporanea*	*az. posteriore*
avesse parlato (il giorno prima)	*parlasse, stesse parlando (quel giorno)*	*avrebbe parlato, parlasse (il giorno dopo)*

Nota: *Quando il soggetto della frase principale è lo stesso della frase secondaria, si mette la preposizione «di» seguita dall'Infinito (semplice per l'azione posteriore e contemporanea e composto per l'azione anteriore), senza fare nessuna concordanza, come nell'esempio che segue:*
Lui pensava che (lui-guarire) Lui + lui = Lui pensava ***di guarire*** */* ***essere guarito****.*

Quando il verbo principale è al Condizionale, il verbo secondario è al Congiuntivo Imperfetto o Trapassato. Es. ***Vorrei*** *(****avrei voluto****) che tu* ***parlassi*** *(****avessi parlato****)*
I verbi «dire» e «pensare» fanno eccezione! Con essi si usa il Presente o il Passato. Es. ***Direi*** *che* ***sia*** *(****sia stato****) meglio partire.*

La concordanza con un verbo principale al futuro è molto rara, mentre per quanto riguarda la concordanza con il verbo principale al passato, tra tutti i passati che ci sono, si preferisce usare l'Imperfetto («pensavo che»...).

Esercizi

XLVI. *Completare le frasi seguenti con la giusta concordanza.*
(Verbo principale al presente)

Es. Penso che Daniela (partire) .... ieri.
*Penso che Daniela **sia partita** ieri.*

Penso che Daniela (partire) .... oggi.
*Penso che Daniela **parta** oggi.*

Penso che Daniela (partire) .... domani.
*Penso che Daniela **parta (partirà)** domani.*

1) Mi sembra che (tu-non capire) .... quello che ho detto prima.
2) Speriamo che tutto (andare) .... bene alla cena di stasera.
3) Anna crede che (essere) .... meglio aspettare ancora un po'.
4) Siamo felici che voi (accettare) .... il nostro invito.
5) Bisogna che (tu-capire) .... anche le ragioni degli altri.
6) Dubito che (loro-potere) .... rispondere a tutte le domande.
7) Mi auguro che la tua salute (migliorare) .... presto.
8) È probabile che (lui-telefonare) .... quando non c'eravamo.
9) Pensiamo (noi-potere) .... vincere la gara di domani.
10) Ho paura che tutta la storia (non essere) .... vera.

11) Voglio che (tu-dirmi) .... subito dove ti trovavi ieri sera!
12) Sei certa che (lui-accorgersi) .... di noi a quella festa?
13) Io credo alle tue parole, qualunque cosa (dire) .... gli altri.
14) Che lui (non dire) .... la verità, è una cosa del tutto ovvia.
15) Sono contenta che (tu-ricordarti) .... del mio compleanno.
16) Aspetto che (tu-prendere) .... finalmente una decisione.
17) Prima che (tu-partire) .... voglio dirti tutta la verità.
18) Non è giusto che ogni volta (essere) .... lui a pagare.
19) Desidero che il lavoro (essere finito) .... prima di domani.
20) Temo che ieri (tu-esagerare) .... nel rimproverare tua figlia.

Esercizi

XLVII. *Completare le frasi seguenti con la giusta concordanza. (Verbo principale al passato)*

Es. Pensavo che Daniela (partire) .... il giorno prima.
Pensavo che Daniela ***fosse partita*** *il giorno prima.*

Pensavo che Daniela (partire) .... quel giorno.
Pensavo che Daniela ***partisse*** *quel giorno.*

Pensavo che Daniela (partire) .... il giorno dopo.
Pensavo che Daniela ***sarebbe partita*** *il giorno dopo.*

1) Credevi che l'esame (essere) .... più facile, non è vero?
2) Non sapevo che (lei-cambiare) .... casa dopo un mese.
3) Non sapevo che (lei-cambiare) .... casa questa settimana.
4) Non sapevo che (lei-cambiare) .... casa il mese scorso.
5) Speravamo che (tu-potere) .... fare qualcosa per noi.
6) Che loro (essere) .... dispiaciuti era chiaro a tutti.
7) Sono venuta perché pensavo che (tu-finire) .... già il lavoro.
8) Speravano che lo spettacolo (non essere rimandato) ....
9) Sospettavamo che qualcuno (scoprire) .... il nostro segreto.
10) Era difficile che (loro-non accorgersi) .... dell'inganno.

11) Credevo che (tu-essere) .... una persona più matura.
12) Non immaginavo che (lei-ritornare) .... dopo soli due giorni.
13) Pensai che (essere) .... meglio non raccontargli nulla.
14) Lo perdonai, nonostante che (lui-comportarsi) .... male.
15) Era probabile che la polizia (scoprire) .... già tutto.
16) Non era chiaro quali (essere) .... le loro intenzioni.
17) Speravo che il giorno dopo (tu-chiedere) .... scusa a tutti.
18) Le confessai tutto, a patto che (lei-non dirlo) .... a nessuno.
19) Conoscendolo, feci di tutto, affinché (lui-non offendersi) ....
20) Che lui (essere) .... innamorato di me, fu una sorpresa.

Esercizi

XLVIII. *Completare le frasi seguenti con la giusta concordanza.*
(Verbo principale al presente, passato e futuro)

Es. Penso che Daniela (partire) .... ieri / oggi / domani.
Penso che Daniela ***sia partita*** */* ***parta*** */* ***parta (partirà)****.*

Pensavo che (lei partire) .... il giorno prima / quel giorno / il giorno dopo.
Pensavo che Daniela ***fosse partita*** */* ***partisse*** */* ***sarebbe partita****.*

Domenica penserò che Daniela (partire) .... sabato / domenica / lunedì.
Domenica penserò che Daniela ***sia partita (sarà partita)*** */* ***parta (partirà)*** */* ***parta (partirà)***

1) Non ci sembrava giusto che voi (ritardare) .... la partenza a causa nostra.

2) Mi pare che fino ad ora il lavoro (andare) .... bene. Speriamo che tutto (procedere) .... secondo i nostri piani.

3) Ieri ho incontrato Stefano per caso in città. Non sapevo che (lui-tornare) .... già dalle vacanze! Si è forse trovato male?

4) Non sarà necessario che (voi-mandarmi) .... un telegramma per avvertirmi del vostro arrivo, perché sarò in casa tutto il giorno.

5) Giancarlo è senza dubbio l'uomo più bello e affascinante che (io-conoscere) .... in tutta la mia vita.

6) Mi piacerebbe che tu (dire) .... tutta la verità, senza preoccuparti delle conseguenze negative che ci sarebbero.

7) Peccato che Luigi (non terminare) .... gli studi di medicina. Era molto bravo e gli mancavano solo pochi esami.

8) Perché hai trattato Luciano in quel modo? Perché volevo che (lui-andare) .... via e (lui-non tornare) .... mai più!

9) Marcello non era del tutto convinto che (io-avere) .... le capacità necessarie per fare quel lavoro, ma ha dovuto cambiare idea.

10) È vero. Avevo qualche dubbio sulle tue attitudini, nonostante che (tu-dimostrare) .... già in passato ottime qualità organizzative.

Modo Condizionale

Il Condizionale ha due Tempi (semplice e composto) e si usa per esprimere un desiderio realizzabile nel presente o nel futuro (Condizionale semplice) o non realizzato nel passato (Condizionale composto).

Condizionale semplice:

*«**Oggi (domani) rimarrei** a casa» significa che oggi ho (o domani avrò) voglia di stare a casa, di non uscire, ma non so se potrò realizzare questo mio desiderio.*

*«**Oggi (domani) farei** una bella passeggiata» significa che oggi ho (o domani avrò) voglia di uscire e di fare una passeggiata, ma non so se questo mio desiderio si potrà realizzare.*

Condizionale composto:

*«**Ieri avrei fatto** una bella passeggiata» significa che volevo uscire e fare una passeggiata, ma qualche cosa me lo ha impedito (forse non ho avuto tempo, ho dovuto lavorare, oppure si è messo a piovere ...).*

*«**Ieri sarei rimasta** a casa» significa che avevo il desiderio di rimanere a casa, ma non ho potuto: sono dovuta uscire.*

Con il Condizionale si esprime anche:

. *un'opinione personale*
*«Secondo me **sarebbe** meglio rimandare la partenza» (oggi o domani)*
*«Secondo me **sarebbe stato** meglio rimandare la partenza» (ieri)*

. *un invito, una preghiera, un'esortazione*
*«Ragazzi, **dovreste** studiare di più» (per il prossimo esame)*
*«Ragazzi, **avreste dovuto** studiare di più» (prima dell'esame)*

. *un'ipotesi*
*«Secondo alcune notizie il Presidente **sarebbe** malato» (adesso)*
*«Secondo alcune notizie il Presidente **sarebbe stato** malato» (prima)*

***Nota**: Il Condizionale semplice si usa anche per essere più gentili nel richiedere qualcosa.*

*Es. «**Vorrei** una pasta e un cappuccino». Con questa frase chi parla si mostra gentile, cortese; mentre chi usa il Presente Indicativo sembra dare un ordine e non fare una richiesta («Voglio una pasta e un cappuccino!»).*

Il Condizionale composto si usa anche per azioni desiderate, ma non realizzabili nel futuro. (vedi nota a pag. 101).

*Es. Domenica prossima **sarei venuto** volentieri con voi al mare, ma non potrò.*

Condizionale semplice

Verbi ausiliari

Avere	**Essere**
avrei	**sarei**
avresti	**saresti**
avrebbe	**sarebbe**
avremmo	**saremmo**
avreste	**sareste**
avrebbero	**sarebbero**

Esercizi

***XLIX.** Completare le frasi seguenti con il Condizionale semplice.*

1) Sergio, (tu-avere) .... un dizionario da prestarmi?
2) (Io-essere) .... molto felice di aiutarLa, Signora.
3) (Noi-avere) .... voglia di passare qualche giorno al mare.
4) Secondo alcune statistiche, molte coppie (essere) .... in crisi.
5) A mio parere (essere) .... meglio partire la mattina presto.

Condizionale Semplice
verbi regolari

Parlare	Credere	Sentire
parl**erei**	cred**erei**	sent**irei**
parl**eresti**	cred**eresti**	sent**iresti**
parl**erebbe**	cred**erebbe**	sent**irebbe**
parl**eremmo**	cred**eremmo**	sent**iremmo**
parl**ereste**	cred**ereste**	sent**ireste**
parl**erebbero**	cred**erebbero**	sent**irebbero**

Esercizi

L. *Completare le frasi seguenti con il Condizionale semplice. (verbi regolari)*

Es. Questo fine settimana (io-partire) .... volentieri per il mare.
*Questo fine settimana **partirei** volentieri per il mare.*

1) Oggi pomeriggio (io-parlare) .... volentieri con il professore.
2) (Noi-ascoltare) .... con piacere il disco che hai comprato.
3) (Io-cambiare) .... da domani lavoro e città. Non ne posso più di fare questo lavoro e di abitare in una città così brutta!
4) (Tu-ballare) .... con me questo tango argentino?
5) Quest'anno (piacermi) .... fare un bel viaggio in Sudamerica.
6) (Io-non studiare) .... mai fisica o matematica. Sono materie che non fanno per me.
7) (Tu-stirarmi) .... la mia camicia blu, per favore? Ma certo, caro. E tu, in cambio, (lavarmi) .... la mia gonna rossa?
8) (Voi-aiutarci) .... per favore ad aggiustare la macchina?
9) (Tu-spegnere) .... per favore la luce in camera da letto?
10) Al tuo posto (io-risolvere) .... subito questo problema.

Esercizi

LI. *Completare le frasi seguenti con il Condizionale semplice.*
(verbi regolari)

Es. (Io-rispondere) .... con piacere alle sue domande.
Risponderei *con piacere alle sue domande.*

1) Come? Davvero (tu-cambiare) .... la tua casa con la mia?
2) Immagina di essere un uomo ricchissimo. (Tu-regalarmi) .... un po' dei tuoi soldi?
3) (Noi-tornare) .... tutti gli anni nello stesso posto per le vacanze, ma non sempre questo è possibile.
4) Se fossi un giornalista (io-scrivere) .... al Presidente e (io-dirgli) .... che cosa penso della politica del nostro Paese.
5) Domenica prossima (io-visitare) .... con grande piacere gli «Uffizi», uno dei musei più importanti del mondo.
6) Nonno, (tu-raccontarmi) .... la fiaba di Cappuccetto Rosso?
7) Ragazzi, (bisognare) .... impegnarsi di più a scuola!
8) (Voi-finire) .... per noi questo lavoro? Noi siamo già stufi.
9) (Piacermi) .... tanto rivedere i miei ex compagni di scuola.
10) Sono così stanca che (io-dormire) .... dodici ore di seguito, senza alzarmi mai.
11) Se fossi nei tuoi panni (io-non lamentarmi) .... Se ci pensi bene, la tua situazione non è poi così grave.
12) Ma tu (uscire) .... a cena con un tipo simile? Io no di certo!
13) Domani (noi-invitare) .... con piacere la zia a pranzo, se avessimo il tempo di cucinare qualcosa.
14) Secondo alcune notizie non confermate, il nostro Ministro degli Esteri (partire) .... domani per una visita ufficiale in Perù e successivamente (lui-continuare) .... il suo viaggio, visitando altri Paesi dell'America latina.
15) Signore, (Lei-votare) .... per il nostro partito politico?

Condizionale Semplice
principali verbi irregolari

	io	*tu*	*lui, lei*	*noi*	*voi*	*loro*
Andare	*andrei*	*andresti*	*andrebbe*	*andremmo*	*andreste*	*andrebbero*
Bere	*berrei*	*berresti*	*berrebbe*	*berremmo*	*berreste*	*berrebbero*
Cadere	*cadrei*	*cadresti*	*cadrebbe*	*cadremmo*	*cadreste*	*cadrebbero*
Compiere	*compirei*	*compiresti*	*compirebbe*	*compiremmo*	*compireste*	*compirebbero*
Condurre	*condurrei*	*condurresti*	*condurrebbe*	*condurremmo*	*condurreste*	*condurrebbero*
Dare	*darei*	*daresti*	*darebbe*	*daremmo*	*dareste*	*darebbero*
Dovere	*dovrei*	*dovresti*	*dovrebbe*	*dovremmo*	*dovreste*	*dovrebbero*
Fare	*farei*	*faresti*	*farebbe*	*faremmo*	*fareste*	*farebbero*
Introdurre	*introdurrei*	*introdurresti*	*introdurrebbe*	*introdurremmo*	*introdurreste*	*introdurrebbero*
Potere	*potrei*	*potresti*	*potrebbe*	*potremmo*	*potreste*	*potrebbero*
Produrre	*produrrei*	*produrresti*	*produrrebbe*	*produrremmo*	*produrreste*	*produrrebbero*
Ridurre	*ridurrei*	*ridurresti*	*ridurrebbe*	*ridurremmo*	*ridurreste*	*ridurrebbero*
Rimanere	*rimarrei*	*rimarresti*	*rimarrebbe*	*rimarremmo*	*rimarreste*	*rimarrebbero*
Sapere	*saprei*	*sapresti*	*saprebbe*	*sapremmo*	*sapreste*	*saprebbero*
Stare	*starei*	*staresti*	*starebbe*	*staremmo*	*stareste*	*starebbero*
Tenere	*terrei*	*terresti*	*terrebbe*	*terremmo*	*terreste*	*terrebbero*
Tradurre	*tradurrei*	*tradurresti*	*tradurrebbe*	*tradurremmo*	*tradurreste*	*tradurrebbero*
Vedere	*vedrei*	*vedresti*	*vedrebbe*	*vedremmo*	*vedreste*	*vedrebbero*
Venire	*verrei*	*verresti*	*verrebbe*	*verremmo*	*verreste*	*verrebbero*
Vivere	*vivrei*	*vivresti*	*vivrebbe*	*vivremmo*	*vivreste*	*vivrebbero*
Volere	*vorrei*	*vorresti*	*vorrebbe*	*vorremmo*	*vorreste*	*vorrebbero*

Per tutti i verbi in *-care, -gare, -ciare, -giare*

Cer*care*	*cercherei*	*cercheresti*	*cercherebbe*	*cercheremmo*	*cerchereste*	*cercherebbero*
Pa*gare*	*pagherei*	*pagheresti*	*pagherebbe*	*pagheremmo*	*paghereste*	*pagherebbero*
Comin*ciare*	*comincerei*	*cominceresti*	*comincerebbe*	*cominceremmo*	*comincereste*	*comincerebbero*
Man*giare*	*mangerei*	*mangeresti*	*mangerebbe*	*mangeremmo*	*mangereste*	*mangerebbero*

Esercizi

LII. *Completare le frasi seguenti con il Condizionale semplice. (verbi irregolari)*

Es. (Tu-venire) .... con noi al cinema stasera?
Verresti *con noi al cinema stasera?*

1) (Tu-dovere) .... capire che alla tua età non puoi più fare gli sforzi che facevi a vent'anni!

2) Che cosa desidera, signora? (Io-volere) .... un chilo di mele e due chili di arance, per favore.

3) (Io-potere) .... rispondere facilmente a tutte le domande che mi avete fatto, ma per adesso preferisco non parlare.

4) (Io-non vivere) .... mai in una città come questa. È troppo caotica e offre poche opportunità di lavoro e divertimento.

5) (Tu-avere) .... un po' di tempo questo pomeriggio? (Io-dovere) .... parlarti di una cosa molto importante.

6) Stasera (io-mangiare) .... volentieri un bel piatto di pasta con pomodoro, aglio e basilico.

7) (Noi-essere) .... molto felici di averLa al nostro ricevimento, signor ambasciatore.

8) Se fossi in te, (io-cercare) .... di fare la pace con tuo marito. In fondo non è tutta colpa sua se avete litigato.

9) (Voi-sapere) .... darci un consiglio su come arredare la nostra nuova casa? (Essere) .... un bell'aiuto per noi.

10) (Noi-andare) .... in vacanza anche subito, se potessimo.

11) (Tu-rimanere) .... con noi a cena? (Farci) .... davvero un grande piacere.

12) (Loro-venire) .... volentieri a pranzo da noi, ma non sanno se sarà possibile.

13) Piero, (tu-farmi) .... il piacere di stare un po' zitto?

14) (Essere) .... bello se per una volta tu ascoltassi i miei consigli.

Condizionale Composto
Participio passato regolare
(ausiliari «avere» e «essere»)

Parlare		Credere		Sentire		Partire	
avrei	parlato	avrei	creduto	avrei	sentito	sarei	partito,a
avresti	parlato	avresti	creduto	avresti	sentito	saresti	partito,a
avrebbe	parlato	avrebbe	creduto	avrebbe	sentito	sarebbe	partito,a
avremmo	parlato	avremmo	creduto	avremmo	sentito	saremmo	partiti,e
avreste	parlato	avreste	creduto	avreste	sentito	sareste	partiti,e
avrebbero	parlato	avrebbero	creduto	avrebbero	sentito	sarebbero	partiti,e

Es. Ieri ***avrei parlato*** *volentieri con il professor Ferrari, ma non era a casa.*
Secondo quello che raccontano, lui ***avrebbe creduto*** *a tutta la storia.*
Avrei sentito *con piacere quel disco, ma l'ho prestato a Marco.*
Saremmo partiti *ieri, ma c'era lo sciopero e siamo rimasti a casa.*

Senza questo dolore alla gola stasera ***avrei cantato*** *«La Bohème».*
Avrebbe battuto *il record mondiale se non avesse avuto un incidente.*
Senza il tuo aiuto non ***avrei*** *mai* ***finito*** *di preparare il pranzo per tutti.*
Paola ***sarebbe restata*** *volentieri ancora una settimana da noi.*

Nota*: Il Condizionale composto si usa soprattutto per opportunità passate che non si sono potute realizzare: «Ieri* ***sarei venuta*** *con te, ma non ho potuto».*
Questo Tempo si usa però anche per indicare opportunità future che non si potranno mai realizzare: «Domani ***sarei venuta*** *con te, ma non potrò di sicuro perché dovrò lavorare».*

Per le forme irregolari del Participio passato, vedi alle pagine 39 e 40.

Esercizi

LIII. *Completare le frasi seguenti con il Condizionale composto. (verbi regolari e irregolari)*

Es. (Io-partire) .... volentieri con te, ma non ho potuto.
Sarei partito,a *volentieri con te, ma non ho potuto.*

(Io-rimanere) .... volentieri con te, ma non ho potuto.
Sarei rimasto,a *volentieri con te, ma non ho potuto.*

1) Hai fatto male a non accettare quell'offerta di lavoro (Tu-guadagnare) .... certamente di più.

2) Sabato scorso (io-andare) .... volentieri al mare con mia sorella, ma il tempo era brutto e siamo rimaste a casa.

3) Amici miei, in quella circostanza (voi-dovere) .... riflettere di più prima di agire.

4) In quella stessa situazione (io-non comportarmi) .... come voi, ma (io-cercare) .... un'altra soluzione.

5) Perché non mi hai aiutato? (Tu-potere) .... farlo facilmente, ma non hai voluto. Sono molto deluso di te.

6) I due ragazzi (morire) .... se una persona non avesse telefonato al Pronto Soccorso subito dopo l'incidente.

7) Domani (io-fare) .... una gita in campagna, ma purtroppo le previsioni del tempo dicono che pioverà.

8) Alcuni giornali dicono che il Primo Ministro (sostituire) .... ieri alcuni membri del governo.

9) Tuo figlio (non scappare) .... mai senza una buona ragione.

10) Che cosa (tu-dire) .... se io avessi rifiutato una proposta tanto vantaggiosa?

11) (Io-volere) .... rispondergli subito, ma non l'ho fatto.

12) In un'intervista pubblicata ieri sui giornali, il medico che ha visitato il famoso cantante (escludere) .... danni seri alle corde vocali.

Esercizi

LIV. *Completare le frasi seguenti, scegliendo fra Condizionale semplice e composto.*
(verbi regolari e irregolari).

Es. (Noi-volere) .... una casa con un bel giardino intorno.
Noi ***vorremmo*** *una casa con un bel giardino intorno.*

Il mese scorso (io-prendere) .... con piacere qualche giorno libero.
Il mese scorso ***avrei preso*** *con piacere qualche giorno libero.*

1) Ieri (io-partire) .... volentieri per Roma, ma avevo un lavoro molto importante da finire e sono rimasto a casa.
2) (Piacerci) .... tanto cambiare casa. Questa ormai è troppo piccola per noi.
3) (Tu-potere) .... sostituirmi un minuto? Devo andare in bagno.
4) (Io-rimanere) .... ancora qualche minuto con voi, se non vi dispiace.
5) Paola (volere) .... sapere il numero di telefono di tuo fratello.
6) Mia sorella (desiderare) .... tanto avere un cane.
7) Peccato che tu non abbia visto l'inizio dello spettacolo. Sono certa che (piacerti) .... molto.
8) Con tutte quelle prove, il giudice (potere) .... anche condannare l'imputato a una pena più severa.
9) Senti, (tu-darmi) .... una sigaretta? Ti giuro che è l'ultima. Da domani smetto di fumare.
10) Sei pazzo a guidare così? Ma lo sai che (noi-potere) .... anche ammazzarci? Rallenta immediatamente!
11) Mi scusi, (Lei-aiutarmi) .... a portare la valigia? È molto pesante. (Io-farlo) .... volentieri, Signora, ma non so se potrò. Purtroppo ho un terribile mal di schiena.
12) Che cosa ne pensi? (Piacere) .... a Carla venire con noi?

Esercizi

***LV.** Completare le frasi seguenti, scegliendo fra Condizionale semplice e composto.*
(verbi regolari e irregolari).

Es. (Noi-essere) .... lieti di avervi come ospiti.
*Noi **saremmo** lieti di avervi come ospiti..*

L'anno scorso (io-andare) .... volentieri con loro in campeggio.
*L'anno scorso **sarei andato,a** volentieri con loro in campeggio.*

1) (Io-volere) .... mezzo chilo di pane, per favore. Poi (Lei-darmi) .... un po' di formaggio pecorino? (Io-potere) .... avere anche del Parmigiano e due mozzarelle? È tutto. Non ho bisogno di altro, grazie.
2) Ti prego, dimmi che cosa (tu-fare) .... al mio posto. (Io-comportarmi) .... come te. Hai fatto la cosa più giusta.
3) (Tu-leggermi) .... il giornale, mentre io lavo i piatti?
4) Professore, noi tutti (essere) .... molto onorati di averLa come insegnante nella nostra scuola. La Sua grande esperienza e le Sue doti (essere) .... molto utili agli studenti del nostro istituto.
5) Ma perché non hai detto niente? Perché sei stata zitta? (Tu-potere) .... almeno dire qualche parola in tua difesa!
6) Con quel lavoro (tu-diventare) .... ricco in pochi anni. Invece hai fatto il grave errore di rifiutarlo.
7) (Noi-preferire) .... restare, se non vi disturba troppo.
8) Daniele (dovere) .... cercare di lavorare meno e riposarsi di più, se non vuole ammalarsi.
9) Senza il brutto tempo che negli ultimi giorni ci ha impedito di lavorare (noi-finire) .... anche prima di ripulire il giardino.
10) Se fossi stato al tuo posto (io-fare) .... una scelta diversa.
11) Scusi, signora (Lei-ballare) .... con me questo valzer?
12) Giovanna, (tu-uscire) .... con me questa sera?

Modo Imperativo

L'Imperativo si usa per esprimere un ordine, un invito o una preghiera. Si divide in Imperativo diretto e indiretto.

. Se la persona o le persone a cui diamo questo ordine sono presenti, usiamo l'Imperativo diretto.

Es. Piero, ***prendi*** *un foglio e* ***scrivi****!*
Ragazzi, ***prendete*** *un foglio e* ***scrivete****!*
Prendiamo *un foglio e* ***scriviamo****!*

. Se invece la persona o le persone a cui vorremmo rivolgerci sono assenti, allora, parlando con chi c'è (in terza persona), usiamo l'Imperativo indiretto.

Es. Ma ***prenda*** *una decisione, questo direttore! (il direttore è assente)*
Ma ***prendano*** *una decisione questi signori! (i signori sono assenti)*

. Le forme dell'Imperativo sono molto semplici.

*L'Imperativo diretto è uguale all'Indicativo Presente, ad eccezione della seconda persona («tu») dei verbi in -****are****, dove troviamo una «a» al posto della «i». I verbi in -****ere*** *e in -****ire*** *sono invece identici all'Indicativo Presente.*

Es. Tu ***parli*** *a voce alta. («Parlare» - Indicativo Presente).*
Parla *a voce alta! («Parlare» - Imperativo diretto).*

Perché non ***canti*** *una canzone? («Cantare» - Indicativo Presente).*
Canta *una canzone! («Cantare» - Imperativo diretto).*

L'Imperativo indiretto è uguale al Congiuntivo Presente.

Es. Spero che il direttore ***prenda*** *una decisione. (Congiuntivo Presente)*
Prenda *una decisione, questo direttore! (Imperativo indiretto)*

. La forma di cortesia dell'Imperativo è come il Congiuntivo Presente.

Es.	*Spero che Lei* **telefoni**, *signora.*	*(«Telefonare» - Congiuntivo Presente)*
	Telefoni, *signora!*	*(«Telefonare» - forma di cortesia)*
	Speriamo che lui mi **creda**.	*(«Credere» - Congiuntivo Presente)*
	Creda *alle mie parole!*	*(«Credere» - forma di cortesia)*
	Penso che lui **dica** *la verità.*	*(«Dire» - Congiuntivo Presente)*
	Dica *tutta la verità!*	*(«Dire» - forma di cortesia)*

. Con l'Imperativo diretto i pronomi (diretti, indiretti e combinati) vengono messi sempre dopo il verbo, con il quale formano una parola sola.

Es. Antonio, non hai ancora comprato il libro? Ma allora **compralo**!
Ti prego, Sergio, **scrivi** *a zia Marta!* **Scrivile** *oggi stesso!*
Facciamo un regalo a Luca! **Facciamoglielo**!

. Con l'Imperativo indiretto (e dunque anche con la forma di cortesia) al contrario, i pronomi (diretti, indiretti e combinati) vengono messi prima del verbo.

Es. Signor Giorgi, non ha ancora comprato il libro? Ma allora **lo compri**!
Signora, non ha ancora firmato la lettera? **La firmi** *subito!*
Signori, dicano tutta la verità alla polizia! **Gliela dicano**!

. L'Imperativo negativo, cioè l'ordine di non fare qualcosa, ha le stesse forme che abbiamo visto finora.

Es.	**Scrivete** *alla zia Elisabetta!*	-	**Non scrivete** *alla zia Elisabetta!*
	Prendiamo *una decisione!*	-	**Non prendiamo** *questa decisione!*

Attenzione però, perché alla seconda persona singolare («tu») si usa l'Infinito.

Es.	**Scrivi** *a zia Marianna!*	→	**Non scrivere** *a zia Marianna!*
	Prendi *questa decisione!*	→	**Non prendere** *questa decisione!*

Imperativo diretto
Verbi ausiliari

	Avere	**Essere**
(tu)	**abbi**!	**sii**!
(noi)	**abbiamo**!	**siamo**!
(voi)	**abbiate**!	**siate**!

Imperativo indiretto
Verbi ausiliari

	Avere	**Essere**
(Lei)	**abbia**!	**sia**!
(Loro)	**abbiano**!	**siano**!

Esercizi

LVI. *Completare le frasi seguenti con l'Imperativo.*

1) La prego, signora (Lei-avere) .... ancora un po' di pazienza!
2) Patrizia, per favore (tu-essere) .... gentile con gli ospiti!
3) (Voi-essere) .... onesti e (voi-non avere) .... paura!
4) Signora, (Lei-non essere) .... arrabbiata con me! È colpa sua!
5) (Voi-avere) .... almeno per una volta il coraggio di dire la verità!
6) Signori, (Loro-avere) .... un po' di considerazione anche per me!

Imperativo diretto
verbi regolari

	Parl**are**	Cred**ere**	Sent**ire**	Cap**ire**
(tu)	parla!	credi!	senti!	capisci!
(noi)	parliamo!	crediamo!	sentiamo!	capiamo!
(voi)	parlate!	credete!	sentite!	capite!

Imperativo indiretto
verbi regolari

	Parl**are**	Cred**ere**	Sent**ire**	Cap**ire**
(Lei)	parli!	creda!	senta!	capisca!
(Loro)	parlino!	credano!	sentano!	capiscano!

Imperativo diretto e indiretto
principali verbi irregolari

	tu	*Lei*	*noi*	*voi*	*Loro*
Andare	***va'!***	*vada!*	*andiamo!*	*andate!*	*vadano!*
Dare	***da'!***	*dia!*	*diamo!*	*date!*	*diano!*
Dire	***di'!***	*dica!*	*diciamo!*	*dite!*	*dicano!*
Fare	***fa'!***	*faccia!*	*facciamo!*	*fate!*	*facciano!*
Sapere	***sappi!***	*sappia!*	*sappiamo!*	***sappiate!***	*sappiano!*
Stare	***sta'!***	*stia!*	*stiamo!*	*state!*	*stiano!*

***Nota**: Con i verbi «andare», «dare», «stare», «dire» e «fare» alla seconda persona singolare («tu») il pronome che segue raddoppia la sua consonante.*
*Es. **Dimmi** tutto! - **Dammi** una sigaretta! - **Dalle** una sigaretta! - **Fammi** un piacere!*

Esercizi

LVII. *Completare le frasi seguenti con l'Imperativo.*
(verbi regolari e irregolari)

Es. (Voi-parlare) .... a bassa voce! I bambini potrebbero svegliarsi!
Parlate *a bassa voce! I bambini potrebbero svegliarsi!*

1) Ragazzi, (voi-prendere) .... il vostro quaderno e (voi-copiare) .... quello che scrivo alla lavagna.
2) Gianni, (tu-non mangiare) .... così in fretta! Ti fa male!
3) Forza! (Noi-cominciare) .... gli allenamenti per la partita!
4) (Lei-scusarmi) .... Signora, che strada devo prendere per arrivare in centro? Adesso (Lei-girare) .... subito a sinistra e dopo il semaforo (Lei-prendere) .... la prima strada a destra. Poi (Lei-lasciare) .... la macchina nel parcheggio, perché in centro si può andare solo a piedi.
5) La prego, Signore, (Lei-parlare) .... a voce più bassa! Potrebbero sentirci.
6) (Voi-smettere) .... subito quello che state facendo, se non volete che dica tutto al direttore!
7) Mi raccomando, Piero, durante la cena (tu-comportarti) .... bene! (Tu-ricordarti) .... di non salire sulla sedia e soprattutto (tu-non parlare) .... con la bocca piena!
8) (Lei-farmi) .... il piacere di tornare da dove è venuto! E (Lei-non disturbarci) .... più!
9) (Tu-credermi) .... Lucia, non ho mai detto niente contro di te!
10) (Voi-sapere) .... signori che la nostra Società ha sempre pagato le tasse fino all'ultima lira!
11) Ti prego, (tu-non partire) .... senza di me!
12) (Lei-fare) .... tutto ciò che Le dirò io e (Lei-non discutere) .... mai i miei ordini se non vuole passare un guaio!
13) (Voi-scriverci) .... una cartolina quando arrivate!

Esercizi

LVIII. *Completare le frasi seguenti con l'Imperativo.*
(verbi regolari e irregolari)

Es. (Voi-fare) .... un po' di silenzio, per favore!
Fate *un po' di silenzio, per favore!*

1) (Voi-sbrigarvi) .... se non volete perdere il treno! (Voi-mettere) .... tutto nella valigia e (Voi-chiamare) .... subito un taxi! (Voi-non perdere) .... altro tempo!
2) (Tu-avere) .... pazienza con tuo padre. In questo periodo è molto preoccupato per gli affari che non vanno molto bene.
3) (Tu-stare) .... calmo e (tu-non preoccuparti) ....! Sono certa che tutto andrà per il meglio.
4) Professore, (dirmi) ....! Come si comporta mio figlio a scuola?
5) Ragazzi, (fare) .... silenzio, per favore! Lo spettacolo sta per cominciare.
6) Signore, (Lei-cercare) .... di ricordare! Ha mai visto l'imputato entrare nella banca dove è stata commessa la rapina?
7) Se davvero questi signori dicono di me queste cose, allora (loro-avere) .... almeno il coraggio di dirmele in faccia!
8) (Tu-dirmi) .... subito chi ha rotto il televisore!
9) La prego, signora (Lei-non arrabbiarsi) ....! Sono sicuro che i miei colleghi ritroveranno subito il Suo bagaglio.
10) (Tu-non dire) .... bugie! Lo sai che non lo sopporto. (Tu-ricordarti) .... di raccontarmi sempre la verità e non ci saranno mai problemi fra di noi.
11) Gianni, (tu-scendere) .... subito da quell'albero!
12) Vi prego, (voi-riflettere) .... prima di parlare!
13) Se vuoi andare in vacanza senza di me, (tu-andarci) ....! Ma (ricordarti) .... che in questo caso non voglio più vederti!
14) (Noi-fare) .... una bella sorpresa a zio Umberto!

Modo Gerundio

Questo Modo ha due Tempi: Semplice e Composto.

. ***Il Gerundio Semplice** esprime:*

a) due azioni contemporanee (al passato, al presente e al futuro).

Es. «Mentre ascoltavo la radio facevo colazione» si può dire anche:
*«**Ascoltando** la radio facevo colazione»*

«Quando faccio gli esercizi uso spesso il dizionario» si può dire anche:
*«**Facendo** gli esercizi uso spesso il dizionario».*

«Quando comincerà a lavorare imparerà a vivere» si può dire anche:
*«**Cominciando** a lavorare imparerà a vivere».*

b) una condizione (periodo ipotetico della realtà e della possibilità).

*Es. **Studiando** di più, puoi (potrai) superare facilmente l'esame.*
(Se studi [studierai] di più, puoi [potrai] superare facilmente l'esame).

***Studiando** di più, potresti superare facilmente l'esame.*
(Se studiassi di più, potresti superare facilmente l'esame).

c) una causa.

*Es. **Studiando** biologia, devo usare spesso il laboratorio.*
(Siccome studio biologia, devo usare spesso il laboratorio).

***Essendo** uno studente, non ha soldi in banca.*
(Visto che è uno studente, non ha molti soldi in banca).

d) un modo, una maniera.

*Es. Sergio ha risolto il problema **parlando** con il direttore.*
(Ha risolto il problema in questo modo, in questa maniera).

. ***Il Gerundio Composto*** *si forma con il Gerundio semplice dell'ausiliare («avere» o «essere») e il Participio passato del verbo.*

Questo Tempo esprime:

a) due azioni che non sono contemporanee, ma un'azione avviene prima dell'altra (al passato, al presente e al futuro).

Es. «Dopo che avevo aspettato per un'ora, andai via» può diventare:
*«**Avendo aspettato** per un'ora, andai via».*

«Ho aspettato per un'ora e adesso vado via» può diventare:
*«**Avendo aspettato** per un'ora, vado via».*

«Dopo che avrò aspettato per un'ora, andrò via» può diventare:
*«**Avendo aspettato** per un'ora, andrò via»*

b) una condizione (periodo ipotetico dell'irrealtà).

*Es. **Avendo studiato** di più, avresti potuto superare facilmente l'esame.*
(Se avessi studiato di più, avresti potuto superare facilmente l'esame).

***Avendo seguito** i miei consigli, non ti saresti trovata male.*
(Se avessi seguito i miei consigli, non ti saresti trovata male).

***Essendo stato** più fortunato, avresti potuto vincere.*
(Se fossi stato più fortunato, avresti potuto vincere).

c) una causa.

*Es. **Essendo arrivata** in ritardo, non ho visto l'inizio del film.*
(Siccome sono arrivata in ritardo, non ho visto l'inizio del film).

***Avendo studiato** per tanti anni l'italiano, lo parla piuttosto bene.*
(Visto che [dato che] l'ha studiato per tanti anni, ora lo parla bene).

*Non **avendo seguito** tutti i consigli del medico, è ancora malato.*
(È ancora malato, perché non ha seguito i consigli del medico).

Gerundio Semplice
Verbi ausiliari

Avere	**Essere**
avendo	essendo

Gerundio semplice
Verbi regolari

Parl**are**	Credere	Sent**ire**
parl***ando***	cred***endo***	sent***endo***

Gerundio Semplice
Principali verbi irregolari

Bere	*bevendo*	Porre	*ponendo*
Condurre	*conducendo*	Produrre	*producendo*
Dire	*dicendo*	Ridurre	*riducendo*
Fare	*facendo*	Riempire	*riempiendo*
Introdurre	*introducendo*	Tradurre	*traducendo*
Muovere	*movendo*	Trarre	*traendo*

Gerundio Composto
Participi passati regolari

Parl**are**	Cred**ere**	Sent**ire**	Part**ire**
avendo parlato	avendo creduto	avendo sentito	essendo partito,a,i,e

Nota: *Per le forme irregolari del Participio passato, vedi alle pagine 39 e 40.*

Nota: *Il Gerundio Semplice è molto usato in italiano insieme al verbo «stare» prevalentemente al Presente o all'Imperfetto dell'Indicativo e del Congiuntivo.*

Questa costruzione (Presente o Imperfetto del verbo «stare» + Gerundio) forma una specie di "Presente continuo" e di "Imperfetto continuo".

Es. Presente e Imperfetto Indicativo:

«Che cosa fai? Studio» si può dire anche, senza cambiare il significato:
*«Che cosa **stai facendo**? **Sto studiando**».*

«Che cosa facevi quando ti ho chiamato? Studiavo» si dice anche:
*«Che cosa **stavi facendo** quando ti ho chiamato? **Stavo studiando**».*

Es. Presente e Imperfetto Congiuntivo:

«Penso che tu non studi abbastanza» si può dire anche:
*«Penso che tu non **stia studiando** abbastanza».*

«Pensavo che tu non studiassi abbastanza» si può dire anche:
*«Pensavo che tu non **stessi studiando** abbastanza».*

Nota: *Per usare il Gerundio semplice, e il Gerundio composto è necessario che il soggetto delle due proposizioni sia lo stesso.*

*Es. «Osservo la gente, **passeggiando**» significa che io osservo e io passeggio.*
Chi osserva, cioè, è la stessa persona che passeggia.

Se voglio indicare che io osservo e la gente passeggia, devo usare l'Indicativo o l'Infinito semplice:

*Osservo la gente **che passeggia** (Indicativo).*
*Osservo la gente **passeggiare** (Infinito semplice)*

*Es. Stamattina ho visto Pietro, **andando** a scuola.*

(Io ho visto Pietro e io andavo a scuola).

*Stamattina ho visto Pietro **che andava** a scuola.*
*Stamattina ho visto Pietro **andare** a scuola.*

(Io ho visto Pietro e Pietro andava a scuola).

Esercizi

LIX. *Completare le frasi seguenti con il Gerundio Semplice o Composto. (verbi regolari e irregolari)*

Es. (Studiare) una lingua .... si imparano molte cose.
Studiando *una lingua si imparano molte cose.*

(Cadere) .... dalle scale, Marta si è rotta una gamba.
Essendo caduta *dalle scale, Marta si è rotta una gamba.*

Pronto, Gianni. Che cosa fai? (Io-leggere) .... il giornale.
Pronto, Gianni. Che cosa fai? **Sto leggendo** *il giornale.*

Che cosa facevi ieri quando ti ho telefonato? (Io-leggere) .... il giornale.
Che cosa facevi ieri quando ti ho telefonato? **Stavo leggendo** *il giornale.*

1) (Arrivare) .... in anticipo, ho dovuto aspettare tutti gli altri.
2) I ladri (scappare) .... quando è arrivata la polizia.
3) (Guidare) .... la macchina bisogna stare molto attenti.
4) (Prendere) .... queste medicine, è guarito completamente.
5) Abbiamo incontrato Stefania (passeggiare) .... in centro.
6) (Rispondere) .... bene a tutte le domande, superai l'esame.
7) Eva e Antonio sono arrivati proprio quando noi (cenare) ....
8) (Pulire) .... i vetri, Marta è caduta e si è fatta male.
9) Non disturbate Luca, che (studiare) .... in camera sua.
10) (Dimagrire) .... troppo, Paola è dovuta andare dal medico.
11) (Viaggiare) .... in treno si conosce molta gente.
12) (Comprare) .... questo televisore, riceverete un omaggio.
13) (Urlare e litigare) .... non si risolvono i problemi.
14) Ma sei matto a dire queste cose? (Scherzare) .... forse?
15) (Prendere) .... l'ombrello, Carla non si sarebbe bagnata.
16) Ho imparato l'italiano (parlare) .... molto con la gente.
17) Da qualche anno Luca (interessarsi) .... all'omeopatia.
18) Tutti noi pensiamo che Aldo (fare) .... un errore grave.

Modi Infinito e Participio

Il Modo Infinito *ha due Tempi: Semplice e Composto.*

. L'Infinito semplice è il "nome" del verbo: «andare», «fare», «bere», ecc...

Es. Oggi voglio ***andare*** *al cinema a* ***vedere*** *un bel film.*
Mio padre pensa che ***studiare*** *sia una cosa molto importante.*

. Questo Tempo si usa spesso anche con il verbo «stare» (soprattutto al Presente o all'Imperfetto Indicativo e Congiuntivo) e la preposizione «per» e indica un'azione che si realizzerà in brevissimo tempo.

*«**Sto per uscire**» significa che mancano pochi minuti alla mia uscita.*
*«**Stavo per uscire**» vuol dire che mancavano pochi minuti alla mia uscita.*

. L'Infinito Composto si può usare al posto del Gerundio Composto o del Participio Passato per indicare un'azione che si svolge prima di un'altra.

Es. «Dopo che avevo finito la lezione, andai via» può diventare:

«Avendo finito la lezione, andai via».	*(Gerundio Composto)*
«Finita la lezione, andai via».	*(Participio Passato)*
«Dopo ***avere finito*** *la lezione, andai via».*	*(**Infinito Composto**)*

Il Modo Participio *ha due Tempi: Presente e Passato.*

. Il Participio Presente non si usa quasi mai in italiano, sia nella lingua scritta che in quella parlata. Ma lo troviamo spesso sotto forma di sostantivo o aggettivo.

*«**amante**» (amare), «**cantante**» (cantare), «**dirigente**» (dirigere) sono tutti Participi Presenti, ma in realtà si usano come sostantivi.*

Es. «Luciano Pavarotti è un famoso ***cantante*** *lirico».*

*«**potente**» (potere), «**divertente**» (divertire), «**brillante**» (brillare) sono tutti Participi Presenti, ma in realtà si usano come aggettivi.*

Es. «Sergio è un uomo molto ***brillante*** *e* ***divertente****».*

. Il Participio Passato si usa in tutti i Tempi composti dell'Indicativo, del Congiuntivo, del Condizionale, del Gerundio, dell'Infinito e del Participio.

Es. «Ho ***parlato*** *a Lucia del tuo progetto».* (Passato prossimo)
«Ho risposto alla lettera che mi aveva ***scritto****».* (Trapassato prossimo)
«Quando avrò ***letto*** *il libro, ti dirò la mia opinione».* (Futuro composto)
«Spero che tu non gli abbia ***detto*** *niente».* (Congiuntivo passato)
«Speravo che tu non gli avessi ***detto*** *niente» .* (Congiuntivo trapassato)
«Sarei ***voluta*** *partire, ma era già tardi».* (Condizionale composto)
«Avendo ***letto*** *il libro, ti dirò la mia opinione».* (Gerundio composto)
«Dopo avere ***letto*** *il libro, ti dirò la mia opinione».* (Infinito composto)
*«****Letto*** *il libro, ti dirò la mia opinione».* (**Participio passato assoluto**)

. Il Participio Passato si può usare anche al posto del Gerundio Composto o dell'Infinito Composto per indicare un'azione che si svolge prima di un'altra (al passato, al presente o al futuro). In questo caso si usa definirlo «Participio passato assoluto», perché si usa da solo, senza un ausiliare.

Es. «Dopo che avevo finito la lezione, andai via» (passato) può diventare:
«Avendo finito la lezione, andai via». (Gerundio composto)
«Dopo avere finito la lezione, andai via». (Infinito composto)
*«****Finita*** *la lezione, andai via».* (**Participio passato assoluto**)

«Dopo che ho finito la lezione, vado via» (presente) può diventare:
«Avendo finito la lezione, vado via». (Gerundio composto)
«Dopo avere finito la lezione, vado via». (Infinito composto)
*«****Finita*** *la lezione, vado via».* (**Participio passato assoluto**)

«Dopo che avrò finito la lezione, andrò via» (futuro) può diventare:
«Avendo finito la lezione, andrò via». (Gerundio composto)
«Dopo avere finito la lezione, andrò via». (Infinito composto)
*«****Finita*** *la lezione, andrò via».* (**Participio passato assoluto**)

Nota: *Attenzione all'accordo del Participio passato assoluto!*
*«****Finita*** *la scuola...» - «****Finito*** *il corso...» - «****Finite*** *le scuole...» - «****Finiti*** *i corsi...»*

Infinito Semplice

Parl**are** Cred**ere** Sent**ire** Part**ire**

Infinito Composto

ausiliari «avere» e «essere»

Parl**are**	Cred**ere**	Sent**ire**	Part**ire**
avere parlato	avere creduto	avere sentito	essere partito,a,i,e

Participio Presente

verbi regolari

Parl**are**	Cred**ere**	Sent**ire**
parl**ante**	cred**ente**	sent**ente**

Participio Passato

verbi regolari

Parl**are**	Cred**ere**	Sent**ire**
parl**ato**	cred**uto**	sent**ito**

Nota*: Il Participio presente di «avere» è «avente», mentre il verbo «essere» non ha questo Tempo.*

Per le forme irregolari del Participio passato vedi alle pagine 39 e 40.

Esercizi

***LX.** Completare le frasi seguenti con l'Infinito Semplice o Composto.*
(verbi regolari e irregolari)

Es. Trovo divertente (scrivere) .... cartoline.
*Trovo divertente **scrivere** cartoline.*

Dopo (partire) .... mi sono accorta di avere dimenticato la borsa.
*Dopo **essere partita**, mi sono accorta di avere dimenticato la borsa.*

1) Mi piace molto (fare) .... passeggiate per i boschi.
2) Siamo partiti subito dopo (finire) .... gli esami.
3) Dopo (partecipare) .... alla prima lezione, ho deciso che forse è meglio cambiare corso.
4) Al mio fidanzato piace troppo (correre) .... e quando sono in macchina con lui spesso ho paura.
5) Dopo (vincere) .... le Olimpiadi di Berlino, Jessie Owens divenne uno degli atleti più famosi del mondo.
6) Antonella non ha più scritto a nessuno dopo (partire) ....
7) Non voglio (rispondere) .... a domande così stupide! In casi come questo preferisco (restare) .... zitto.
8) Dopo (cadere) .... Paolo ha deciso di non usare più la moto.
9) È stato molto bello (incontrare) .... tutti i miei ex compagni di scuola, dopo tanti anni che non li vedevo.
10) Non penso sinceramente che sia possibile (dimostrare) .... questa tua nuova teoria sul movimento degli astri. Non credere che sia tanto facile (convincere) .... il mondo degli scienziati solo con le parole. È necessario (presentare) .... anche delle prove concrete di quello che dici.
11) Dopo (sposare) .... Clara, Francesco è cambiato moltissimo.
12) Sei stato bravo a (superare) .... l'esame. Ma non credere di (terminare) .... i tuoi sforzi, perché sei appena all'inizio degli studi.

Esercizi

LXI. *Trasformare le seguenti frasi con il Participio Passato assoluto. (verbi regolari e irregolari)*

Es. Dopo avere finito i compiti, potrai giocare nel giardino.
***Finiti** i compiti, potrai giocare nel giardino.*

1) Avendo scritto quel romanzo, diventò un autore famoso.

....

2) Dopo avere lasciato moglie e figli, non si fece più vedere.

....

3) Essendo partita Anna, la casa di campagna è rimasta disabitata.

....

4) Quando avrai preso questa medicina, ti sentirai meglio.

....

5) Dopo che ho finito questo lavoro, mi riposo per una settimana.

....

6) Dopo essere uscita, mi accorsi che ero in anticipo di quasi un'ora!

....

7) Appena il direttore fu entrato in classe, tutti si alzarono.

....

8) Avendo fatto la stessa esperienza, posso dire che capisco il problema.

....

9) Dopo che il Ministro aveva finito il discorso, tutti hanno applaudito.

....

10) Quando avrà terminato gli studi, comincerà a lavorare come avvocato.

....

Test 1 *(Unità 2)*

Passato prossimo o Imperfetto?

Scegliere la frase giusta.

1. a) Che cosa è successo ieri alla madre di Cristina? O
   b) Che cosa succedeva ieri alla madre di Cristina? O

2. a) Quando sono stata piccola ho guardato la TV tutti i giorni. O
   b) Quando ero piccola guardavo la TV tutti i giorni. O

3. a) Ieri sera siamo andati tutti al cinema per vedere un film di Fellini. O
   b) Ieri sera andavamo tutti al cinema per vedere un film di Fellini. O

4. a) Mio nonno si è alzato tutte le mattine alle sei. O
   b) Mio nonno si alzava tutte le mattine alle sei. O

5. a) Lunedì scorso sono rimasta a casa tutto il giorno. O
   b) Lunedì scorso rimanevo a casa tutto il giorno. O

6. a) Il mio ex marito ha avuto l'abitudine di cenare tardi la sera. O
   b) Il mio ex marito aveva l'abitudine di cenare tardi la sera. O

7. a) Ieri sera non uscivo con voi perché ero malato. O
   b) Ieri sera non sono uscito con voi perché ero malato. O

8. a) Quando hai telefonato stamattina, io dormivo ancora. O
   b) Quando hai telefonato stamattina, io ho dormito ancora. O

9. a) Era un uomo bellissimo: ha avuto gli occhi verdi e i capelli neri. O
   b) Era un uomo bellissimo: aveva gli occhi verdi e i capelli neri. O

10. a) Quando mi sono sposata avevo ventiquattro anni. O
    b) Quando mi sposavo avevo ventiquattro anni. O
    c) Quando mi sono sposata ho avuto ventiquattro anni. O
    d) Quando mi sposavo ho avuto ventiquattro anni. O

Test 2 *(Unità 2)*

Indicativo o Congiuntivo?

Scegliere la frase giusta.

1. Stefano ha detto che tu
   a) ieri hai visto la tua ex ragazza. O
   b) ieri abbia visto la tua ex ragazza. O

2. Voglio che voi
   a) partiate immediatamente. O
   b) partite immediatamente. O

3. Si dice che Silvana e Luigi
   a) vogliano sposarsi entro qualche mese. O
   b) vogliono sposarsi entro qualche mese. O

4. Nel caso che voi
   a) non vogliate venire con noi, ricordatevi di telefonarci. O
   b) non volete venire con noi, ricordatevi di telefonarci. O

5. Sono certo che
   a) tu abbia scelto la soluzione migliore. O
   b) tu hai scelto la soluzione migliore. O

6. Hanno deciso di partire lo stesso, nonostante che
   a) il tempo non è molto bello. O
   b) il tempo non sia molto bello. O

7. Speriamo che
   a) non sia successo nulla. O
   b) non è successo nulla. O

8. Forse

a) Piero ha telefonato quando non c'eravamo. O
b) Piero abbia telefonato quando non c'eravamo. O

9. Peccato che

a) tu non vieni con noi. O
b) tu non venga con noi. O

10. Ho trovato lavoro subito dopo che

a) avessi terminato gli studi. O
b) avevo terminato gli studi. O

11. Voglio dirti una cosa, prima che

a) tu esci di casa. O
b) tu esca di casa. O

12. a) Che lui sia un uomo intelligente, lo sanno tutti. O
b) Che lui è un uomo intelligente, lo sanno tutti. O

13. Siamo partiti lo stesso, anche se

a) fosse ormai troppo tardi. O
b) era ormai troppo tardi. O

14. È probabile che loro

a) non abbiano capito niente del tuo discorso. O
b) non hanno capito niente del tuo discorso. O

15. Pare che

a) Sandra vuole risposarsi prima della fine dell'anno. O
b) Sandra voglia risposarsi prima della fine dell'anno. O

16. Non voglio che tu

a) parta con questo brutto tempo. O
b) parti con questo brutto tempo. O

17. Lucia ci ha raccontato

a) quello che avesse visto con i propri occhi. O
b) quello che aveva visto con i propri occhi. O

18. Sapevamo bene che lei

a) si offendeva facilmente. O
b) si offendesse facilmente. O

19. Sono davvero felice che Lei

a) sia venuta stasera, Signora. O
b) è venuta stasera, Signora. O

20. Sicuramente mio padre

a) sa già tutto. O
b) sappia già tutto. O

21. Ti ho detto queste cose, affinché tu

a) puoi riflettere bene su quello che devi fare. O
b) possa riflettere bene su quello che devi fare. O

22. Ieri sera non sono uscito, perché

a) fossi stanco morto. O
b) ero stanco morto. O

23. Ieri sera sono uscito, sebbene

a) fossi stanco morto. O
b) ero stanco morto. O

24. A quanto pare

a) non sono ancora partiti. O
b) non siano ancora partiti. O

Test 3 *(Unità 2)*

La concordanza dell'Indicativo.

Scegliere la frase giusta o le frasi giuste.

1. a) Sono sicura che Martina farà la cosa giusta. O
   b) Sono sicura che Martina farebbe la cosa giusta. O
   c) Sono sicura che Martina aveva fatto la cosa giusta. O
   d) Sono sicura che Martina ha fatto la cosa giusta. O

2. a) Sergio mi ha detto che suo fratello starà male. O
   b) Sergio mi ha detto che suo fratello sta male. O
   c) Sergio mi ha detto che suo fratello stava male. O
   d) Sergio mi ha detto che suo fratello starebbe male. O

3. a) Dov'è la lettera che avevo ricevuto ieri? O
   b) Dov'è la lettera che ho ricevuto ieri? O
   c) Dov'è la lettera che avrei ricevuto ieri? O
   d) Dov'è la lettera che ricevo ieri? O
   e) Dov'è la lettera che ricevevo ieri? O

4. a) Questo è un libro che ho letto alcuni anni fa. O
   b) Questo è un libro che avevo letto alcuni anni fa. O
   c) Questo è un libro che lessi alcuni anni fa. O
   d) Questo è un libro che leggevo alcuni anni fa. O
   e) Questo è un libro che leggerei alcuni anni fa. O

5. a) Ero sicuro che avresti fatto la cosa giusta. O
   b) Ero sicuro che faresti la cosa giusta. O
   c) Ero sicuro che fai la cosa giusta. O
   d) Ero sicuro che hai fatto la cosa giusta. O
   e) Ero sicuro che avevi fatto la cosa giusta. O

6. a) So che negli ultimi tempi avresti qualche problema. O
   b) So che negli ultimi tempi avevi avuto qualche problema. O
   c) So che negli ultimi tempi hai avuto qualche problema. O
   d) So che negli ultimi tempi hai qualche problema. O

7. Ieri ho visto davanti a casa mia un uomo che

   a) avevo già incontrato prima. O
   b) incontrai già prima. O
   c) ho incontrato già prima. O

8. a) Ero assolutamente certa che lui era spagnolo. O
   b) Ero assolutamente certa che lui sarebbe spagnolo. O
   c) Ero assolutamente certa che lui è spagnolo. O
   d) Ero assolutamente certa che lui era stato spagnolo. O

9. a) Carla mi ha detto che sarebbe venuta di sicuro. O
   b) Carla mi ha detto che era venuta di sicuro. O
   c) Carla mi ha detto che verrebbe di sicuro. O
   d) Carla mi ha detto che verrà di sicuro. O

10. a) Quando saresti uscito dall'ospedale, faremo una festa. O
    b) Quando sarai uscito dall'ospedale, faremo una festa. O
    c) Quando usciresti dall'ospedale, faremo una festa. O
    d) Quando esci dall'ospedale, facciamo una festa. O

11. a) Mi hanno assicurato che andrebbe tutto bene. O
    b) Mi hanno assicurato che va tutto bene. O
    c) Mi hanno assicurato che sarebbe andato tutto bene. O
    d) Mi hanno assicurato che andava tutto bene. O

12. a) Hai visto il film che ti consigliavo? O
    b) Hai visto il film che ti avevo consigliato? O
    c) Hai visto il film che ti consiglio? O

Test 4 *(Unità 2)*

La concordanza del Congiuntivo.

Scegliere la frase giusta o le frasi giuste.

1. a) Credo che questa sia la soluzione migliore. O
   b) Credo che questa sia stata la soluzione migliore. O
   c) Credo che questa fosse stata la soluzione migliore. O

2. a) Speriamo che sarebbe arrivata in tempo. O
   b) Speriamo che arriverà in tempo. O
   c) Speriamo che arrivasse in tempo. O
   d) Speriamo che arrivi in tempo. O
   e) Speriamo che fosse arrivata in tempo. O

3. a) Ero contenta che tutto fosse finito bene. O
   b) Ero contenta che tutto sia finito bene. O
   c) Ero contenta che tutto finisca bene. O

4. a) Qualunque cosa lui faccia, per me va bene. O
   b) Qualunque cosa lui abbia fatto, per me va bene. O
   c) Qualunque cosa lui facesse, per me andava bene. O
   d) Qualunque cosa lui avesse fatto, per me va bene. O

5. a) Vorrei che tu cerchi di capirmi. O
   b) Vorrei che tu cercassi di capirmi. O
   c) Vorrei che tu abbia cercato di capirmi. O

6. a) Temevo che loro ci scoprissero. O
   b) Temevo che loro ci scoprano. O
   c) Temevo che loro ci abbiano scoperti. O
   d) Temevo che loro ci avrebbero scoperti. O
   e) Temevo che loro ci avessero scoperti. O

7. a) Ti presterò i soldi a patto che tu me li restituisca presto. O
b) Ti presterò i soldi a patto che tu me li restituissi presto. O
c) Ti presterò i soldi a patto che tu me li abbia restituiti presto. O
d) Ti presterò i soldi a patto che tu me li avessi restituiti presto. O

8. a) Voglio che tu ascolti bene quello che ho da dirti. O
b) Voglio che tu ascoltassi bene quello che ho da dirti. O
c) Volevo che tu ascoltassi bene quello che avevo da dirti. O
d) Volevo che tu ascolti bene quello che avevo da dirti. O

9. a) È possibile che voi aveste capito tutto. O
b) È possibile che voi abbiate capito tutto. O
c) Era possibile che voi aveste capito tutto. O
d) Era possibile che voi abbiate capito tutto. O

10. a) È il film più bello che io veda. O
b) È il film più bello che io abbia visto. O
c) Era il film più bello che io abbia visto. O
d) Era il film più bello che io avessi visto. O

11. a) Nonostante facesse freddo, decidono di uscire. O
b) Nonostante faccia freddo, decidono di uscire. O
c) Nonostante facesse freddo, decisero di uscire. O

12. a) Vorrei salutarti, prima che tu partissi. O
b) Vorrei salutarti, prima che tu parta. O
c) Vorrei salutarti, prima che tu fossi partito. O

13. a) Peccato che tu debba tornare così presto. O
b) Peccato che tu sia dovuto tornare così presto. O

14. a) Dubito che voi abbiate ragione. O
b) Dubito che voi aveste avuto ragione. O
c) Dubito che voi avreste avuto ragione. O

Unità 3

La forma riflessiva

La forma riflessiva si ottiene con il pronome riflessivo davanti al verbo.
I pronomi riflessivi sono:

***mi** (io); **ti** (tu); **si** (lui, lei, Lei); **ci** (noi); **vi** (voi); **si** (loro, Loro).*

All'Infinito si aggiunge la particella riflessiva «si» alla fine del verbo, togliendo la «e».

*Es. lavare → **lavarsi** - conoscere → **conoscersi** - vestire → **vestirsi** ...*

Io ricordo quella bella vacanza	*(ricordare)*
*Io **mi ricordo** di quella bella vacanza.*	*(**ricordarsi**)*
Luca conosce molto bene Angela.	*(conoscere)*
*Luca e Angela **si conoscono** molto bene.*	*(**conoscersi**)*
Apriamo questa porta con la chiave.	*(aprire)*
*Questa porta non **si apre**!*	*(**aprirsi**)*
Lui sposerà Sandra domani.	*(sposare)*
*Lui **si sposerà** con Sandra domani.*	*(**sposarsi**)*
Lei comprava spesso libri d'arte.	*(comprare)*
*Lei **si comprava** spesso dei libri d'arte.*	*(**comprarsi**)*
Noi salveremo la ditta dal fallimento.	*(salvare)*
*Noi **ci salveremo** dal fallimento.*	*(**salvarsi**)*
Credo che Paola non saluti Bruno.	*(salutare)*
*Credo che Paola e Bruno non **si salutino**.*	*(**salutarsi**)*

Esercizi

I. *Usare nelle frasi seguenti la forma riflessiva.*
(Tempi semplici)

Es. Alessio (non ricordarsi) .... mai del mio compleanno.
*Alessio non **si ricorda** mai del mio compleanno.*

1) (Io-radermi) .... tutte le mattine, perché non amo la barba lunga.
2) Abbiamo fatto un lungo viaggio e adesso (noi-riposarci) ....
3) (Noi-informarci) .... domani sul prezzo del biglietto.
4) Quando ero a Firenze, (io-organizzarmi) .... bene per il fine settimana. Ecco perché (io-non annoiarmi) .... mai.
5) Ma perché Mauro e Teresa (odiarsi) .... così tanto?
6) Non penso proprio che (loro-odiarsi) .... Semplicemente (loro-non salutarsi) .... quando (loro-incontrarsi) ....
7) Le dispiace se (io-sedermi) .... dottore? Mi gira un po' la testa.
8) Perché (tu-chiuderti) .... in bagno? Di che cosa hai paura?
9) Mia moglie (arrabbiarsi) .... di sicuro se arriveremo in ritardo.
10) Quei due ragazzi hanno avuto quello che (loro-meritarsi) ....
11) Allora, (tu-deciderti) .... o no a darmi una risposta?
12) Bambini, perché (voi-nascondervi) .... sotto il tavolo?
13) (Noi-incontrarci) .... tutti i pomeriggi al solito bar.
14) Ricordo che un mio vecchio compagno di scuola (lavarsi) .... tutte le mattine con l'acqua gelata. Diceva che faceva bene alla salute!
15) (Tu-lamentarti) .... troppo e non concludi niente.
16) Come (tu-chiamarti) ....? (Io-chiamarmi) .... Luca.
17) La vide e (lui-innamorarsi) .... subito di lei.
18) Signora, (Lei-meritarsi) .... un ringraziamento da tutti noi.
19) (Io-vergognarmi) .... per quello che ho fatto e chiedo scusa.
20) (Noi-vederci) .... domani sera in pizzeria?
21) (Io-dimenticarmi) .... sempre il nome di quel ragazzo.
22) (Lui-chiamarsi) .... Ivano. (Tu-non ricordarti) ....?

. La forma riflessiva con i verbi modali «potere», «dovere», «volere».

Con questi verbi la particella riflessiva (mi, ti, si, ci, vi, si) si può mettere prima o dopo il gruppo verbale, senza cambiamento di significato.
Se decidiamo di mettere la particella dopo il gruppo verbale, dobbiamo togliere la vocale «e» e formare una sola parola.

Es. Io ***mi devo ricordare*** *di telefonare a mia zia.*
Io devo ricordarmi *di telefonare a mia zia.*

Noi ***ci vogliamo lamentare*** *con il direttore.*
Noi ***vogliamo lamentarci*** *con il direttore.*

Tu non ***ti puoi fermare*** *qui con la macchina.*
Tu non ***puoi fermarti*** *qui con la macchina.*

Esercizi

II. *Mettere il pronome riflessivo nella giusta posizione.*
(Tempi semplici)

Es. Io (volere perdonarvi) ..../.......... per quello che avete fatto.
Io ***vi voglio perdonare*** *per quello che avete fatto.*
Io ***voglio perdonarvi*** *per quello che avete fatto.*

1) (Noi-non potere occuparci) .... / .... anche dei vostri problemi. Ci dispiace, ma abbiamo i nostri.
2) (Io-dovere ricoverarmi) .... / .... in ospedale la prossima settimana?
3) (Voi-dovere pentirvi) .... / .... per tutto quello che avete fatto.
4) (Loro-volere sposarsi) .... / .... al più presto. Non intendono aspettare nemmeno qualche mese.
5) (Noi-dovere sbrigarci) .... / .... Siamo già in grave ritardo e non siamo ancora partiti.

La forma riflessiva nei Tempi composti *(Indicativo Passato prossimo, Trapassato prossimo, Futuro composto; Congiuntivo Passato e Trapassato; Condizionale Composto) si fa sempre con l'ausiliare «essere».*
Il Participio passato si accorda con il soggetto.

Es. Paolo ***si è ricordato*** *di comprare il giornale.*
Credo che Paolo ***si sia ricordato*** *di comprare il giornale.*
Paolo ***si sarà ricordato*** *di comprare il giornale?*

Paola ***si è dimenticata*** *di telefonarmi.*
Paola non ***si era dimenticata*** *di telefonarmi.*
Paola non ***si sarebbe*** *mai* ***dimenticata*** *di telefonarmi.*

Marco e Lucio ***si sono rifiutati*** *di fare l'esame.*
Penso che Marco e Lucio non ***si siano rifiutati*** *di fare l'esame.*
Marco e Lucio non ***si erano*** *mai* ***rifiutati*** *di fare l'esame prima d'ora.*

Paola e Manuela ***si sono allenate*** *molto bene per la gara.*
Si saranno allenate *bene per la gara Paola e Manuela?*
Spero che Paola e Manuela ***si siano allenate*** *bene per la gara.*

Esercizi

III. *Usare nelle seguenti frasi la forma riflessiva.*
(Tempi composti)

Es. Ieri Giovanna (dimenticarsi) .... di chiamarmi.
Ieri Giovanna ***si è dimenticata*** *di chiamarmi.*

1) Lucia e Stefano (conoscersi) .... in discoteca.
2) Mamma, (tu-accorgerti) .... che hai una macchia sul golf?
3) Prima d'ora (io-non dimenticarmi) .... mai il tuo indirizzo.
4) Mi sembra che (voi-organizzarvi) .... bene questa volta.
5) Secondo i giornali, il Primo Ministro (dimettersi) .... in serata.

Esercizi

IV. *Usare nelle frasi seguenti la forma riflessiva.*
(Tempi composti)

Es. Ieri (noi-incontrarci) ...., ma solo per pochi minuti.
*Ieri **ci siamo incontrati**, ma solo per pochi minuti.*

1) Sonia e Barbara (vedersi) .... per l'ultima volta l'anno scorso, a un congresso di storia dell'arte.

2) Finalmente (noi-liberarci) .... di quell'uomo invadente.

3) Sono contento, perché Letizia (non dimenticarsi) .... di me e ha deciso di rivedermi molto presto.

4) Marianna e Stefano hanno deciso di sposarsi?! Ma (loro-non lasciarsi) .... qualche mese fa?

5) Ma dove (nascondersi) .... i bambini? Sono dieci minuti che li cerco e non li ho ancora trovati.

6) Credo che Gianna (innamorarsi) .... di Silvano.

7) Ieri (loro-non ricordarsi) .... di telefonare in banca.

8) Scusi, ma Lei non ha capito. Forse (io-esprimermi) .... male. Provo a rispiegarLe meglio quello che volevo dire.

9) Penso che (voi-fidarvi) .... troppo delle vostre capacità e abbiate sottovalutato il problema.

10) Viviana (convincersi) .... che non sarà possibile per lei fare questo viaggio: è troppo caro per le sue possibilità.

11) Stamattina (io-arrabbiarmi) .... con mio figlio, perché non voleva assolutamente andare a scuola.

12) Durante tutto il processo l'imputato (non-mostrarsi) .... mai in pubblico.

13) Mio fratello e io (non incontrarci) .... per molto tempo, perché abitavamo lontanissimi l'uno dall'altra.

14) Finalmente Roberta (liberarsi) .... del suo fidanzato!

15) Mi pare che (lei-licenziarsi) .... pochi giorni fa.

*. **La forma riflessiva nei Tempi composti** (Indicativo Passato prossimo, Trapassato prossimo, Futuro composto; Congiuntivo Passato e Trapassato; Condizionale Composto)* **con i verbi modali «potere», «dovere» e «volere»** *si può fare con tutti e due gli ausiliari («essere» o «avere»).*

Si fa con l'ausiliare «essere» quando mettiamo il pronome riflessivo prima del gruppo verbale («Io **mi** *sono dovuto,a fidare di lei») e con l'ausiliare «avere» quando decidiamo di metterlo dopo («Io ho dovuto fidar***mi** *di lei»). Ricordiamoci che se decidiamo di usare l'ausiliare «essere» bisogna accordare il Participio passato con il soggetto!*

Es. Maria non **si è potuta incontrare** *con Piero.*
Maria non **ha potuto incontrarsi** *con Piero.*

Noi **ci siamo dovuti preparare** *bene per l'esame.*
Noi **abbiamo dovuto prepararci** *bene per l'esame.*

Loro non **si sono voluti scusare** *per la figuraccia di ieri.*
Loro non **hanno voluto scusarsi** *per la figuraccia di ieri.*

Esercizi

V. *Usare nelle frasi seguenti la forma riflessiva.*
(Ausiliari «avere» e «essere»; Tempi composti)

Es. Dopo la pioggia (noi-dovere asciugarsi) ..../............ i capelli.
Dopo la pioggia **ci siamo dovuti asciugare** *i capelli.*
Dopo la pioggia **abbiamo dovuto asciugarci** *i capelli*

1) Stamattina (noi-dovere vestirci) in fretta. ..../......................
2) Ieri sera (io-non potere addormentarmi). ..../......................
3) Pensi che (lui-potere svegliarsi) in tempo? ..../......................
4) (Loro-volere assicurarsi) contro il furto. ..../......................
5) (Noi-dovere organizzarci) bene. ..../......................

. **Con l'Infinito** *il pronome riflessivo si mette sempre alla fine.*

Es. È meglio ***incontrarsi*** *dopo le otto.*
È stata una buona idea ***essersi incontrati*** *qui.*

Com'è bello ***guardarsi*** *negli occhi...!*
Dopo ***essersi guardati*** *negli occhi, hanno capito di amarsi.*

È strano ***vedersi*** *dopo tanti anni.*
Dopo ***essersi visti****, decisero di diventare amici.*

. **Con il Gerundio** *il pronome riflessivo si mette sempre alla fine.*

Es. ***Arrabbiandosi*** *non si conclude nulla di buono.*
Essendosi bagnato *tutto, Gennaro andò a casa a cambiarsi.*

Guardandosi *allo specchio Silvana vide che era ingrassata.*
Essendosi guardata *allo specchio, Silvana decise di fare una dieta.*

Organizzandoci *bene, potremo fare un buon lavoro.*
Essendoci organizzati *bene, abbiamo fatto un buon lavoro.*

. **Con l'Imperativo** *i pronomi riflessivi si mettono sempre dopo il verbo, ad eccezione della forma di cortesia, dove si mettono davanti come nella maggioranza dei Modi.*

Es. Sabrina, ***ricordati*** *di quello che ti ho detto!*
Ragazzi, è già molto tardi. ***Svegliamoci****!*
Ragazzi, è già molto tardi. ***Svegliatevi****!*

Signora, ***si ricordi*** *di quello che Le ho detto!*
Signori, è già molto tardi. ***Si sveglino****!*

Esercizi

VI. *Usare nelle frasi seguenti la forma riflessiva.*
(Tutti i Modi e Tempi)

Es. Sono certo che domani (tu-dimenticarti) .... di tutto.
Sono certo che tu domani ***ti dimenticherai*** *(**ti sarai dimenticato,a**) di tutto.*

Ieri (tu-dimenticarti) .... di comprarmi la medicina.
Ieri ti ***sei dimenticato,a*** *di comprarmi la medicina.*

Spero che (tu-dimenticarti) .... di me in tutti questi anni.
Spero che tu non non ***ti sia dimenticato,a*** *di me in tutti questi anni.*

1) Credo che Luigi (mostrarsi) .... troppo debole in quella circostanza. Avrebbe dovuto fare sentire di più la sua voce.
2) (Io-dovere licenziarmi) .... dal lavoro perché non ero d'accordo con le scelte del mio capo.
3) Allora, (tu-deciderti) .... a sposarti, finalmente!
4) Quando eri piccola (tu-ammalarti) .... molto spesso.
5) (Voi-ricordarvi) .... che non tollererò più nessun ritardo!
6) (Noi-non dovere vederci) più .... di nascosto. Voglio che tutti sappiano quanto ci amiamo!
7) Giulio (arrabbiarsi) .... molto per quello che hai detto ieri e se (tu-non scusarti) .... subito sarà ancora più arrabbiato.
8) Mi fa tanto piacere che (lei-ricordarsi) .... di me.
9) Sergio, (tu-comportarti) .... bene e non parlare mentre mangi! Lo sai che non lo sopporto!
10) Quando (voi-stancarvi) .... di questo lavoro, potrete cambiarlo e sceglierne uno più interessante.
11) (Tu-non arrampicarti) .... su quell'albero! Lo sai che è molto pericoloso!
12) La signora (scusarsi) ...., ma non potrà essere presente alla riunione di stasera perché non sta bene.

Esercizi

VII. *Usare nelle frasi seguenti la forma riflessiva.*
(Tutti i Modi e Tempi)

Es. Ragazzi, (voi-svegliarvi) ....! È già tardi.
*Ragazzi, **svegliatevi**! È già tardi.*

Adesso (io-vergognarmi) .... per quello che ho fatto.
*Adesso **mi vergogno** per quello che ho fatto.*

Mi auguro che la signora (sistemarsi) .... bene nella nuova casa.
*Mi auguro che la signora **si sia sistemata** bene nella nuova casa.*

1) Dove (voi-conoscervi) .... tu e Manuela? (Noi-conoscerci) .... durante una vacanza in Egitto.

2) Luciana, (tu-sbrigarti) .... a finire quel lavoro! Il cliente è stanco di aspettare e sta perdendo la pazienza.

3) Non credo che (lui-potere ricordarsi) .... di me. Sono passati dieci anni e io sono molto cambiato.

4) Nessuno (accorgersi) .... della nostra presenza e potemmo seguire la riunione del tutto indisturbati.

5) Dopo (incontrarsi) .... l'ultima volta, Giuliana e Sergio hanno deciso di (non vedersi) .... più.

6) Signor Conte (Lei-svegliarsi) ....! La prego, (Lei-alzarsi) .... subito. È successa una cosa grave!

7) (Noi-dovere deciderci) .... a vendere la casa al mare, perché avevamo bisogno di soldi.

8) Prima la mia ex moglie e io (vederci) .... spesso. Ma ora che (lei-risposarsi) .... non la vedo quasi mai.

9) Spero che (loro-rendersi conto) .... della grave decisione che hanno preso e delle conseguenze che questo comporta.

10) Quando eravamo piccoli (noi-nasconderci) .... sempre sotto il tavolo e questo non piaceva a nostra madre.

Test *(Unità 3)*

Scegliere la frase giusta o le frasi giuste.

1. a) Gina non si ha ricordato di telefonarci. O
   b) Gina non si è ricordata di telefonarci. O
   c) Gina non si ha ricordata di telefonarci. O
   d) Gina non è si ricordata di telefonarci. O

2. a) Mi scusa per il ritardo, ma ho perso l'autobus. O
   b) Scusami per il ritardo, ma ho perso l'autobus. O
   c) Scusa mi per il ritardo, ma ho perso l'autobus. O

3. a) Non mi ho potuto incontrare con mia sorella ieri. O
   b) Non mi sono potuta incontrare con mia sorella ieri. O
   c) Non sono potuto incontrarmi con mia sorella ieri. O
   d) Non mi sono potuto incontrarmi con mia sorella ieri. O
   e) Non ho potuto incontrarmi con mia sorella ieri. O

4. a) Marta e Lucio si sono sposati l'anno scorso. O
   b) Marta e Lucio si hanno sposati l'anno scorso. O
   c) Marta e Lucio si sono sposate l'anno scorso. O
   e) Marta e Lucio si hanno sposato l'anno scorso. O

5. a) Dimenticateci di quello che avete visto! O
   b) Vi dimenticate di quello che avete visto! O
   c) Dimenticatevi di quello che avete visto! O

6. a) Continuarono a scriversi anche dopo essersi lasciati. O
   b) Continuarono a scriversi anche dopo si essere lasciati. O
   c) Continuarono a scriversi anche dopo aversi lasciato. O
   d) Continuarono a scriversi anche dopo essere lasciatisi. O

7. a) Domani dovrò mi comportare bene durante la cerimonia. O
   b) Domani dovrò comportarmi bene durante la cerimonia. O
   c) Domani mi dovrò comportare bene durante la cerimonia O

8. a) Mi pare che Giorgia si abbia innamorata di me. O
b) Mi pare che Giorgia si sia innamorata di me. O
c) Mi pare che Giorgia sia si innamorata di me. O
d) Mi pare che Giorgia si sia innamorato di me. O

9. a) Sono voluto iscrivermi a questa scuola perché è la migliore. O
b) Mi ho voluto iscrivere a questa scuola perché è la migliore. O
c) Ho voluto iscrivermi a questa scuola perché è la migliore. O
d) Ho voluto mi iscrivere a questa scuola perché è la migliore. O
e) Mi sono voluto iscrivere a questa scuola perché è la migliore. O

10. a) Irene si è laureata con il massimo dei voti. O
b) Irene si ha laureata con il massimo dei voti. O
c) Irene è si laureata con il massimo dei voti. O

11. a) Svegliandoci prima, potremmo vedere l'alba! O
b) Ci svegliando prima, potremmo vedere l'alba! O
c) Svegliando prima, potremmoci vedere l'alba! O

12. a) Ragazzi, non sentite il freddo che fa? Vi coprite! O
b) Ragazzi, non sentite il freddo che fa? Copritevi! O

13. a) Paolo, ma perché hai deciso di ti vestire così male? O
b) Paolo, ma perché hai deciso di vestirti così male? O
c) Paolo, ma perché ti hai deciso di vestirti così male? O

14. a) Non siamo ci potuto divertire neanche una sera! O
b) Non ci siamo potuti divertire neanche una sera! O
c) Non ci siamo potuto divertire neanche una sera! O
d) Non ci abbiamo potuti divertire neanche una sera! O
e) Non abbiamo potuto divertirci neanche una sera! O

15. a) Io non bevo alcol e dunque non mi sono mai ubriacato. O
b) Io non bevo alcol e dunque non mi ho mai ubriacato. O
c) Io non bevo alcol e dunque non mi sono mai mi ubriacato. O
d) Io non bevo alcol e dunque non sono mai mi ubriacato. O
e) Io non bevo alcol e dunque non ho mi mai ubriacato. O

16. a) Non ci siamo potuti incontrare ieri pomeriggio. O
b) Non abbiamo potuto incontrarsi ieri pomeriggio. O
c) Non ci siamo potuto incontrare ieri pomeriggio. O
d) Non abbiamo potuto incontrarci ieri pomeriggio. O
e) Non siamo potuti incontrarci ieri pomeriggio. O
f) Non ci abbiamo potuti incontrare ieri pomeriggio. O

17. a) Non mi ho mai lavata con un'acqua così fredda! O
b) Non mi sono mai lavata con un'acqua così fredda! O
c) Non sono mai mi lavata con un'acqua così fredda! O
d) Non ho mai mi lavata con un'acqua così fredda! O

18. a) Dimmi che ti non dimenticherai mai di me! O
b) Dimmi che non ti dimenticherai mai di me! O

19. a) Penso che sia bello rivedersi dopo tanti anni. O
b) Penso che sia bello si rivedere dopo tanti anni. O
c) Penso che sia bello rivederesi dopo tanti anni. O
d) Penso che sia bello si rivedersi dopo tanti anni. O

20. a) Ci guardando negli occhi abbiamo capito di amarci. O
b) Guardandoci negli occhi abbiamo capito di amarci. O
c) Guardandoci negli occhi abbiamo capito di ci amare. O
d) Ci guardando negli occhi abbiamo capito di ci amare. O
e) Guardando negli occhi ci abbiamo capito di amarci. O

21. a) Ricordiamoci dei consigli dell'allenatore! O
b) Ci ricordiamo dei consigli dell'allenatore! O

22. a) Mi dispiace, ma non possiamo più ci rivedere. O
b) Mi dispiace, ma non ci possiamo più rivedere. O
c) Mi dispiace, ma non possiamo più rivederci. O
d) Mi dispiace, ma ci non possiamo più rivederci. O
e) Mi dispiace, ma non ci possiamo più rivederci. O

Unità 4

Le preposizioni

Semplici

DI - A - DA - PER - IN - CON - SU - TRA (FRA)

Articolate

	DI	A	DA	IN	SU
IL	del	al	dal	nel	sul
LO	dello	allo	dallo	nello	sullo
L'	dell'	all'	dall'	nell'	sull'
I	dei	ai	dai	nei	sui
GLI	degli	agli	dagli	negli	sugli
LA	della	alla	dalla	nella	sulla
LE	delle	alle	dalle	nelle	sulle

***Nota**: nell'italiano moderno si preferisce non articolare le preposizioni «per» e «con». Dunque è meglio dire «**con la** macchina», piuttosto che «**colla** macchina». La preposizione «tra (fra)» non si articola mai.*

Le preposizioni in italiano non hanno sempre regole precise ed è molto difficile indicare con assoluta precisione tutti i casi in cui si usa questa o quella preposizione. Tuttavia, è possibile riassumere i casi più importanti.

«di»

Questa preposizione si usa principalmente quando si parla di:

1) Tempo	*Mi piace molto uscire* **di** *sera.*
2) Specificazione	*La macchina* **di** *mio fratello è molto veloce.*
3) Età (precisa)	*La moglie di Stefano è una donna* **di** *30 anni.*
4) Causa	*Molti bambini al mondo muoiono ancora* **di** *fame.*
5) Materia	*Questo è un tavolo* **di** *legno pregiato.*
6) Argomento	*Vi prego, non parlate ancora* **di** *politica!*
7) Paragone	*Mia sorella è molto più giovane* **di** *me.*
8) Qualità	*Questo formaggio è* **di** *buona qualità.*
9) Quantità	*Sono ingrassata. Ora peso più* **di** *60 chili!*

«a»

Questa preposizione si usa principalmente quando si parla di:

1) Luogo	*Passeremo* **a** *Firenze tutta l'estate.*
2) Tempo	*Anche oggi Anna si è svegliata* **a** *mezzogiorno.*
3) Verbo indiretto	*Hai scritto* **a** *tuo nonno?*
4) Mezzo	*La mia macchina funziona* **a** *energia solare.*
5) Modo	*Dobbiamo imparare questa poesia* **a** *memoria.*
6) Età (precisa)	*Mio padre si è sposato* **a** *32 anni.*
7) Distanza	*Abito* **a** *poca distanza dalla scuola.*
8) Pena	*In molti Paesi esiste ancora la condanna* **a** *morte.*

«da»

Questa preposizione si usa principalmente quando si parla di:

1) Luogo	*Siamo appena tornati* **da** *Roma.*
2) Tempo	*Studio l'italiano* **da** *qualche mese.*
3) Modo	*Ieri ti sei proprio comportato* **da** *stupido.*
4) Forma passiva	*Il film è stato diretto* **da** *un giovane regista.*
5) Distanza	*Firenze è a circa 300 chilometri* **da** *Roma.*
6) Prezzo	*Vorrei un francobollo* **da** *1,50 Euro.*

«per»

Questa preposizione si usa principalmente quando si parla di:

1) Luogo	*Andando in Austria siamo passati* **per** *la Svizzera.*
2) Tempo	*Ho abitato* **per** *molti anni a Milano.*
3) Fine o scopo	*Ma tu lavori* **per** *vivere o vivi* **per** *lavorare?*
4) Causa	*Ieri sono stata assente* **per** *malattia.*
5) Mezzo	*Ti spedirò tutto* **per** *posta.*
6) Prezzo	*Ho comprato questo armadio* **per** *pochi soldi.*

«con»

Questa preposizione si usa principalmente quando si parla di:

1) Compagnia	*Vado al cinema* **con** *un'amica.*
2) Mezzo	*Siamo venuti* **con** *la macchina di Giorgio.*
3) Modo	*Per questa cena bisogna vestirsi* **con** *eleganza.*
4) Causa	**Con** *questa pioggia, è meglio rimanere a casa.*
5) Qualità	*Non mi piacciono le camicie* **con** *le maniche corte.*

«in»

Questa preposizione si usa principalmente quando si parla di:

1) Luogo	***In** Toscana c'è una campagna meravigliosa.*
2) Tempo	*Dobbiamo finire il lavoro al massimo **in** due giorni.*
3) Mezzo	*Non mi piace viaggiare **in** macchina.*
4) Modo	*Potete restare qui, ma dovete stare **in** silenzio!*

«su»

Questa preposizione si usa principalmente quando si parla di:

1) Luogo	*Ieri sera mi sono addormentata **sul** divano.*
2) Argomento	*Il professore ha fatto una lezione **su** Dante.*
3) Età (generica)	*L'ho vista bene: era una donna **sui** trent'anni.*
4) Quantità (generica)	*Aveva i capelli neri ed era alta **sul** metro e settanta.*

«tra-fra»

Questa preposizione si usa principalmente quando si parla di:

1) Tempo	*Vado in vacanza **fra** una settimana.*
2) Luogo	*Ci troviamo al confine **tra** il Perù e la Bolivia.*
3) Relazione	*I rapporti **fra** me e mio marito sono finiti!*

. ***Con i verbi di moto a luogo e stato in luogo***
(«andare», «stare», «restare», «rimanere», «essere», «abitare», «vivere», ...)

. *Si usa sempre la preposizione «**a**» per le città.*
*Es. Vado **a** Roma; abito **a** Palermo; resto **a** Pisa per due settimane.*

. *Si usa sempre la preposizione «**in**» per i Paesi, le regioni, i continenti e le grandi isole.*
*Es. Adesso sto **in** Italia; **in** Toscana ci sono molte città d'arte;*
*vado **in** Europa per studiare; **in** Sicilia ci sono bellissimi paesaggi.*

. *Si usa sempre la preposizione «**da**» per le persone.*
*Es. Sarò **da** Luca per tutto il pomeriggio; devo andare **dal** dentista;*
*Stanotte resto a dormire **dalla** mia amica.*

. ***Con il verbo «venire»** si usa sempre la preposizione «**da**»*
*Es. Questo treno viene **da** Parigi; veniamo tutti **dalla** Toscana.*
*Il tuo amico viene **dalla** Francia o **dall'**America?*

. ***Con i verbi che indicano un moto per luogo***
*(«passare», «transitare», «attraversare») si usa sempre la preposizione «**per**»*
*Es. Siamo arrivati passando **per** il giardino.*

. ***Con il verbo «partire»** si usa sempre la preposizione «**per**»*
*Es. Parto **per** Firenze, **per** l'Italia, **per** la Toscana, **per** l'Europa.*

. *Alcune espressioni con il verbo «**andare**» e la preposizione «**a**»:*

Andare a teatro, a casa, a scuola, a letto, a caccia, a pesca, a passeggio, a fondo, a spasso, a destra, a sinistra, a piedi, a vuoto, a monte, a rotoli, a buon fine, a ruba, a testa alta, a rete, a canestro, al concerto, al bar, al cinema, all'opera, all'estero, all'inferno, al diavolo, all'altro mondo.

. *Alcune espressioni con il verbo «**andare**» e la preposizione «**in**»:*

Andare in biblioteca, in chiesa, in prigione, in vacanza, in esilio, in collera, in scena, in onda, in paradiso, in fuga.

Esercizi

I. Scegliere la giusta preposizione semplice o articolata, fra le tre proposte.

Es. Adesso abitiamo (a-in-da) ... Italia, (in-a-su) ... Milano.
Adesso abitiamo ***in*** *Italia,* ***a*** *Milano.*

1) Negli ultimi tempi non riesco a dormire (*per-di-a*) .... notte.
2) Questo che vedete è l'ultimo quadro dipinto (*da-per-a*) .... Leonardo.
3) In Italia si può guidare la macchina (*con-per-a*) .... 18 anni.
4) (*Fra-in-per*) .... qualche mese mio padre andrà in pensione.
5) (*Da-con-di*) .... che cosa hai parlato ieri (*di-con-su*) .... Paolo?

6) Tutto questo io lo faccio solo (*da-con-per*) .... te. Non lo capisci?
7) Mi piace molto questo vecchio cappotto (*da-di-per*) .... mio nonno.
8) (*In-con-per*) .... questo brutto tempo è meglio non uscire.
9) Non voglio più vederti! (*Per-fra-con*) .... me e te tutto è finito!
10) Salvatore è nato (*a-per-in*) .... Sicilia, (*in-a-di*) .... Palermo.

11) Ieri sera sono andato (*all'-dall'-nell'*) .... Opera a vedere «Turandot».
12) Quando partite (*alle-per le-nelle*) .... vacanze?
13) Bravo, ti sei comportato (*con-per-da*) .... persona educata.
14) Abitiamo (*a-da-per*) .... venti chilometri (*per-da-a*) .... Roma.
15) La persona che ho visto era un uomo (*dei-per i-sui*) .... quarant'anni.

16) Negli ultimi tempi siamo andati poche volte (*a-in-per*) .... teatro.
17) Non tornò nel suo paese (*in-per-da*) .... molti anni.
18) Mia sorella abita da molti anni (*in-a-per*) .... Napoli.
19) Piero sta studiando (*per-da-di*) .... diventare un famoso avvocato.
20) Andorra si trova al confine (*fra-per-in*) .... la Spagna e la Francia.

Esercizi

II. *Scegliere la giusta preposizione semplice o articolata, fra le tre proposte.*

Es. Stamattina mi sono svegliata (a-per-di) ... mezzogiorno.
Stamattina mi sono svegliata ***a*** *mezzogiorno.*

1) Questa valigia pesa certamente più (*per-di-da*) .... venti chili.
2) Questi nostri amici vengono tutti (*per il-al-dal*) .... Brasile.
3) Ho male a un dente. Devo andare (*al-dal-con il*) .... dentista.
4) Hai telefonato (*a-da-con*) .... Lucia? Oggi è il suo compleanno.
5) Ieri siamo andati (*a-per-in*) .... passeggio (*alla-dalla-per la*) .... città.

6) Noi preferiamo viaggiare (*per-con-in*) .... treno perché è più sicuro.
7) Non mi piace quel ragazzo! Parla sempre e solo (*per-da-di*) .... sport.
8) Andiamo (*per il-al-dal*) .... bar a bere una cioccolata calda.
9) Stasera rimarrò a dormire (*da-a-per*) .... Daniela, una mia cara amica.
10) Hanno parlato (*per la-fra la-della*) .... loro crisi matrimoniale.

11) (*Fra-in-su*) .... un mese cambierò finalmente casa!
12) Non sederti (*in-su-per*) .... quella poltrona. È rotta.
13) Siamo arrivati (*con il-per il-nel*) .... treno (*nelle-delle-dalle*) .... sette.
14) Non ho ancora telefonato (*con-da-a*) .... Carolina.
15) Il padre di Manuela è un uomo (*dei-con i-sui*) .... cinquant'anni.

16) Signori, si mettano qui (*di-in-su*) .... fila e attendano il loro turno.
17) Noi non dormiamo mai (*di-da-per*) .... pomeriggio.
18) Quando si va in pensione nel tuo Paese? (*Con-per-a*) .... 65 anni.
19) (*Fra-per-su*) .... noi c'è sempre stato un buon rapporto.
20) Queste poesie sono state scritte (*per-con-da*) .... un poeta cileno.

Esercizi

***III.** Scegliere la giusta preposizione semplice o articolata.*

Es. Siamo appena tornati ..... Stati Uniti.
*Siamo appena tornati **dagli** Stati Uniti.*

1) Il prosciutto che hai comprato stamattina è .... ottima qualità.
2) Ci troviamo .... undici e mezza .... casa .... Francesco.
3) .... un po' di tempo non ho notizie .... mia nipote.
4) Spedisci tutto il pacco .... via aerea, così arriverà molto prima.
5) .... i pochi soldi che ha, non può permettersi di andare in vacanza.
6) Signore, Lei deve stare .... coda e aspettare il suo turno!
7) Sono andata a una conferenza .... arte pre-colombiana.
8) .... pochi giorni Daniela compirà diciotto anni.
9) La casa .... miei genitori si trova .... pochi chilometri .... qui.
10) Siamo venuti .... mia macchina, perché quella di Gino era guasta.
11) Molti vini famosi come il Barolo sono prodotti .... Piemonte.
12) Sono molto stanca. Vado a stendermi un po' .... letto.
13) Non ti preoccupare, mamma. .... Giorgio e me non ci sono problemi.
14) .... estate non riesco a dormire perché a casa mia fa troppo caldo.
15) A Cesare piace molto portare maglioni .... collo alto.
16) Non ho visto bene quell'uomo. So solo che era alto .... metro e ottanta.
17) Napoleone andò .... esilio all'Isola d'Elba, dove io vado ...... vacanza.
18) .... chi è stato scritto questo articolo sul giornale?
19) Questo tavolo .... cristallo è molto originale, ma non molto pratico.
20) La nave non è potuta partire .... violenta tempesta.
21) Purtroppo .... mio padre e me non c'è mai stato dialogo.
22) Non mi è mai piaciuto andare .... caccia o .... pesca.
23) Silenzio! Siete .... biblioteca! Se volete parlare andate .... bar!
24) Io sono troppo stanco per venire con voi. Preferisco andare .... letto.
25) Lo sai quanto inquinano le macchine .... gasolio? Si, come le altre!

Test *(Unità 4)*

Scegliere la frase giusta.

1. a) Domani mattina parto in Italia. O
   b) Domani mattina parto a Italia. O
   c) Domani mattina parto per l'Italia. O

2. a) Fra due settimane saremo finalmente insieme! O
   b) In due settimane saremo finalmente insieme! O

3. a) Mi sono laureata con 27 anni con il massimo dei voti. O
   b) Mi sono laureata a 27 anni al massimo dei voti. O
   c) Mi sono laureata a 27 anni con il massimo dei voti. O

4. a) Non ho visto Piero da molti anni O
   b) Non ho visto Piero per molti anni. O
   c) Non ho visto Piero in molti anni. O

5. a) Sto studiando all'esame di storia dell'arte. O
   b) Sto studiando nell'esame di storia dell'arte. O
   c) Sto studiando per l'esame di storia dell'arte. O

6. a) Abitiamo da molti anni in Napoli. O
   b) Abitiamo da molti anni da Napoli. O
   c) Abitiamo da molti anni a Napoli. O

7. a) Di solito preferisco studiare di mattina. O
   b) Di solito preferisco studiare da mattina. O

8. a) Come siete venuti, in macchina o in piedi? O
   b) Come siete venuti, in macchina o a piedi? O
   c) Come siete venuti, a macchina o a piedi? O
   d) Come siete venuti, nella macchina o a piedi? O

9. a) Questo libro è stato scritto da uno scrittore portoghese. O
   b) Questo libro è stato scritto per uno scrittore portoghese. O
   c) Questo libro è stato scritto di uno scrittore portoghese. O

10. a) Il ladro si trova adesso a prigione. O
    b) Il ladro si trova adesso in prigione. O
    c) Il ladro si trova adesso da prigione. O

11. a) La lezione con le proposizioni era difficile. O
    b) La lezione dalla preposizioni era difficile. O
    c) La lezione per le preposizioni era difficile. O
    d) La lezione sulle preposizioni era difficile. O

12. a) Molti turisti vanno in vacanza a Sardegna. O
    b) Molti turisti vanno in vacanza in Sardegna. O
    c) Molti turisti vanno in vacanza sulla Sardegna. O

13. a) Siamo in una chiesa! Dobbiamo stare tutti con silenzio! O
    b) Siamo in una chiesa! Dobbiamo stare tutti in silenzio! O
    c) Siamo in una chiesa! Dobbiamo stare tutti a silenzio! O

14. a) Di che cosa avete discusso ieri tu e Silvio? O
    b) Con che cosa avete discusso ieri tu e Silvio? O
    c) Da che cosa avete discusso ieri tu e Silvio? O

15. a) Ma come, vai già a letto a quest'ora? O
    b) Ma come, vai già in letto a quest'ora? O

16. a) Siete noiosi. Parlate sempre con le stesse cose! O
    b) Siete noiosi. Parlate sempre delle stesse cose! O

17. a) Con questo tempo, preferisco non uscire. O
    b) Per questo tempo, preferisco non uscire. O

18. a) Non ho scritto ancora per i miei amici rimasti a casa. O
    b) Non ho ancora scritto ai miei amici rimasti a casa. O

Unità 5

I pronomi
(diretti, indiretti e combinati)

	Pronomi diretti	*Pronomi indiretti*
sing. masch. e femm.	mi	mi
sing. masch. e femm.	ti	ti
sing. masch.	**lo**	**gli**
sing. femm.	**la**	**le**
forma di cortesia sing.	**La**	**Le**
plur. masch. e femm.	ci	ci
plur. masch. e femm.	vi	vi
plur. masch.	**li**	**gli**
plur. femm.	**le**	**gli**
forma di cortesia plur.	Loro	Loro
partitivo	**ne**	

*. **I pronomi diretti** si usano con l'accusativo (senza preposizione).*

*Es. Mangi spesso la frutta? Si, **la** mangio spesso.*
*Mangi spesso le banane? Si, **le** mangio spesso.*
*Quando finirai il compito? **Lo** finirò domani sera.*
*Quando finirai i compiti? **Li** finirò domani sera.*

*. **I pronomi indiretti** si usano con il dativo (con la preposizione «a»).*

*Es. Telefoni a Giulia stasera? Si, **le** telefono sicuramente.*
*Telefoni a Giulia e Paola stasera? Si, **gli** telefono sicuramente.*
*Rispondete a Paolo? Si, **gli** rispondiamo subito.*
*Rispondete a Paolo e Sergio? Si, **gli** rispondiamo subito.*

Esercizi

***I.** Trasformare le seguenti frasi usando i pronomi diretti o indiretti.*
(Tempi semplici)

Es. Domani compro un libro. - Domani scriverò a Franca.
*Domani **lo** compro. - Domani **le** scriverò.*

1) Domani telefonerò a Stefano perché è il suo compleanno.

....

2) Non conosco il numero di telefono di Annamaria.

....

3) Non mangiamo molto spesso la carne.

....

4) Lui non scrive quasi mai alla sua amica Claudia.

....

5) Domani cominceremo la lezione un'ora più tardi.

....

***II.** Scegliere il giusto pronome diretto o indiretto.*
(Tempi semplici)

*Es. Conosci i genitori di Guido? Si, **li** conosco.*
*Scrivi spesso ai tuoi genitori? Si, **gli** scrivo spesso.*

1) Scrivi spesso alla tua fidanzata? Si, ... scrivo tutti i giorni.
2) Capisci l'italiano? No, purtroppo non ..... capisco molto bene.
3) Quando correggerà i compiti il professore? ..... correggerà domani.
4) Dottore, ha firmato la lettera? Non ancora. ..... firmerò più tardi.
5) Che cosa domanderai a Sergio? Non ..... domanderò niente.
6) Mi piace molto la verdura e ..... mangio quasi tutti i giorni.
7) Di solito leggi i giornali? Si, ... leggo sempre, tutte le mattine.
8) Quando telefonerai a Sandra? ..... telefonerò quando ne avrò voglia.
9) Conosci l'indirizzo del signor Ferrari? Si, ... conosco.
10) Quando ero piccola non ..... piaceva il latte. Non ..... bevevo mai.

. ***La forma di cortesia singolare*** *si fa con la terza persona femminile singolare («**La**» - «**Le**»).*

*Es. Signora, **La** chiamo a casa domattina presto. (pronome diretto)*
*Dottore, **Le** chiedo una cosa, se permette. (pronome indiretto)*

. ***La forma di cortesia plurale*** *si fa con la terza persona plurale («**Loro**»), usato sia per la forma diretta che per quella indiretta. È l'unico pronome che nei Tempi semplici si mette dopo il verbo e non prima.*

*Es. Signori, chiamo **Loro** domani mattina. (pronome diretto)*
*Signori, domando **Loro** una cortesia. (pronome indiretto)*

Nota: *soprattutto nella lingua parlata si usa molto, per la forma di cortesia plurale, il pronome «**Vi**».*

*Es. Signori, **Vi** chiamo domani mattina. (pronome diretto)*
*Signori, **Vi** chiedo una cortesia. (pronome indiretto)*

Esercizi

III. *Trasformare le frasi seguenti scegliendo il giusto pronome diretto o indiretto nella forma di cortesia.*
(Tempi semplici)

1) Signor Rossi, piacerebbe (a Lei) venire con noi domenica prossima?

....

2) Venga professore! C'è qualcuno che cerca (Lei).

....

3) Mi ascolti, signora. Spiego (a Lei) quello che è successo.

....

4) Mi ascoltino, signori. Spiego (a Loro) quello che è successo.

....

5) Arrivederci Dottore. Saluto (Lei) e torni a trovarci presto!

....

. ***Il «ne» partitivo*** *si usa quando nella frase abbiamo un'espressione che indica una quantità, una parte del totale («un po'», «tanto», «poco», «molto», «moltissimo», «abbastanza» «la metà», ...); un numero (uno, due, tre,... dieci..., cento,... mille); quando usiamo l'aggettivo indefinito «nessuno,a», l'avverbio «affatto» e tutte le espressioni che indicano una quantità nulla («per niente», «per nulla», ecc...). Questo pronome non si apostrofa mai.*

Es. Quante sigarette fumi al giorno? ***Ne*** *fumo molte.*
Quanti anni ha Suo figlio, Signora? ***Ne*** *ha sedici.*

Di tutte queste persone, non ***ne*** *conosco nessuna.*
Grazie, ma non bevo vino. Non ***ne*** *bevo affatto.*

Esercizi

IV. *Completare le frasi seguenti con il «ne» partitivo.*
(Tempi semplici)

Es. Quanti fratelli hai, Susanna? ... ho due.
Quanti fratelli hai Susanna? ***Ne*** *ho due.*

1) Ma tu, quando mangi, bevi sempre una bottiglia di vino come questa? No, oggi ho fatto un'eccezione. Di solito ..... bevo solo la metà.
2) Lo sai quanti sigari fuma il nostro direttore? Mi hanno detto alcuni colleghi che ..... fuma almeno cinque al giorno!
3) Adesso ho solo quindici anni, ma quando ..... avrò diciotto e sarò maggiorenne potrò finalmente guidare la macchina.
4) Vieni, ti offro un caffé! Grazie, ma ho deciso di smettere con il caffè. Il medico mi ha detto che mi fa male e da quel giorno non ..... prendo nemmeno una tazzina!
5) Mi scusi, potrebbe dirmi se c'è un meccanico qui vicino? Mi dispiace, ma non ... conosco nessuno.

*. **I pronomi diretti «lo», «la», «li» e «le» con il verbo «avere»** prendono la particella «**ce**» prima del pronome, senza cambiamento di significato.*
Al singolare bisogna mettere l'apostrofo («ce l'ho», «ce l'hai», «ce l'ha»...), mentre al plurale non bisogna metterlo («ce li ho», «ce li hai», «ce li ha»...; «ce le ho», «ce le hai», «ce le ha»).

*Es. Signore, ha il biglietto? Si, **ce l'ho**.*
*Signori, hanno i biglietti? Si, **ce li** abbiamo.*

*Ragazzi, avete una caramella anche per me? Si, **ce l'abbiamo**.*
*Ragazzi, avete delle caramelle anche per me? Si, **ce le** abbiamo.*

Esercizi

***V.** Rispondere alle seguenti domande con il pronome diretto.*
(Tempi semplici)

*Es. Signor Bellini, ha una penna, per favore? Si, **ce l'ho**.*
*Signor Bellini, ha delle penne, per favore? Si, **ce le ho**.*

1) Ragazzi, avete il permesso di entrare? Si, ... abbiamo.
2) Signora, ha il passaporto? Ma certo! .... ho in tasca.
3) Marco, hai una sigaretta per me? Si, ... ho ma è l'ultima!
4) Avete questi libri? No, mi dispiace ma non .... abbiamo.
5) Hai delle banconote da dieci euro? Si, ... ho. Prendile pure!
6) Vorrei parlarti. Hai un minuto da dedicarmi? Ma certo che .... ho!

7) Signora, ha dei francobolli da 2 euro? No, non .... ho. Sono finiti.
8) Ragazzi, avete dei soldi in tasca? Si, ... abbiamo.
9) In questo momento non ho nessuna idea in testa. E tu .... hai?
10) Hai un ombrello da prestarmi? Si, ... ho, ma è un po' vecchio.
11) Quei ragazzi hanno le gomme per andare sulla neve? Si, ... hanno.
12) Hai una valigia abbastanza grande? No, purtroppo non .... ho.

. ***I pronomi diretti singolari** «**lo**», «**la**» e «**La**» (forma di cortesia) nei Tempi composti (Passato prossimo, Trapassato prossimo, Futuro composto; Congiuntivo Passato e Trapassato; Condizionale composto) si apostrofano e fanno accordare il Participio passato.*
*Il pronome partitivo «**ne**» ha le stesse regole, ma non si apostrofa mai.*

*Es. Hai bevuto <u>il vino</u> ieri sera? Sì, **l'ho bevuto** - No, non **l'ho bevuto**.*
*Hai bevuto <u>la birra</u> ieri sera? Sì, **l'ho bevuta** - No, non **l'ho bevuta**.*

*Avete mangiato <u>il panino</u>? Sì, **l'abbiamo mangiato**.*
*No, **ne abbiamo mangiato** solo un po'.*

*Hanno mangiato <u>la pizza</u>? Sì, credo che **l'abbiano mangiata**.*
*No, credo che non **l'abbiano mangiata**.*

*Signora, chi **L'ha invitata** a questa festa?*
*Signore, chi **L'ha invitata** a questa festa?*

. ***I pronomi diretti singolari** «**mi**» e «**ti**» nei Tempi composti (Passato prossimo, Trapassato prossimo, Futuro composto; Congiuntivo Passato e Trapassato; Condizionale composto) non si apostrofano mai e non fanno accordare per forza il Participio passato. L'accordo, pur essendo preferibile, non è obbligatorio, ma facoltativo.*

*Es. Carla dice: «Sergio **mi ha invitato** alla sua festa».*
*Giovanna, ma lo sai che ieri **ti ho cercato** per tutto il giorno?*

*Carla dice: «Sergio **mi ha invitata** alla sua festa».*
*Giovanna, ma lo sai che ieri **ti ho cercata** per tutto il giorno?*

Nota: *Talvolta questi pronomi vengono apostrofati.*

*Es. «Sergio **m'ha** invitato alla sua festa»; «ieri **t'ho** cercato per tutto il giorno», ...*
ma nell'italiano moderno, scritto e parlato, si preferisce non farlo più.

Esercizi

VI. *Riempire gli spazi vuoti con il pronome diretto singolare e l'accordo del participio passato.*
(Tempi composti)

Es. Hai firmato il contratto? Sì, ... firmat...
*Sì, **l'ho** firmat**o**.*

Hai firmato la lettera? Sì, ... firmat...
*Sì, **l'ho** firmat**a**.*

1) Avete spedito la lettera? Sì, ... abbiamo spedit... ieri.
2) Dottore, ha scritto la ricetta per mia madre? Sì, ... ho appena scritt... .
3) Chi ha preso il mio giornale? ... ha pres... Annamaria.
4) Perché hai detto una cosa così stupida? Ma non ... ho dett... io!
5) Quando ho rivisto Eva non ... ho riconosciut... perché è cambiata molto.
6) A che ora hai incontrato Piero? ... ho incontrat... verso le sei e mezza.
7) Hai visto mia cugina? Sì, ... ho vist... in giardino: giocava con il cane.
8) Dove hai trovato questo bel libro? ... ho trovat... nella nostra biblioteca.
9) Quando hai visto quel film? ... ho vist... mercoledì scorso.
10) Chi era quell'uomo? Non lo so. Non ... avevo mai incontrat... prima.

11) Hai letto questo interessante articolo sul giornale? Sì, ... ho lett... ieri.
12) Avete affittato l'appartamento? No, non ... abbiamo ancora affittat...
13) Quando hai visto Paola l'ultima volta? ... ho vist... ieri sera in trattoria.
14) Ieri sera ho fatto molto rumore. Scusa, Lucia ... ho forse svegliat... ?
15) Signor Giannini, ... ho chiamat... per darLe una notizia importante.
16) Avete sentito uno strano rumore? No, non ... abbiamo sentit... .
17) Chi ha preparato la cena? ... hanno preparat... Pasquale e Lucio.
18) Per il mio compleanno mio marito ... ha invitat... in un bel ristorante.
19) Dove avete studiato questa lingua? ... abbiamo studiat... a scuola.
20) Questo quadro ... ha dipint... mia sorella, che è già una brava pittrice.

Esercizi

VII. *Rispondere alle domande con i pronomi diretti singolari.*
(Tempi composti)

Es. Hai letto il libro? Si, ...
Si, ***l'ho letto****.*

Hai letto la lettera? Si, ...
Si, ***l'ho letta****.*

1) Hai fatto la spesa? Si, ... questo pomeriggio.
2) Avete comprato la medicina per il nonno? Si, ...
3) Chi ha affittato questo appartamento? .... degli studenti.
4) Dove hai preso questo dizionario? .... in biblioteca.
5) Quando ha cominciato il corso Paolo? Credo che .... ieri.

6) A che ora avete preso il treno? .... alle sette in punto.
7) A chi hai prestato la macchina? .... a mia sorella.
8) Per quanti anni hai studiato l'italiano? .... per due anni.
9) Dove hai parcheggiato la macchina? .... vicino a casa.
10) Hai spedito il pacco? No, non .... ancora. Lo farò domani.

11) Chi ha vinto la partita a scacchi? .... io, come sempre.
12) Avete chiamato la polizia? Si, ... pochi minuti fa.
13) Chi ha detto una cosa del genere? .... il signor Bellini.
14) Chi ha rotto la TV? Penso che .... Luca mentre giocava.
15) Hai capito il problema? Si, ... ma che cosa posso fare?

16) Avevi mai visto prima una donna così bella? No, non ....
17) Hai notato quel signore seduto in ultima fila? Si, ... subito.
18) Dove ha passato l'ultimo mese, signore? .... in montagna.
19) Chi ha firmato questo contratto? .... il direttore generale.
20) Quando hai comprato questa bella casa? .... tre anni fa.

*. **I pronomi diretti plurali** «**li**» e «**le**» nei Tempi composti (Passato prossimo, Trapassato prossimo, Futuro composto; Congiuntivo Passato e Trapassato; Condizionale composto) non si apostrofano mai e fanno accordare il Participio passato.*

Es. Hai visto <u>gli amici</u>?	*Si, **li ho visti**.*
	*No, non **li ho visti**.*
Hai letto <u>le riviste</u>?	*Si, **le ho lette**.*
	*No, non **le ho lette**.*
Avete comprato <u>i regali</u>?	*Si **li abbiamo comprati**.*
	*No, non **li abbiamo comprati**.*
Hanno letto <u>i giornali</u>?	*Si, credo che **li abbiano** già **letti**.*
	*No, credo che non li **abbiano** ancora **letti**.*
Hanno spedito <u>le lettere</u>?	*Si, **le hanno spedite**.*
	*No, non **le hanno spedite**.*
	*Si, penso che **le abbiano spedite**.*
	*No, penso che non **le abbiano spedite**.*

*. **I pronomi diretti plurali** «**ci**» e «**vi**» nei Tempi composti (Passato prossimo, Trapassato prossimo, Futuro composto; Congiuntivo Passato e Trapassato; Condizionale composto) non si apostrofano mai e non fanno accordare per forza il Participio passato. L'accordo (come per i pronomi singolari «mi» e «ti»), pur essendo preferibile, non è obbligatorio, ma facoltativo.*

*Es. Clara **ci** ha **invitati** alla sua festa.*
*Clara **ci** ha **invitato** alla sua festa.*

***Vi** ha **invitati** Clara alla sua festa?*
***Vi** ha **invitato** Clara alla sua festa?*

Esercizi

VIII. *Riempire gli spazi vuoti con il pronome diretto plurale e l'accordo del participio passato.*
(Tempi composti)

Es. Hai controllato gli esercizi? Si, ... controllat ... - Si, ***li*** *ho controllat****i****.*

1) Dove hai incontrato i miei genitori? ... ho incontrat... al cinema.
2) Chi ha comprato queste caramelle? ... abbiamo comprat... noi.
3) Avete fatto gli ultimi controlli? Si, ... abbiamo appena terminat... .
4) Hai visto le mie sorelle? No, non ... ho vist... . Mi dispiace.
5) I ragazzi hanno finito i compiti? Si, ... avevano finit... già prima di uscire.
6) Quando hai visitato gli «Uffizi»? ... ho visitat... ieri pomeriggio.
7) A che ora hai preso le medicine? ... ho pres... alle otto di sera.
8) Un mese fa ho comprato tre libri, ma non ... ho ancora lett... .
9) Chi ha scritto queste frasi sul muro? Non sappiamo chi ... ha scritt...
10) Ieri ho incontrato Paola e Gianna, ma non ... ho salutat... .

IX. *Rispondere alle domande con i pronomi diretti plurali.*
(Tempi composti)

Es. Hai letto i giornali di stamattina? Si, ... Si, ***li ho letti****.*

1) Avete finito i compiti? Si, ... un'ora fa.
2) Dove avete messo i miei occhiali? .... sul tuo tavolo.
3) Quando hai comprato questi pantaloni? .... ieri pomeriggio.
4) Signorina, ha preparato i documenti? Si, dottore ....
5) Hai trovato le lettere che cercavo? No, non .... ancora.
6) Hai salutato i genitori di Teresa? Si, ... da parte tua.
7) Quante paste hai mangiato? .... tutte. Erano così buone!
8) Hai trovato i miei orecchini? Si, ... Erano in un cassetto.
9) Chi ha cucinato gli spaghetti? .... il mio fidanzato!
10) Hai buttato via quei vestiti vecchi? No, non .... ancora.

Esercizi

X. *Completare le frasi con i pronomi diretti singolari e plurali. (Tempi composti)*

Es. Dove hai messo la mia giacca?
(Io-portare) .... in lavanderia.
***L'ho portata** in lavanderia.*

Hai lasciato dei biscotti anche per me?
No (io-mangiare) .... tutti.
*No, **li ho mangiati** tutti.*

1) Avete preparato il regalo per i nonni? Sì, (noi-spedire) .... ieri pomeriggio per posta.
2) Quanti soldi hai speso? (Io-spendere) .... tutti. Ti dispiace?
3) Quando hai visto Sergio e la sua fidanzata? Ieri sera (io-incontrare) .... davanti al cinema.
4) Ragazzi, si può sapere dove avete preso queste vecchie fotografie? (Noi-trovare) .... in soffitta.
5) Hai visto il giornale di stamattina? C'è un articolo molto interessante in prima pagina. Si, (io-leggere) ....
6) Sei mai stato ai Musei Vaticani a Roma? Sì, l'anno scorso (io-visitare) .... tutti, ma ho impiegato quasi una settimana!
7) Chi ha scritto queste poesie? (scrivere) .... un giovane poeta.
8) Ho visto Manuela, ma (io-non salutare) .... : avevo fretta.
9) Avvocato, ha risolto il mio problema? Sì, (io-risolvere) ....
10) Ho studiato l'italiano, ma (io-non parlare) .... per molti anni.
11) Luca, ma perché hai cambiato lavoro? (Io-cambiare) .... perché non mi piaceva e guadagnavo poco.
12) Stefano sta ancora dormendo. (Io-non svegliare) .... perché è appena tornato da un lungo viaggio ed è molto stanco.
13) Hai frequentato il corso di biologia molecolare nella nostra Università? Sì, (Io-seguire) .... e (io-trovare) .... interessante.
14) La nonna non è voluta andare in ospedale con l'ambulanza e quindi (accompagnare) .... noi con la macchina.
15) Chi ha detto una simile sciocchezza? (lui-dire) ...., signore.

*. **I pronomi indiretti singolari e plurali** non si apostrofano mai e non fanno cambiare la terminazione del participio passato. Quindi non creano nessun problema!*

*Es. Hai telefonato a Gino? Si, **gli ho telefonato** ieri sera.*
*Hai telefonato a Gina? Si, **le ho telefonato** ieri sera.*

*Hai scritto a Claudio e Stefano? Si, **gli ho scritto**.*
*Hai scritto a Claudia e Stefania? Si, **gli ho scritto**.*

*Signor Paoli, qualcuno **Le ha telefonato** stamattina.*
*Signora Paoli, qualcuno **Le ha telefonato** stamattina.*

Esercizi

***XI.** Rispondere alle domande con i pronomi indiretti singolari e plurali. (Tempi semplici e composti)*

Es. Hai scritto al nonno? Si, (io-scrivere) ....
*Hai scritto al nonno? Si, **gli ho scritto**.*

Hai scritto alla nonna? Si, (io-scrivere) ....
*Hai scritto alla nonna? Si, **le ho scritto**.*

1) Che cosa avete risposto a Maria, Francesca e Giuliano? (Noi-rispondere) .... che non sapevamo niente di quella storia.
2) Hai letto la fiaba della buona notte alla piccola Matilde? Si, (io-leggere) .... la storia di Cappuccetto Rosso e del lupo cattivo.
3) Quando parleranno Susanna e Luciana al direttore del loro problema? (Loro-parlare) .... domani e (loro-dire) .... che non possono più lavorare insieme perché non vanno d'accordo.
4) Avete telefonato ai genitori del vostro compagno di scuola? No, ancora (noi-non telefonare) .... perché non conosciamo il numero.
5) Che regalo hai comprato a Gina? (Io-comprare) .... un golf.

Esercizi

XII. *Rispondere alle domande con i pronomi diretti e indiretti, singolari e plurali e con il «ne» partitivo.*
(Tempi semplici e composti)

Es. Hai visto Francesca stamattina?
Si, (io-incontrare) ..... poco fa.
Si, ***l'ho incontrata*** *poco fa.*

Hai parlato a Francesca ieri?
Si, (io-parlare) ..... e (io-dire) ..... tutto.
Si, ***le ho parlato*** *e* ***le ho detto*** *tutto.*

1) Signora, guardi bene questa fotografia. Ha mai visto quest'uomo? No, signor Commissario, (io-non vedere) .... mai.
2) Simona, quando vedrai la prossima volta il tuo fidanzato? (io-incontrare) .... la prossima settimana a Napoli.
3) Scusi Signora, sa che ore sono? (Io-non sapere) ...., mi dispiace, ma non ho l'orologio.
4) Perché hai risposto così al professore? Adesso sta' sicuro, che sarà arrabbiato con te! (Io-rispondere) .... male perché ero molto nervoso. Ma domani (io-chiedere) .... scusa.
5) Chi ha usato la mia bicicletta? (prendere) .... io!
6) Quando hai avuto la notizia? (Io-avere) .... stamattina.
7) Chi ha fumato in classe? È stato Alessandro, professore. Lui fuma sempre i sigari. Ma questa volta (lui-fumare) .... solo uno!
8) Hai scritto una cartolina da Palermo alla tua mamma? No, (io-non scrivere) .... nessuna cartolina. Me ne sono dimenticata.
9) Quando visiterà il nuovo ospedale il Primo Ministro? Credo che (lui-visitare) .... e (lui-inaugurare) .... domani.
10) Quanti nipotini ha, signora? (Io-avere) .... già tre!
11) Hai visto la trasmissione elettorale di ieri sera alla TV? Si, (io-seguire) .... con grande interesse fino alla conclusione.
12) Dove hai nascosto la cioccolata? Non ti dirò mai dove (io-nascondere) .... Ti ricordo invece che sei a dieta: il medico ha detto che puoi mangiare solo frutta e cereali!

. ***Con i verbi modali «potere», «dovere» e «volere»*** *i pronomi possono essere messi prima o dopo il gruppo verbale, sia nei Tempi semplici che in quelli composti, senza cambiamento di significato.*

Es. *Oggi voglio aiutare <u>Caterina</u>.*
Oggi ***la voglio aiutare****.*
Oggi ***voglio aiutarla****.*

Ieri ho voluto aiutare <u>Caterina</u>.
Ieri ***l'ho voluta aiutare****.*
Ieri ***ho voluto aiutarla****.*

Domani dovrò scrivere <u>a mio padre</u>.
Domani ***gli dovrò scrivere****.*
Domani ***dovrò scrivergli****.*

Ieri ho dovuto scrivere <u>a Piero</u>.
Ieri ***gli ho dovuto scrivere****.*
Ieri ***ho dovuto scrivergli****.*

Nota: *Attenzione ai pronomi diretti nei Tempi composti!*
Se decidiamo di mettere il pronome diretto prima del gruppo verbale, dobbiamo ricordarci di accordare il Participio passato con il pronome!

Non ho potuto aiutare <u>Paola</u> → Non ***l****'ho potut**<u>a</u>** aiutare - Non ho potuto aiutar**la**.*
Ho dovuto aiutare <u>Paola e Franca</u> → ***Le*** *ho dovut**<u>e</u>** aiutare - Ho dovuto aiutar**le**.*

Esercizi

XIII. *Trasformare le frasi seguenti, cambiando il posto al pronome.*

Es. Ieri ho dovuto invitare Giulia alla mia festa.
Ieri ***l'ho dovuta invitare*** */* ***ho dovuto invitarla*** *alla mia festa.*

Stasera voglio telefonare a Giovanna e Luciano.
Stasera ***gli voglio telefonare*** */* ***voglio telefonargli****.*

1) Ieri pomeriggio non ho potuto telefonare a Marisa e Giancarlo.

..../...

2) Domani sera dovremo assolutamente vincere la partita.

..../...

3) So che ti sono antipatici, ma ho dovuto invitare anche Lisa e Piero.

..../...

4) Perché non hai voluto guidare tu la macchina? Io non guido bene.

..../...

. ***Con l'Infinito e il Gerundio*** *il pronome si mette sempre alla fine.*

Es. È utile parlare l'italiano.
È utile ***parlarlo****.* *(Infinito semplice)*

È meglio telefonare a Luigi.
È meglio ***telefonargli****.* *(Infinito semplice)*

Dopo avere scritto la lettera sono uscito.
Dopo ***averla scritta*** *sono uscito.* *(Infinito composto)*

Dopo avere telefonato a Luciana sono uscita.
Dopo ***averle telefonato****, sono uscita.* *(Infinito composto)*

Es. Studiando la biologia ho imparato molte cose.
Studiandola *ho imparato molte cose.* *(Gerundio semplice)*

Scrivendo a Lisa ho migliorato molto l'ortografia.
Scrivendole*, ho migliorato molto l'ortografia.* *(Gerundio semplice)*

Avendo studiato l'italiano, adesso lo parlo bene.
Avendolo studiato*, adesso lo parlo bene.* *(Gerundio composto)*

Avendo risposto male al direttore, è stato espulso.
Avendogli risposto *male, è stato espulso.* *(Gerundio composto)*

Esercizi

XIV. *Trasformare le frasi seguenti con l'Infinito (1,2,3,4) e il Gerundio (5,6).*

1) È bello suonare il pianoforte con te. ....
2) Dopo avere visto Anna sono andata via. ....
3) È meglio scrivere subito a tua madre. ....
4) Sono uscita dopo avere telefonato a Lisa ....
5) Parlando a quella ragazza mi sono accorta che non uso tutti i tempi.
....
6) Avendo letto il libro, posso dirti che si tratta di un vero capolavoro.
....

. **Con l'Imperativo** *i pronomi si mettono sempre dopo il verbo, ad eccezione della forma di cortesia, dove si mettono davanti come nella maggioranza dei Modi.*

Es. (noi) Scriviamo alla nonna! ***Scriviamole****!*
(tu) Telefona a tuo padre! ***Telefonagli****!*
(voi) Prendete un'aspirina! ***Prendetela****!*
(tu) Compra questo libro! ***Compralo****!*

Signora, risponda al giudice! Signora, ***gli risponda****!*
Signore, scriva alla direttrice! Signore, ***le scriva****!*
Signora, prenda un'aspirina! Signora, ***la prenda****!*
Signori, comprino questo libro! Signori, ***lo comprino****!*

Esercizi

XV. *Trasformare le frasi seguenti con il pronome diretto o indiretto.*

Es. Ragazzi, avete tutti un foglio? Allora prendete questo foglio e scrivete!
Ragazzi, avete tutti un foglio? Allora ***prendetelo*** *e scrivete!*

Per favore, ragazzi, telefonate subito a Filippo. Telefonate a lui subito!
Per favore, ragazzi, telefonate a Filippo. ***Telefonategli*** *subito!*

1) Paolo, se ami davvero Annalisa, scrivi a lei e spiega tutto a lei.

....

2) Signor Vincenzi, assaggi questo vino! Sono sicuro che Le piacerà.

....

3) Se non ti hanno chiamato loro, allora telefona tu a questi signori!

....

4) Ragazzi, trattate bene il vostro nuovo compagno: è molto timido.

....

5) Signora, non sgridi suo figlio! Non è colpa sua se si è sporcato.

....

Pronomi combinati

mi	+	lo	(la, li, le, ne)	=	**me lo**	(la, li, le, ne)
ti	+	lo	(la, li, le, ne)	=	**te lo**	(la, li, le, ne)
gli	+	lo	(la, li, le, ne)	=	**glielo**	(la, li, le, ne)
le	+	lo	(la, li, le, ne)	=	**glielo**	(la, li, le, ne)
Le	+	lo	(la, li, le, ne)	=	**Glielo**	(la, li, le, ne)
ci	+	lo	(la, li, le, ne)	=	**ce lo**	(la, li, le, ne)
vi	+	lo	(la, li, le, ne)	=	**ve lo**	(la, li, le, ne)
gli	+	lo	(la, li, le, ne)	=	**glielo**	(la, li, le, ne)
loro	+	lo	(la, li, le, ne)	=	**glielo**	(la, li, le, ne)
Loro	+	lo	(la, li, le, ne)	=	**Glielo**	(la, li, le, ne)

I pronomi combinati sono l'unione dei pronomi indiretti con i pronomi diretti e si presentano quando un verbo è usato contemporaneamente, nella stessa frase, come dativo e come accusativo.

Il pronome indiretto viene sempre prima di quello diretto.
I pronomi combinati hanno le stesse regole dei pronomi diretti.

Es. Lui scrive una lettera a me. (una lettera = *la*; a me = *mi*)	*Lui* ***me la*** *scrive.* (*mi+la*)
Lei racconta a noi una storia. (a noi = *ci*; una storia = *la*)	*Lei* ***ce la*** *racconta.* (*ci+la*)
Io presto il libro a Stefano. (il libro = *lo*; a Stefano = *gli*)	*Io* ***glielo*** *presto.* (*gli+lo*)
Regali questi dischi a Lucia? (questi dischi = *li*; a Lucia = *le*)	***Glieli*** *regali?* (*le+li*)
Noi facciamo molti regali a loro. (molti regali = *ne*; a loro = *gli*)	*Noi* ***gliene*** *facciamo molti.* (*gli+ne*)
Hai spedito la lettera a tuo padre? (la lettera = *la*; a tuo padre = *gli*)	*Sì,* ***gliel'****ho spedita.* (*gli+la*)

Esercizi

XVI. *Rispondere alle domande con i pronomi combinati.*

Es. Hai scritto una lettera a Luciano?
*Sì, **gliel**'ho scritta.*

1) Hai riportato a Carla l'ombrello che aveva lasciato qui ieri?
Sì, ... stamattina.

2) Avete raccontato a vostro padre la storia che avete detto a me?
No, non .... ancora.

3) Hai potuto spiegare le tue ragioni al commissario?
Sì, ... e spero che le capirà.

4) Chi ti ha dato questa informazione?
.... un amico che sa molte cose.

5) Hai mostrato al direttore il tuo nuovo progetto?
Sì, ..., ma mi ha detto che non gli interessa.

6) Quanti soldi hai prestato a quella donna?
.... molti, forse troppi.

7) Hai domandato a Sergio il nuovo numero di telefono di Anna?
Sì, ..., ma purtroppo non lo conosceva.

8) Chi vi ha detto queste cose? Sono delle assurdità!
.... Suo marito, signora.

9) Hai ripetuto con calma la regola agli studenti?
Sì, ..., ma non hanno ancora capito!

10) Chi mi ha risolto questo problema? Vorrei ringraziarlo.
.... io, dottore. Ma ho fatto solo il mio dovere!

Test *(Unità 5)*

Scegliere la frase giusta o le frasi giuste.

1. a) Ieri ho visto Lisa, ma non le ho salutata. O
   b) Ieri ho visto Lisa, ma non l'ho salutata. O
   c) Ieri ho visto Lisa, ma non l'ho salutato. O

2. a) Dottore, potrei farLa una domanda? O
   b) Dottore, Le potrei fare una domanda? O
   c) Dottore, potrei Le fare una domanda? O
   d) Dottore, potrei farGli una domanda? O
   e) Dottore, potrei farLe una domanda? O

3. a) Se proprio vuoi fare la pace con lui, telefonalo! O
   b) Se proprio vuoi fare la pace con lui, telefonagli! O
   c) Se proprio vuoi fare la pace con lui, gli telefoni! O
   d) Se proprio vuoi fare la pace con lui, lo telefoni! O

4. a) Credi a me. È meglio dirgli tutto subito. O
   b) Credi a me. È meglio gli dire tutto subito. O
   c) Credi a me. È meglio dirlo tutto subito. O
   d) Credi a me. È meglio lo dire tutto subito. O

5. a) Hai parlato a Giovanna? Si, la ho parlata ieri. O
   b) Hai parlato a Giovanna? Si, le ho parlata ieri. O
   c) Hai parlato a Giovanna? Si, l'ho parlata ieri. O
   d) Hai parlato a Giovanna? Si, le ho parlato ieri. O
   e) Hai parlato a Giovanna? Si, gli ho parlato ieri. O

6. a) Quanti soldi hai speso? Ne ho spesi molti. O
   b) Quanti soldi hai speso? Li ho spesi molti. O
   c) Quanti soldi hai speso? Ne ho speso molti. O
   d) Quanti soldi hai speso? L'ho spesi molti. O

7. a) Hai offerto il pranzo a Marina? Si, gliel'ho offerta. O
   b) Hai offerto il pranzo a Marina? Si, gliel'ho offerto. O
   c) Hai offerto il pranzo a Marina? Si, le l'ho offerto. O
   d) Hai offerto il pranzo a Marina? Si, glielo ho offerto. O

8. a) Professore, Le hanno scritto una lettera. O
   b) Professore, Le hanno scritta una lettera. O
   c) Professore, Gli hanno scritto una lettera. O
   d) Professore, Gli hanno scritta una lettera. O

9. a) Posso ti dare un consiglio da amico? O
   b) Posso darti un consiglio da amico? O
   c) Posso darte un consiglio da amico? O
   d) Ti posso dare un consiglio da amico? O

10. a) Avendolo conosciuto di persona, so che è onesto. O
    b) Lo avendo conosciuto di persona, so che è onesto. O
    c) Avendo conosciutolo di persona, so che è onesto. O
    d) Avendo lo conosciuto di persona, so che è onesto. O

11. a) Hai una sigaretta? Si, l'ho. Ma è meglio se non fumi. O
    b) Hai una sigaretta? Si ce la ho. Ma è meglio se non fumi. O
    c) Hai una sigaretta? Si ce l'ho. Ma è meglio se non fumi. O

12. a) Studiandola, ho capito quanto è bella la matematica! O
    b) La studiando, ho capito quanto è bella la matematica! O
    c) Studiando la, ho capito quanto è bella la matematica! O

13. a) Paolo, hai ordinato la pizza? Si, le ho ordinata. O
    b) Paolo, hai ordinato la pizza? Si, l'ho ordinato. O
    c) Paolo, hai ordinato la pizza? Si, l'ho ordinata. O

14. a) Clara parla bene l'italiano, perché l'ha studiata a Firenze. O
    b) Clara parla bene l'italiano, perché gli ha studiato a Firenze. O
    c) Clara parla bene l'italiano, perché l'ha studiato a Firenze. O

Unità 6

Gli aggettivi possessivi e dimostrativi

Possessivi

sing. masch.	*sing. femm.*	*plur. masch.*	*plur. femm.*
mio	mia	miei	mie
tuo	tua	tuoi	tue
suo	sua	suoi	sue
Suo	Sua	Suoi	Sue
nostro	nostra	nostri	nostre
vostro	vostra	vostri	vostre
loro	loro	loro	loro
Loro	Loro	Loro	Loro

*Es. Ho prestato a Greta **il mio libro** di italiano.*
*Ho prestato a Greta **i miei libri** di italiano.*

***La tua valigia** è molto pesante. Posso aiutarti?*
***Le tue valigie** sono molto pesanti. Posso aiutarti?*

*Roberto dice che **il suo** libro è il più bello.*
*Roberto dice che **i suoi** libri sono i più belli.*

***Il nostro professore** di matematica è molto bravo.*
***I nostri professori** a scuola sono molto bravi.*

*Sono sicura che **il vostro desiderio** si realizzerà.*
*Sono sicura che **i vostri desideri** si realizzeranno.*

*Non sono d'accordo con **la loro proposta**.*
*Non sono d'accordo con **le loro proposte**.*

si riferiscono al nome che li segue.

diventa «il sua libro», ma «il suo libro», perché
...olare maschile e dunque vuole un possessivo

non diventa «la suo macchina», ma «la sua
...«macchina» è un nome singolare femminile e dunque vuole un possessivo singolare femminile, ecc...

Es.	*<u>La casa</u> di Giancarlo*	→	***La sua casa.***
	<u>L'appartamento</u> di Anna	→	***Il suo appartamento.***
	<u>Le poesie</u> di Stefano	→	***Le sue poesie.***
	<u>I problemi</u> di Veronica	→	***I suoi problemi.***

Esercizi

I. *Trovare il possessivo giusto.*

Es. La bicicletta di Dario - ***La sua bicicletta***

1) Il fidanzato di Maria ....
2) La macchina di Eugenio ....
3) L'idea di voi due ....
4) I dischi di Angela e Manuela ....
5) Il numero di telefono di Ivan ....
6) Un film di Fellini ....
7) Le parole di Antonio ....
8) I figli degli amici ....
9) Il quadro di Stefano ....
10) La valigia di Cesare ....
11) I genitori di Giulio ....
12) Un amico di Silvia ....

. ***I possessivi, con la maggioranza dei nomi, hanno l'articolo davanti.***

Es. *Il mio motorino è molto veloce. È difficile cambiare le nostre abitudini.*
La tua idea mi sembra buona. Il vostro atteggiamento è inaccettabile!
Il suo compleanno è domani. Le loro pretese sono assurde.

. ***I possessivi non hanno l'articolo con i nomi che indicano i membri di una famiglia (solo al singolare)****, non alterati e senza aggettivi che li precedono o li seguono.*

I nomi sono: padre; madre; figlio; figlia; fratello; sorella; zio; zia; nonno; nonna; nipote; cugino; cugina; suocero; suocera; cognato; cognata; genero; nuora.

Es. *Mio fratello abita da molti anni da solo.*
Tua cugina mi ha regalato un bel libro.
Suo nonno è morto qualche anno fa.
Nostro padre lavora in banca.
Vostra madre mi ha invitato a pranzo.

Attenzione!

Mio fratello - Il mio fratellino - Il mio simpatico fratello.
Tua sorella - La tua sorellina - La tua simpatica sorella.
Mio padre - Il mio papà. - Il mio generoso padre.
Mia madre - La mia mamma. - La mia paziente madre.

. ***Con il possessivo «loro» l'articolo c'è sempre****, anche con i nomi al singolare che indicano i membri di una famiglia.*

Es. *Il padre di Alberto a Cecilia. → Il loro padre.*
La nonna di Cesare e Franco. → La loro nonna.
La madre dei miei amici. → La loro madre.

Nota: *I possessivi possono essere anche pronomi, oltre che aggettivi.*
Es. «Se la ***tua*** *macchina non funziona, usa la* ***mia****». In questa frase «****tua****» è un aggettivo, perché accompagna il nome e «****mia****» è un pronome perché lo sostituisce.*

Esercizi

II. *Trasformare le frasi seguenti con il possessivo.*

Es. La macchina di Alessio consuma molta benzina.
La ***sua*** *macchina consuma molta benzina.*

1) La casa di Pietro e Letizia si trova in cima alla collina.

....

2) L'aereo del Presidente atterrerà alle dieci di stamattina.

....

3) Ieri ho incontrato per la prima volta i genitori della mia ragazza.

....

4) Il fratello di Giancarlo ha avuto un grave incidente stradale.

....

5) La proposta di legge del Ministro è stata approvata dal Parlamento.

....

6) La difesa dell'avvocato è stata determinante per il processo.

....

7) Non posso accettare il comportamento di Adele e Bernardo.

....

8) Le idee di un uomo come te sono sempre preziose per noi.

....

9) La cugina di Renato arriverà domani con il treno delle sette.

....

10) Il padre di quelle due ragazze è un famoso giornalista televisivo.

....

Esercizi

III. *Mettere nelle frasi seguenti il giusto possessivo.*

Es. Ragazzi, ... compiti sono davvero eccellenti!
*Ragazzi, **i vostri** compiti sono davvero eccellenti!*

.... moglie vuole divorziare. Dice che non mi ama più.
***Mia** moglie vuole divorziare. Dice che non mi ama più.*

1) .... principale mi dice sempre di non arrivare in ritardo al lavoro.
2) Anna, ... sorella, mi ha detto che da piccole voi litigavate spesso.
3) Gino è andato di corsa all'ospedale, perché .... moglie deve partorire.
4) Non si preoccupi, Signora. .... figlia guarirà presto.
5) Quando è nata .... sorellina, io avevo già dieci anni.

6) Tesoro, sono certo che .... amore non finirà mai. Vero?
7) Sono andato da Sandro e Pina e ho finalmente visto .... nuova casa.
8) .... genitori mi hanno sempre insegnato a essere leale con gli amici.
9) .... padre è venuto a cercarvi. Ha detto che dovete tornare a casa.
10) Pino, ma lo sai che .... idea è formidabile? Come ti è venuta?

11) Dottore, ... cura ha funzionato perfettamente. Adesso sono guarita.
12) Com'è la madre di tua moglie? .... suocera è una donna adorabile.
13) .... banca mi ha concesso un credito per comprare una casa.
14) .... nonni, i genitori di .... madre, sono ancora abbastanza giovani.
15) .... fidanzato mi ha promesso per quest'anno un regalo speciale!

16) Lo sai, Ilaria, che fra tutti i nipoti che ho, tu sei .... nipote preferita.
17) .... parenti sono persone molto simpatiche. Li vuoi conoscere?
18) Gino è .... cognato: ha sposato .... sorella quattro anni fa.
19) Sono andato via dal .... Paese, perché lì non avevo un lavoro.
20) Gerardo, ... esame purtroppo è andato male. Mi dispiace per te.

Test 1 *(Unità 6)*

Scegliere la frase giusta o le frasi giuste.

1. a) Miei fratelli sono partiti per un lungo viaggio. O
   b) I miei fratelli sono partiti per un lungo viaggio. O

2. a) Patrizia e sua marito hanno avuto un bambino. O
   b) Patrizia e il suo marito hanno avuto un bambino. O
   c) Patrizia e suo marito hanno avuto un bambino. O
   d) Patrizia e il suo simpatico marito hanno avuto un bambino O

3. a) Ci piace molto il nostro lavoro. O
   b) Ci piace molto nostro lavoro. O

4. a) Mia mamma viene a cena da noi domani sera. O
   b) Mia madre viene a cena da noi domani sera. O
   c) La mia mamma viene a cena da noi domani sera. O

5. a) Loro nonna sa preparare delle torte meravigliose! O
   b) La loro nonna sa preparare delle torte meravigliose! O

6. a) Sei già stata nella mia nuova casa? O
   b) Sei già stata in mia nuova casa? O

7. a) Conosci i figli di Gianna? No, ma conosco suoi nipoti! O
   b) Conosci i figli di Gianna? No, ma conosco sue nipoti! O
   c) Conosci i figli di Gianna? No, ma conosco i suoi nipoti! O

8. a) Ti piacciono miei nuovi occhiali? O
   b) Ti piacciono mie nuovi occhiali? O
   c) Ti piacciono i miei nuovi occhiali? O

9. a) La mia sorella maggiore è sposata già da due anni. O
   b) Mia sorella maggiore è sposata già da due anni. O

10. a) Signori, non posso accettare vostre richieste! O
    b) Signori, non posso accettare le vostre richieste! O

Dimostrativi

sing. masch.	*sing. femm.*	*plur. masch.*	*plur. femm.*
«**questo**»	«**questa**»	«**questi**»	«**queste**»
«il», «lo», «l'»	*«la», «l'»*	*«i», «gli»*	*«le»*

Si usano «questo», «questa», «questi» e «queste» quando vogliamo parlare di qualcosa o di qualcuno che è (o sentiamo) vicino a noi, nel tempo e nello spazio.

Es. «Questo» divano su cui sono seduta è molto comodo.
«Questa» poltrona qui in vetrina è bella.
«Questi» nostri figli non studiano abbastanza.
«Queste» case qui vicino sono in vendita a buon prezzo.

sing. masch.	*sing. masch.*	*sing. femm.*	*sing. masch/femm.*	*plur. masch.*	*plur. masch.*	*plur. femm.*
«**quel**»	«**quello**»	«**quella**»	«**quell'**»	«**quei**»	«**quegli**»	«**quelle**»
«il»	*«lo»*	*«la»*	*«l'»*	*«i»*	*«gli»*	*«le»*

Si usano «quel», «quello», «quella», «quell'», «quei», «quegli» e «quelle» quando vogliamo parlare di qualcosa o di qualcuno che è (o sentiamo) lontano da noi, nel tempo e nello spazio.

Es. «Quel» ragazzo che ho conosciuto è molto simpatico.
«Quello» spumante che abbiamo bevuto ieri sera era buono.
«Non ricordo nulla di «quella» ragazza, nemmeno il suo nome.
«Quell'» albero che vedi laggiù ha almeno duecento anni.
Come si chiamava «quell'» isola dove siamo stati l'anno scorso?
Vedi «quei» ragazzi sulla spiaggia che giocano a pallone?
Non avevo mai visto «quegli» uomini prima d'allora.
«Quelle» case che si trovano lassù sulla collina sono in vendita.

. Attenzione alla scelta del dimostrativo!

Il *tavolo*	**Questo** *tavolo*	**Quel** *tavolo*
Lo *specchio*	**Questo** *specchio*	**Quello** *specchio*
L'*uomo*	**Questo** *uomo* (**Quest'***uomo)*	**Quell'***uomo*
La *penna*	**Questa** *penna*	**Quella** *penna*
L'*isola*	**Questa** *isola* (**Quest'***isola)*	**Quell'***isola*
I *bambini*	**Questi** *bambini*	**Quei** *bambini*
Gli *studenti*	**Questi** *studenti*	**Quegli** *studenti*
Le *fotografie*	**Queste** *fotografie*	**Quelle** *fotografie*

Nota: *I dimostrativi «questo», «questa», «questi», «queste», «quello», «quella», «quelle» possono essere anche pronomi, oltre che aggettivi.*

*Es. «***Questo** *libro è di uno scrittore siciliano» (aggettivo che accompagna il nome)*
*«***Questo** *è un libro di uno scrittore siciliano» (pronome che sostituisce il nome)*

I dimostrativi «quel», «quei» e «quegli» sono solo aggettivi, perché non possono stare da soli. Ricordiamoci che fra i dimostrativi esiste anche «quelli», che però è solo pronome.

Esercizi

IV. *Mettere il giusto dimostrativo*

Es. .... / .... libro
questo / **quel** *libro*

1) .... /.............. valigia
2) .... /.............. orologi
3) .... /.............. scarpe
4) .... /.............. alberi
5) .... /.............. mobile
6) .... /.............. animali
7) .... /.............. periodo
8) .... /.............. storia
9) .... /.............. sbagli
10) .... /.............. spazio

Esercizi

V. *Mettere il giusto dimostrativo*

Es. .... / .... *giacca.*
questa / **quella** *giacca.*

1) .... /.............. uomo
2) .... /.............. quadro
3) .... /.............. errore
4) .... /.............. fogli
5) .... /.............. opera
6) .... /.............. film
7) .... /.............. fiore
8) .... /.............. idea
9) .... /.............. volta
10) .... /.............. isole

VI. *Mettere il giusto dimostrativo.*

Es. Posso prendere .... libro là sullo scaffale?
Posso prendere **quel** *libro là sullo scaffale?*

Ti piace .... maglione? L'ho appena comprato.
Ti piace **questo** *maglione? L'ho appena comprato.*

1) .... casa che si vede laggiù è la casa dove sono nato.
2) Come? Ma sei proprio matta a dire .... cose!
3) Dove hai conosciuto .... due bei ragazzi? In discoteca?
4) Non mi piace .... cravatta. Preferisco .... che portavi ieri.
5) Non devi ascoltare le cose che dice .... stupido!
6) Hai ragione. Dobbiamo risolvere subito .... problema.
7) Chi è .... professore nuovo? Come si chiama?
8) .... sono fatti miei! Non ti devono interessare!
9) .... due ragazze sono sempre insieme, dalla mattina alla sera.
10) Ti ricordi .... specchi antichi che abbiamo visto in .... villa?
11) Vedo che .... quadro ti piace particolarmente. Si, è molto bello.
12) Grazie, Daniela. È in .... momenti che si riconoscono gli amici.

Test 2 *(Unità 6)*

Scegliere la frase giusta.

1. a) Quegli ragazzi sono dei maleducati. O
   b) Questi ragazzi sono dei maleducati. O

2. a) Non ero mai stata in quella casa. Oggi è la prima volta. O
   b) Non ero mai stata in questa casa. Oggi è la prima volta. O

3. a) Bravo! Questa è davvero una grande idea! O
   b) Bravo! Quella è davvero una grande idea! O

4. a) Non ho capito niente di questo che hai detto. O
   b) Non ho capito niente di quello che hai detto. O

5. a) Ah, si! Adesso mi ricordo di quell'uomo! O
   b) Ah, si! Adesso mi ricordo di quest'uomo! O

6. a) Interessante...Questa tua proposta mi convince. O
   b) Interessante...Quella tua proposta mi convince. O

7. a) Questo ragazzo seduto là in fondo, come si chiama? O
   b) Quel ragazzo seduto là in fondo, come si chiama? O

8. a) Questa settimana non potrò venire a trovarti. O
   b) Quella settimana non potrò venire a trovarti. O

9. a) Signori, quell'uomo qui di fronte a voi è colpevole! O
   b) Signori, quest'uomo qui di fronte a voi è colpevole! O

10. a) Questa è la mia nuova macchina. Comoda, vero? O
    b) Quella è la mia nuova macchina. Comoda, vero? O

11. a) Puoi prendermi quel libro lassù in alto? O
    b) Puoi prendermi questo libro lassù in alto? O

12. a) Quella volta non potrò aiutarti. Mi dispiace. O
    b) Questa volta non potrò aiutarti. Mi dispiace. O

Unità 7

I relativi e gli interrogativi

I relativi

I relativi servono a unire due frasi, a stabilire un collegamento fra di loro. In Italiano i relativi sono: «che», «...cui» e «...quale,i»

«**che**» *Il ragazzo «che» hai visto ieri si chiama Salvatore.*
La ragazza «che» hai visto ieri si chiama Paola.
I ragazzi «che» hai visto ieri sono Salvatore e Silvio.
Le ragazze «che» hai visto ieri sono Paola e Monica.

Il ragazzo «che» viene stasera è molto simpatico.
La ragazza «che» viene stasera è molto simpatica.
I ragazzi «che» vengono stasera sono molto simpatici.
Le ragazze «che» vengono stasera sono molto simpatiche.

Come si può vedere, questo relativo:

. È sempre lo stesso per il maschile, il femminile, il singolare e il plurale.
Es. Il ragazzo, la ragazza, i ragazzi, le ragazze «che»...

. Si usa sia per indicare il soggetto, sia per indicare l'oggetto diretto.
Es. La ragazza «che» viene (soggetto) - La ragazza «che» vedo (oggetto dir.)

. Si usa sempre da solo, senza articoli o preposizioni davanti.
Es. Vado a comprare il vestito «che» ho visto ieri in vetrina.

Nota: *Oltre al relativo «che» esistono anche i relativi «il, la quale» e «i, le quali», che però sono poco usati, soprattutto nella lingua parlata.*

*«**...cui**»* *Il dentista da «cui» vado è molto bravo e gentile.*
La donna di «cui» sono innamorato si chiama Eva.
I ragazzi con «cui» esci non mi piacciono molto.
Non ci interessano affatto le cose di «cui» parlate.

Come si può vedere, questo relativo:

. È sempre lo stesso per il maschile, il femminile, il singolare e il plurale.

Es. Il ragazzo di «cui» sono innamorata - La ragazza di «cui» sono innamorato.

. Non ha mai l'articolo.

Es. La ditta per «cui» lavoro... La scuola in «cui» vado... i fatti di «cui» parli...

. È sempre accompagnato da una preposizione semplice.

*Es. Andiamo **da** un collega d'ufficio - Il collega d'ufficio si chiama Enzo.*
*Il collega d'ufficio «**da cui**» andiamo si chiama Enzo.*

*Io telefono **a** una ragazza - La ragazza è mia sorella.*
*La ragazza «**a cui**» telefono è mia sorella.*

*«**...quale,i**»* *Il dentista dal «quale» vado è molto bravo e gentile.*
La donna della «quale» sono innamorato si chiama Eva.
I ragazzi con i «quali» esci non mi piacciono molto.
Non ci interessano affatto le cose delle «quali» parlate.

Come si può vedere, questo relativo si usa come «...cui», ma:

. È diverso per il singolare e il plurale. Maschile e femminile sono uguali.

Es. Il ragazzo del «quale» parli... - I ragazzi dei «quali» parli...
La ragazza della «quale» parli... - Le ragazze delle «quali» parli...

. Ha sempre una preposizione davanti (come «...cui») ma articolata.

Es. Il ragazzo, la ragazza, i ragazzi, le ragazze «a cui» telefono ... diventa:
Il ragazzo «al quale» telefono... La ragazza «alla quale» telefono...
I ragazzi «ai quali» telefono... Le ragazze «alle quali» telefono...

Esercizi

I. *Unire le frasi seguenti con il relativo «che».*

Es. Ieri ho fatto l'esame di italiano - l'esame di italiano era difficile.
L'esame di italiano **che** *ho fatto ieri era difficile. («che» oggetto diretto)*

L'uomo è entrato nella stanza - L'uomo è il nuovo direttore.
L'uomo **che** *è entrato nella stanza è il nuovo direttore («che» soggetto)*

1) Ho comprato un libro - Il libro ha molte illustrazioni.

....

2) Tu hai fatto una proposta - La proposta è interessante.

....

3) La signora attraversa la strada - La signora ha bisogno di aiuto.

....

4) La polizia ha fermato una macchina - La macchina è un'Alfa Romeo.

....

5) Ieri ho fatto un sogno - Il sogno era difficile da interpretare.

....

6) Abbiamo preso una decisione - La decisione è la migliore.

....

7) Ho incontrato una ragazza - La ragazza si chiama Elena.

....

8) I bambini crescono - I bambini hanno bisogno di molte proteine.

....

9) È stata scelta la fotografia per il premio - La fotografia è mia.

....

10) L'uomo fa un discorso alla televisione - L'uomo è mio marito.

....

Esercizi

II. *Unire le frasi seguenti con i relativi «...cui» o «...quale,i»*

Es. Ho dato un passaggio ***a*** *un ragazzo - Il ragazzo era spagnolo.*
Il ragazzo ***a cui*** */* ***al quale*** *ho dato un passaggio era spagnolo.*

1) Ho prestato dei soldi a un signore - Quel signore è un buon amico.

....

2) Tu ti batti per un ideale - L'ideale è giusto.

....

3) Il presidente viaggia su un aereo - L'aereo è atterrato in ritardo.

....

4) Tu parli di una persona - Quella persona è il mio professore.

....

5) Abitiamo in una villa - La villa è del settecento.

....

6) I giornali parlano di un uomo - Questo uomo è colpevole di truffa.

....

7) Lisa viene da un paese - Il paese si trova in Puglia.

....

8) Tu sei seduto su una poltrona - Quella poltrona è tutta rotta.

....

9) Ho fatto un regalo a un bambino - Il bambino è mio nipote.

....

10) Voi cercate di tagliare il pane con il coltello - Il coltello non taglia bene.

....

Esercizi

III. *Unire le frasi seguenti con i relativi «che», «...cui» e «...quale,i».*

Es. Ho salutato una donna - La donna è la moglie del segretario.
La donna **che** *ho salutato è la moglie del segretario.*

Ho regalato dei fiori a una signora - La signora è la mia padrona di casa.
La signora ***a cui*** */* ***alla quale*** *ho regalato dei fiori è la mia padrona di casa.*

1) Voi state guardando una macchina - La macchina è mia.

....

2) Tu fumi un sigaro - Il sigaro viene da Cuba.

....

3) Sono stato da un avvocato - L' avvocato mi ha detto che ho torto.

....

4) Lei parla di un libro - Ho letto il libro alcuni anni fa.

....

5) Tu hai baciato un ragazzo - Il ragazzo è il mio fidanzato!

....

6) Abbiamo visto un film ieri sera - Il film era decisamente stupido!

....

7) Siamo venuti qui con il treno - Il treno era molto veloce e comodo.

....

8) Sergio parla di un problema - Il problema è molto serio.

....

9) Siamo andati da un architetto - L' architetto ha grandi idee.

....

10) Il professore ha detto molte cose - Le cose erano interessanti.

....

Esercizi

IV. *Mettere i giusti relativi nelle frasi seguenti.*

Es. L'uomo .... hai appena visto è un grande musicista.
*L'uomo **che** hai appena visto è un grande musicista.*

La persona .... mi parli mi sembra onesta.
*La persona **di cui** / **della quale** mi parli mi sembra onesta.*

1) Perché non cambi medico? Quello .... vado io è molto bravo!
2) Finalmente ho visto il film .... mi avevi tanto parlato e mi è piaciuto.
3) La casa .... vedi laggiù in fondo alla strada è quella di mio padre.
4) Il signore .... hai visto è un importante dirigente della nostra ditta.
5) La macchina .... abbiamo viaggiato era molto vecchia.

6) La ragazza .... ho offerto la cena mi piace molto.
7) La ragazza .... ho conosciuto ieri sera mi piace molto.
8) Scusi signore, ma i soldi .... Lei vuole pagare il conto sono falsi!
9) Questo è l'obiettivo .... tutti noi lavoriamo da molti anni.
10) Le azioni .... ho comprato un anno fa sono aumentate di valore.

11) Sei l'unica persona .... posso chiedere questo favore.
12) È bello il disco .... mi ha regalato Luca per il mio compleanno.
13) Renato, l'uomo .... mia madre si è risposata, viene dalla Liguria.
14) Sono ancora innamorata dell'uomo .... ho sposato dieci anni fa.
15) L'olio .... è condita questa insalata è di ottima qualità.

16) Il modo .... ti sei comportato ieri sera è inaccettabile!
17) I colori .... sono stati dipinti questi quadri sono a olio.
18) Lei, avvocato, è la persona .... posso dare tutta la mia fiducia.
19) Ti rendi conto di tutte le cose .... ho fatto per te in questi anni?
20) Ma chi era quello .... litigavi ieri? Uno .... lavora con me.

Test 1 *(Unità 7)*

Scegliere la frase giusta o le frasi giuste.

1. a) La ragazza la quale parlavo è una mia compagna di classe. O
   b) La ragazza con la quale parlavo è una mia compagna di classe. O
   c) La ragazza con la cui parlavo è una mia compagna di classe. O
   d) La ragazza che parlavo è una mia compagna di classe. O
   e) La ragazza con cui parlavo è una mia compagna di classe O

2. a) Può descriverci l'uomo che ha visto scappare via? O
   b) Può descriverci l'uomo il che ha visto scappare via? O
   c) Può descriverci l'uomo quale ha visto scappare via? O

3. a) I giorni cui ho trascorso con te sono stati meravigliosi! O
   b) I giorni quali ho trascorso con te sono stati meravigliosi! O
   c) I giorni che ho trascorso con te sono stati meravigliosi! O

4. a) L'aereo con quale ho viaggiato era quasi vuoto. O
   b) L'aereo cui ho viaggiato era quasi vuoto. O
   c) L'aereo con cui ho viaggiato era quasi vuoto. O
   d) L'aereo con che ho viaggiato era quasi vuoto. O
   e) L'aereo con il quale ho viaggiato era quasi vuoto. O

5. a) Dimmi le ragioni per le quali non puoi accettare l'invito. O
   b) Dimmi le ragioni per cui non puoi accettare l'invito. O
   c) Dimmi le ragioni per che non puoi accettare l'invito. O
   d) Dimmi le ragioni per le cui non puoi accettare l'invito. O

6. a) La gonna quale indossi è davvero molto bella! O
   b) La gonna che indossi è davvero molto bella! O

7. a) Papà, questo è il ragazzo che ti ho tanto parlato. O
   b) Papà, questo è il ragazzo di cui ti ho tanto parlato. O
   c) Papà, questo è il ragazzo di quale ti ho tanto parlato. O
   d) Papà, questo è il ragazzo del quale ti ho parlato. O

8. a) Non riesco più a trovare il libro che ho preso in biblioteca. O
   b) Non riesco più a trovare il libro quale ho preso in biblioteca. O

9. a) Le persone chi ho conosciuto ieri sera sono musicisti. O
   b) Le persone le quale ho conosciuto ieri sera sono musicisti. O
   c) Le persone che ho conosciuto ieri sera sono musicisti. O
   d) Le persone a cui ho conosciuto ieri sera sono musicisti. O

10. a) Dottore, Lei è una persona del quale mi fido ciecamente. O
    b) Dottore, Lei è una persona della quale mi fido ciecamente. O
    c) Dottore, Lei è una persona del cui mi fido ciecamente. O
    d) Dottore, Lei è una persona che mi fido ciecamente. O
    e) Dottore, Lei è una persona di cui mi fido ciecamente. O

11. a) Non amo la gente che non è sincera. O
    b) Non amo la gente quale non è sincera. O
    c) Non amo la gente la cui non è sincera. O

12. a) Questa è una cosa della quale mio nonno non vuole parlare. O
    b) Questa è una cosa di quale mio nonno non vuole parlare. O
    c) Questa è una cosa di cui mio nonno non vuole parlare. O
    d) Questa è una cosa che mio nonno non vuole parlare. O

13. a) Amo tutte le città nelle quale ho abitato. O
    b) Amo tutte le città in cui ho abitato. O
    c) Amo tutte le città che ho abitato. O
    d) Amo tutte le città nelle quali ho abitato. O

14. a) Sei la donna quale ho sempre desiderato incontrare! O
    b) Sei la donna a cui ho sempre desiderato incontrare! O
    c) Sei la donna che ho sempre desiderato incontrare! O

15. a) Questo è il problema sul quale dobbiamo concentrarci. O
    b) Questo è il problema sui cui dobbiamo concentrarci. O
    c) Questo è il problema che dobbiamo concentrarci. O
    d) Questo è il problema su cui dobbiamo concentrarci. O

Gli interrogativi

Gli interrogativi si usano quando si vuole porre una domanda.
Alcuni sono pronomi, altri sono aggettivi e altri ancora sono avverbi.

Pronomi interrogativi:

«**Chi**»?	*«Chi» vuole venire con noi al cinema?*
	«Chi» mi ha fatto questo brutto scherzo?
	«Chi» c'era in macchina con voi?
	«Chi» c'era con voi ieri pomeriggio?
«**Che**»?	*«Che» hai deciso di fare oggi?*
«**Che cosa**»?	*«Che cosa» pensi di loro due?*
«**Cosa**»?	*«Cosa» vuoi da me?*
	«Che cosa» hai detto?
«**Quale,i**»?	*«Qual» è tuo fratello? Questo o quello?*
	«Quali» sono le Sue intenzioni, signora?
	«Quale» sarà il nostro autobus? Forse questo...
	«Quale» preferisci, fra questi due film?
«**Quanto,a,i,e**»?	*«Quanto» pesa la Sua valigia, signorina?*
	«Quanta» ne compri di questa pasta ?
	«Quanti» di questi ragazzi hanno fatto l'esame?
	«Quante» di queste ragazze hanno fatto l'esame?

Esercizi

V. *Completare con il giusto pronome interrogativo, scegliendo fra «chi», «che» («che cosa», «cosa»), «quale,i» e «quanto,a,i,e».*

Es. .... ha composto questo brano musicale?
Chi *ha composto questo brano musicale?*

1) .... è alto quell'uomo? E .... lo sa? Sarà alto almeno due metri.
2) .... ti ha detto Chiara al telefono? Ha detto che non devo dirtelo!
3) Di tutti i quadri che sono esposti qui, tu .... compreresti?
4) .... desidera, signora? Vorrei delle mele. .... mi consiglia?
5) .... offre di più per questo meraviglioso mobile stile Luigi XVI?

6) Comprerei volentieri questo bell'armadio, ma .... costa?
7) .... hai detto? Non ho sentito. Puoi ripetere, per favore?
8) Sapete .... sono state le ultime volontà del defunto?
9) .... vuole prendersi la responsabilità di una simile decisione?
10) Capisco che ti piace la cioccolata, ma .... ne compri?

11) .... ha inventato Guglielmo Marconi? .... vuole rispondere?
12) Sai che sono dimagrito di dieci chili? Bene, e adesso .... pesi?
13) Adesso basta! .... è il Suo vero nome? Mi risponda subito!
14) .... sostituirà il nostro professore malato?
15) .... voleva dire con quelle parole? Voleva forse minacciarci?

16) Sapete dirmi per caso .... sono i vincitori del concorso?
17) .... posso fare per convincerti che questa è la soluzione migliore?
18) .... manca alla fine della partita? Mancano ancora cinque minuti.
19) .... ti ha autorizzato a firmare questi assegni? Non dovevi farlo!
20) .... hai detto a Stefano per farlo arrabbiare così?

Aggettivi interrogativi:

*«**Che**»?*	*«Che» colori ti piacciono?* *«Che» macchina vuoi comprare?* *«Che» Università frequenti?* *«Che» marca di sigarette fumi?* *«Che» libri leggi di solito?*
*«**Quale,i**»?*	*«Quale» detersivo usi per la lana?* *«Quale» gonna scegli tra queste due?* *«Quali» alberi pianti nel giardino? Peri o ciliegi?* *«Quali» sigarette desidera? Queste o quelle?* *«Quali» esami hai deciso di fare?*
*«**Quanto,a, i, e**»?*	*«Quanto» denaro hai speso per il viaggio?* *«Quanti» soldi hai speso per il viaggio?* *«Quanta» neve c'è lassù in montagna?* *«Quanti» chilometri mancano a casa tua?* *«Quante» caramelle hai già mangiato?*

Nota: *Gli aggettivi interrogativi «**che**» e «**quale**» sono molto simili, ma mentre il primo è generico, il secondo presuppone una scelta fra due o più possibilità.*

*Es. «**Che**» macchina hai comprato?*
*«**Quale**» macchina hai scelto, questa o quella?*

*«**Quale**» si usa per il singolare (maschile e femminile), mentre «**quali**» si usa per il plurale (maschile e femminile).*

*Es. «**Quale**» vino hai scelto? - «**Quale**» birra hai scelto?*
*«**Quali**» vini hai scelto? - «**Quali**» birre hai scelto?*

Esercizi

VI. *Completare con il giusto aggettivo interrogativo, scegliendo fra «che», «quale,i» e «quanto,a,i,e»*

Es. .... soldi hai perso ieri sera al Casinò?
Quanti *soldi hai perso ieri sera al Casinò?*

1) .... regalo hai fatto a Domenico? E .... soldi hai speso?
2) .... film andiamo a vedere stasera? Scegli tu fra questi due.
3) .... volte devo dirti di guidare con maggiore prudenza?
4) .... scuola frequenta tua sorella? Frequenta il liceo classico.
5) .... tipo di musica preferisci ascoltare? Classica o leggera?

6) .... libri ci sono alla Biblioteca Nazionale? Ce ne sono tanti.
7) .... fotografie hai scattato durante quel viaggio?
8) .... trasmissione stai guardando alla TV? Nooo...! Ancora calcio...!
9) .... materie preferivi studiare quando andavi a scuola?
10) Hai la faccia stanca. .... ore hai dormito stanotte?

11) Allora, hai deciso .... bicicletta comprare fra quelle due?
12) Ma .... dolci hai comprato? Guarda che siamo solo in due!
13) .... paese ti ha impressionato di più, fra tutti quelli in cui sei stata?
14) .... disco hai comprato? Non te lo dico. È una sorpresa.
15) .... sigarette hai già fumato da stamattina? Dovresti smettere!

16) .... esami clinici devo fare, dottore? Faremo solo un'ecografia.
17) .... tornei di tennis hai vinto nella tua carriera? Ne ho vinti cinque.
18) .... ore è durato lo spettacolo? Non era lungo; è durato un'ora.
19) .... specie di animale è questo? Non l'avevo mai visto prima.
20) Ma .... pepe hai messo in questa minestra? Non posso mangiarla!

Avverbi interrogativi:

*«**Dove**»?*	*«Dove» andate stasera a ballare?* *«Dove» hai comprato quella camicia?* *«Dove» abitano i vostri amici?* *«Dove» hai messo i miei occhiali?* *«Dov'» è la tua macchina?*
*«**Quando**»?*	*«Quando» avete deciso di partire?* *«Quando» vieni a trovarmi?* *«Quando» finirà tutto questo?* *«Quando» traslochi nella casa nuova?* *«Quando» sei nato?*
*«**Perché**»?*	*«Perché» non mi scrivi più spesso?* *«Perché» gli hai risposto in quel modo?* *«Perché» vai così di fretta?* *«Perché» non saluti più Claudia?* *«Perché» mi hai svegliato a quest'ora?*
*«**Come**»?*	*«Come» ti trovi nella nuova casa?* *«Come» fai a cucinare così bene?* *«Come» state tu, Angela e gli altri?* *«Come» riuscirai a dirle tutto?* *«Com'» è finito il film che avete visto?*

Nota: *In italiano l'avverbio «**perché**» si usa sia nelle domande che nelle risposte.*

Es. ***Perché**» non sei venuto con noi ieri sera?*
*Non sono venuto, «**perché**» ero stanco.*

Esercizi

VII. *Completare con il giusto avverbio interrogativo, scegliendo fra «dove», «quando», «perché» e «come».*

Es. .... sei stato tutto il pomeriggio?
Dove *sei stato tutto il pomeriggio?*

1) Silvana, ... non mi dici che cosa c'è che non va?
2) .... hai parcheggiato la macchina?
3) .... capirai che non ci si può comportare in quel modo?
4) .... vanno gli affari? Ho saputo che hai qualche difficoltà.
5) .... gridi così? Credi forse che io sia sorda?

6) .... siete stati in vacanza? Al mare o in montagna?
7) Professore, ... sono andati i compiti? Sono andati bene!
8) .... hai fatto a sapere il suo nuovo indirizzo?
9) .... non ti siedi e non mi racconti tutto con calma?
10) .... pensi di trasferirti in Italia? Forse l'anno prossimo.

11) .... sono le chiavi di casa? Le hai perse un'altra volta?
12) .... ti arrabbi così? Non è il caso di prendersela in quel modo.
13) Ciao Luciano, ... stai? Sto bene, grazie. E tu?
14) .... nascerà il vostro bambino? Fra circa sei settimane.
15) .... si chiama il paese che abbiamo visitato l'altro ieri?

16) .... vuoi sapere sempre dove vado e che cosa faccio?
17) .... potremo sapere i risultati degli esami?
18) .... potremo finalmente conoscere tuo marito?
19) Ma .... fai a dire che è un brutto film se non l'hai neppure visto?
20) .... hai cambiato lavoro? Perché quello di prima non mi piaceva.

Test 2 *(Unità 7)*

Scegliere la frase giusta

1. a) Quando hai pagato questa cravatta? O
   b) Quanto hai pagato questa cravatta? O
   c) Che hai pagato questa cravatta? O
   d) Che cosa hai pagato questa cravatta? O

2. a) Che tipo di musica ascolta, signora? O
   b) Chi tipo di musica ascolta, signora? O
   c) Che cosa tipo di musica ascolta, signora? O

3. a) Quale arriveremo a destinazione? O
   b) Quanto arriveremo a destinazione? O
   c) Quando arriveremo a destinazione? O

4. a) Che vuole venire con me a fare la spesa? O
   b) Chi vuole venire con me a fare la spesa? O
   c) Quale vuole venire con me a fare la spesa? O
   d) Come vuole venire con me a fare la spesa? O

5. a) Che hai fatto a sapere tutte queste cose? O
   b) Come hai fatto a sapere tutte queste cose? O
   c) Quanto hai fatto a sapere tutte queste cose? O

6. a) Dove siete stati tutto il giorno? O
   b) Perché siete stati tutto il giorno? O
   c) Quanto siete stati tutto il giorno? O
   d) Che cosa siete stati tutto il giorno? O
   e) Che siete stati tutto il giorno? O

7. a) Quale libri avete scelto? O
   b) Come libri avete scelto? O
   c) Che cosa libri avete scelto? O
   d) Quali libri avete scelto? O

8. a) Quanti bicchieri di vino hai già bevuto? O
   b) Quali bicchieri di vino hai già bevuto? O
   c) Quanto bicchieri di vino hai già bevuto? O
   d) Che bicchieri di vino hai già bevuto? O

9. a) Dove mi hai raccontato questa storia? O
   b) Perché mi hai raccontato questa storia? O
   c) Che mi hai raccontato questa storia? O
   d) Come mi hai raccontato questa storia? O
   e) Quale mi hai raccontato questa storia? O

10. a) Quale esercizi dovete fare per domani? O
    b) Quanto esercizi dovete fare per domani? O
    c) Quali esercizi dovete fare per domani? O
    d) Chi esercizi dovete fare per domani? O

11. a) Che sono i vostri interessi? O
    b) Quali sono i vostri interessi? O
    c) Dove sono i vostri interessi? O
    d) Quale sono i vostri interessi? O

12. a) Chi dici? Non ti capisco. O
    b) Quale dici? Non ti capisco. O
    c) Che cosa dici? Non ti capisco. O
    d) Perché dici? Non ti capisco. O

13. a) Ma quanto pane mangi? O
    b) Ma quanta pane mangi? O
    c) Ma quando pane mangi? O
    d) Ma come pane mangi? O

14. a) Quale ha lasciato la finestra aperta? O
    b) Che ha lasciato la finestra aperta? O
    c) Chi ha lasciato la finestra aperta? O
    d) Come ha lasciato la finestra aperta? O

Unità 8

La forma passiva

. La forma passiva si ha quando il soggetto non fa l'azione, ma la subisce.

Es. Molti studenti **seguono la lezione**.	*(forma attiva)*
La lezione è seguita *da molti studenti.*	*(forma passiva)*

. La forma passiva si fa con il verbo «essere», coniugato negli stessi Modi e Tempi del verbo nella forma attiva. La preposizione è sempre «da».

Ivo **prepara** *la cena.*	*(forma attiva)*
La cena **è** *preparata da Ivo.*	*(forma passiva)*
Ivo **ha preparato** *la cena.*	*(forma attiva)*
La cena **è stata** *preparata da Ivo.*	*(forma passiva)*
Credo che Ivo **prepari** *la cena.*	*(forma attiva)*
Credo che la cena **sia** *preparata da Ivo.*	*(forma passiva)*
Credevo che Ivo **avesse preparato** *la cena.*	*(forma attiva)*
Credevo che la cena **fosse stata** *preparata da Ivo.*	*(forma passiva)*
Ivo **aveva preparato** *la cena.*	*(forma attiva)*
La cena **era stata** *preparata da Ivo.*	*(forma passiva)*
Credevo che Ivo **avrebbe preparato** *la cena.*	*(forma attiva)*
Credevo che la cena **sarebbe stata** *preparata da Ivo.*	*(forma passiva)*

Nota: *Siccome per fare la forma passiva usiamo il verbo «essere», nei Tempi composti è necessario l'accordo del Participio passato con il soggetto.*

Es. **La cena** *è stat***a** *preparat***a** *da Ivo.*

Esercizi

I. *Trasformare le seguenti frasi attive in frasi passive. (Tempi semplici)*

*Es. Il direttore non **accetta** le mie dimissioni.*
*Le mie dimissioni non **sono accettate** dal direttore.*

1) State tranquilli. Noi **risolveremo** questo problema.

....

2) Un ladro **rubò** la mia macchina qualche anno fa.

....

3) L'artista **realizzerà** una scultura con il marmo di Carrara.

....

4) Un grande personaggio **presenterà** lo spettacolo.

....

5) Per il matrimonio tutti gli invitati **offrirono** agli sposi molti regali.

....

6) Il pubblico giovanile **ama** molto questo cantante.

....

7) Una volta questo albergo **ospitava** molti personaggi importanti.

....

8) Gloria non **accettò** il mio invito.

....

9) Il dottor Rossi **curerà** mio padre per tutto questo periodo.

....

10) Michelangelo **dipinse** molti capolavori.

....

Esercizi

II. *Trasformare le seguenti frasi attive in frasi passive.*
(Tempi composti)

Es. Il direttore non ***ha accettato*** *le mie dimissioni.*
Le mie dimissioni non ***sono state accettate*** *dal direttore.*

1) Quasi tutti i miei amici **hanno visto** questo film.

....

2) L'orchestra **aveva suonato** già altre volte quella sinfonia.

....

3) La polizia **ha liberato** gli ostaggi.

....

4) Credo che la direzione della fabbrica **abbia assunto** nuovi operai.

....

5) Secondo alcune notizie, il direttore **avrebbe licenziato** degli operai.

....

6) Mi dispiace che il mio collega vi **abbia offeso** con le sue parole.

....

7) Un famoso musicista **ha comprato** la vecchia villa nel bosco.

....

8) Non aveva paura, nonostante un cane lo **avesse morso** da piccolo.

....

9) Mi pare che Carlo Goldoni **abbia scritto** *La locandiera* nel 1752.

....

10) Secondo alcuni lui non **avrebbe scritto** quell'articolo sul giornale.

....

. ***La forma passiva nei Tempi semplici*** *(Indicativo Presente, Imperfetto, Futuro e Passato remoto; Congiuntivo Presente e Imperfetto; Condizionale Semplice) si può fare anche con il verbo «venire».*

Es. Molti studenti ***seguono*** *la lezione.* *(forma attiva)*
La lezione ***è*** *seguita dagli studenti.* *(forma passiva con «essere»)*
La lezione ***viene*** *seguita dagli studenti.* *(forma passiva con «venire»)*

Esercizi

III. *Trasformare le seguenti frasi passive con il verbo «essere» in frasi passive con il verbo «venire».*

Es. L'imputato ***sarà*** *certamente condannato dalla giuria.*
L'imputato ***verrà*** *certamente condannato dalla giuria.*

1) Quella lettera **fu** spedita dalla segretaria con due giorni di ritardo.

....

2) Il paziente **sarà** operato domani mattina dal dott. Vincenzi.

....

3) Quell'uomo **era** disprezzato da tutti.

....

4) Non sono certa che Piero **sia** assunto da questa società.

....

5) Questo romanzo **sarà** tradotto anche in giapponese.

....

6) Secondo i giornali, lui **sarebbe** difeso da un famoso avvocato.

....

7) Sono sicuro che il nostro progetto **sarà** scelto dalla commissione.

....

. ***La costruzione passiva con i verbi «potere» e «dovere»*** *(con quest'ultimo verbo è più rara, a causa del suo significato) si fa mettendo l'Infinito passivo dopo il verbo.*

Es.	*Noi* ***possiamo*** *parlare bene l'italiano.*	*(forma attiva)*
	L'italiano ***può essere parlato*** *bene da noi.*	*(forma passiva)*
	Noi ***possiamo*** *parlare bene questa lingua.*	*(forma attiva)*
	Questa lingua ***può essere parlata*** *bene da noi.*	*(forma passiva)*
	Loro non ***potranno*** *aiutare Ivo e Carlo.*	*(forma attiva)*
	Ivo e Carlo non ***potranno essere aiutati*** *da loro.*	*(forma passiva)*
	Loro non ***potranno*** *aiutare Eva e Carla.*	*(forma attiva)*
	Eva e Carla non ***potranno essere aiutate*** *da loro.*	*(forma passiva)*

. ***La costruzione passiva con il verbo «dovere»*** *si fa mettendo l'Infinito passivo dopo il verbo oppure, nei Tempi semplici, con il verbo «andare».*

Es.	*Noi* ***dobbiamo*** *parlare bene l'italiano.*	*(forma attiva)*
	L'italiano ***deve essere parlato*** *bene da noi.*	*(forma passiva)*
	L'italiano ***va parlato*** *bene da noi.*	*(forma passiva)*
	Loro ***devono*** *aiutare Francesca.*	*(forma attiva)*
	Francesca ***deve essere aiutata*** *da loro.*	*(forma passiva)*
	Francesca ***va aiutata*** *da loro.*	*(forma passiva)*
	Voi ***dovete*** *fare questi compiti.*	*(forma attiva)*
	Questi compiti ***devono essere fatti*** *da voi.*	*(forma passiva)*
	Questi compiti ***vanno fatti*** *da voi.*	*(forma passiva)*
	Tutti ***devono*** *visitare queste chiese.*	*(forma attiva)*
	Queste chiese ***devono essere visitate*** *da tutti.*	*(forma passiva)*
	Queste chiese ***vanno visitate*** *da tutti.*	*(forma passiva)*

Nota: *Nei Tempi composti la costruzione passiva con questi verbi è poco usata.*
Es. ***Ho dovuto*** *aiutare Franca - Franca* ***ha dovuto essere aiutata*** *da me.*

Esercizi

IV. *Trasformare le seguenti costruzioni attive in costruzioni passive.*

Es. ***Dovete*** *abbandonare la sala.*
La sala ***deve essere abbandonata*** *da voi.*
La sala ***va abbandonata*** *da voi.*

Noi non ***possiamo*** *firmare questo contratto.*
Questo contratto non ***può essere firmato*** *da noi.*

1) Tutti gli studenti del nostro corso **devono** superare l'esame.

....

2) Il direttore non **può** firmare queste lettere senza consultarci.

....

3) Non **Potremo** spedire il pacco prima di domani mattina.

....

4) **Dovete** studiare questo testo per la prossima settimana.

....

5) Prima di domani mattina **dovremo** prendere una decisione.

....

6) La squadra **deve** assolutamente vincere la partita di domani.

....

7) Non **possiamo** perdere questa occasione. È troppo importante!

....

8) Noi non **potevamo** risolvere tutti i vostri problemi.

....

9) **Devo** comprare molti regali per i miei amici che si sposano.

....

10) Non **posso** abbandonare Giorgio in un momento così difficile.

....

*. **La forma passiva con il «si»** è molto usata e non va confusa con la forma impersonale. «Qui non si beve la birra» è una forma passiva e significa che «la birra non è bevuta qui», mentre la frase «qui non si beve» è una forma impersonale, perché manca il soggetto passivo.*
Come per le altre forme passive, facciamo attenzione all'accordo del Participio passato con il soggetto passivo!

*Es. In quel ristorante **si beve** un ottimo vino.*
*In quel ristorante **si bevono** degli ottimi vini.*

*In quel ristorante **si è bevuto** un ottimo vino.*
*In quel ristorante **si sono bevuti** degli ottimi vini.*

*In quel ristorante **si mangia** una buona pizza.*
*In quel ristorante **si mangiano** delle buone pizze.*

*In quel ristorante **si è mangiata** una buona pizza.*
*In quel ristorante **si sono mangiate** delle buone pizze.*

Esercizi

***V.** Trasformare le seguenti frasi attive in frasi passive, usando il «si».*

*Es. Nel nostro Paese **parliamo due lingue**.*
*Nel nostro Paese **si parlano due lingue**.*

1) In Italia la gente beve soprattutto il vino. ....
2) Per il suo compleanno hanno fatto una festa. ....
3) Tutti noi abbiamo fatto degli errori. ....
4) Noi diciamo cose giuste. ....
5) Non conosciamo la soluzione. ....
6) Noi diamo molte informazioni. ....
7) Nessuno ha capito la risposta del Ministro. ....
8) Non fumiamo queste sigarette. Sono troppo forti. ....
9) Mangiavamo sempre le solite cose. ....
10) Abbiamo avuto una grande delusione. ....

Test *(Unità 8)*

Scegliere la frase giusta o le frasi giuste.

1. a) Questi libri hanno stato comprati da mia sorella. O
   b) Questi libri sono stati comprati da mia sorella. O
   c) Questi libri sono stato comprati da mia sorella. O
   d) Questi libri è stati comprati da mia sorella. O

2. a) Lo spettacolo è stato seguito da molti spettatori. O
   b) Lo spettacolo è venuto seguito da molti spettatori. O
   c) Lo spettacolo è stato seguiti da molti spettatori. O

3. a) Questi compiti deve essere fatti per domani. O
   b) Questi compiti devono essere fatti per domani. O
   c) Questi compiti devono essere fatto per domani. O
   d) Questi compiti vanno fatti per domani. O

4. a) Ieri si è bevuto troppo vino alla festa. O
   b) Ieri si è bevuti troppo vino alla festa. O
   c) Ieri si sono bevuti troppo vino alla festa. O

5. a) La nostra scuola sono frequentati da molti studenti. O
   b) La nostra scuola è frequentata da molti studenti. O
   c) La nostra scuola sono frequentata da molti studenti. O
   d) La nostra scuola viene frequentata da molti studenti. O

6. a) Nella mia famiglia si parlano tre lingue. O
   b) Nella mia famiglia si parla tre lingue. O
   c) Nella mia famiglia vengono parlate tre lingue O
   d) Nella mia famiglia sono parlate tre lingue. O

7. a) Questo libro può essere comprato in tutte le librerie O
   b) Questo libro può avere comprato in tutte le librerie. O
   c) Si può comprare questo libro in tutte le librerie. O

8. a) Ieri al mare si sono mangiati dell'ottimo pesce. O
b) Ieri al mare si è mangiati dell'ottimo pesce. O
c) Ieri al mare si sono mangiato dell'ottimo pesce. O
d) Ieri al mare si è mangiato dell'ottimo pesce. O

9. a) La galleria degli Uffizi è visitata da molti turisti. O
b) La galleria degli Uffizi va visitata da molti turisti. O
c) La galleria degli Uffizi viene visitata da molti turisti. O

10. a) L'anno scorso questo museo è venuto visitato da molti turisti. O
b) L'anno scorso questo museo è stato visitato da molti turisti. O
c) L'anno scorso questo museo è visitato da molti turisti. O

11. a) Nella nostra Università si studia molte materie. O
b) Nella nostra Università si studiano molte materie. O
c) Nella nostra Università vengono studiate molte materie. O
d) Nella nostra Università si vanno studiate molte materie. O
e) Nella nostra Università si vengono studiate molte materie. O

12. a) L'orchestra è venuta diretta dal Maestro Riccardo Muti. O
b) L'orchestra è stata diretta dal maestro Riccardo Muti. O
c) L'orchestra venne diretta dal maestro Riccardo Muti. O
d) L'orchestra è andata diretta dal maestro Riccardo Muti. O

13. a) In questo mese sono stati organizzate molte manifestazioni. O
b) In questo mese sono stati organizzati molte manifestazioni. O
c) In questo mese si sono state organizzate molte manifestazioni. O
d) In questo mese sono venute organizzate molte manifestazioni. O
e) In questo mese sono state organizzate molte manifestazioni. O

14. a) Il tavolo e le sedie vanno portati in sala da pranzo. O
b) Il tavolo e le sedie si vanno portati in sala da pranzo. O
c) Il tavolo e le sedie devono essere portati in sala da pranzo. O
d) Il tavolo e le sedie vanno essere portati in sala da pranzo. O

15. a) Lo studente è stato espulso dall'aula. O
b) Lo studente è venuto espulso dall'aula. O
c) Lo studente è si venuto espulso dall'aula. O

16. a) Questa macchina viene guidata da un pilota esperto. O
b) Questa macchina va guidata da un pilota esperto. O
c) Questa macchina si viene guidata da un pilota esperto. O
d) Questa macchina è guidata da un pilota esperto. O
e) Questa macchina si guida da un pilota esperto. O

17. a) Di solito in vacanza si fa molte fotografie. O
b) Di solito in vacanza si fanno molte fotografie. O
c) Di solito in vacanza si vengono fare molte fotografie. O

18. a) Non si dicono queste cose a tavola! O
b) Non si vanno dire queste cose a tavola! O
c) Non si dice queste cose a tavola! O
d) Non vanno dette queste cose a tavola! O

19. a) La festa si deve essere organizzata in poche ore. O
b) La festa deve essere organizzata in poche ore. O
c) La festa va organizzata in poche ore. O

20. a) Credo che si siano scelti un buon posto a teatro. O
b) Credo che si sia scelti un buon posto a teatro. O
c) Credo che si sia scelto un buon posto a teatro. O
d) Credo che si abbia scelto un buon posto a teatro. O
e) Credo che si sia venuto scelto un buon posto a teatro. O

21. a) Ieri non si ha potuto vedere il documentario in TV. O
b) Ieri non si è potuti vedere il documentario in TV. O
c) Ieri non si sono potuto vedere il documentario in TV. O
d) Ieri non si siamo potuti vedere il documentario in TV. O
e) Ieri non si è potuto vedere il documentario in TV. O

22. a) Questo contratto deve è firmato entro domani! O
b) Questo contratto si va firmato entro domani! O
c) Questo contratto deve essere firmato entro domani! O
d) Questo contratto va firmato entro domani! O
e) Questo contratto va firmare entro domani! O

Unità 9

La forma impersonale

. La forma impersonale serve a generalizzare. Con questa forma non si individua precisamente il soggetto.
«In questo locale non si fuma» significa che nessuno fuma.
«In questo locale si fuma» significa che alcuni, o tutti, fumano.
In nessun caso si specifica chi esattamente compie o non compie l'azione.

. **La forma impersonale nei Tempi semplici** *(Indicativo Presente, Imperfetto, Futuro e Passato remoto; Congiuntivo Presente e Imperfetto; Condizionale Semplice) si fa semplicemente con il «si» impersonale più la terza persona singolare del verbo, senza mettere nessun oggetto diretto.*

Es.	*In questo ristorante* ***si mangia*** *bene.*	*(Indicativo Presente)*
	Una volta in questo bar ***si poteva*** *fumare.*	*(Indicativo Imperfetto)*
	Domani ***si partirà*** *per un bel viaggio.*	*(Indicativo Futuro)*
	Si camminò *per tutta la giornata.*	*(Indicativo Passato remoto)*
	Credo che ***si debba*** *andare.*	*(Congiuntivo Presente)*
	Pensavo che ***si potesse*** *fumare.*	*(Congiuntivo Imperfetto)*
	Partendo subito, ***si arriverebbe*** *prima.*	*(Condizionale Semplice)*

Nota: *Oltre alla forma impersonale con il «si», esiste anche la forma impersonale con la seconda persona singolare «tu», con la prima persona plurale «noi» e con «uno».*

Es. Quando viaggi in treno sei più rilassato.
Quando viaggiamo in treno siamo più rilassati.
Quando uno viaggia in treno è più rilassato.

Queste forme non sono state analizzate, perché non creano nessun problema e perché sono certamente meno usate del «si» nella lingua scritta e parlata.

Esercizi

I. *Trasformare le frasi seguenti con la forma impersonale. (Tempi semplici)*

Es. Quando ***partiremo*** *per il mare?*
Quando ***si partirà*** *per il mare?*

1) Quando **viaggiamo** in treno **siamo** più riposati all'arrivo.

....

2) Uno **sta** meglio quando non **deve** lavorare troppo.

....

3) Come **vivete** in una città piccola come la vostra? **State** bene?

....

4) **Facciamo** quello che **possiamo** per migliorare la situazione.

....

5) Quando uno **va** in vacanza fuori stagione, non è necessario prenotare.

....

6) Quando non **stai** bene **devi** restare a letto e riposare.

....

7) Che cosa **fate** nel vostro Paese per combattere la disoccupazione?

....

8) Mia zia dice che ai suoi tempi tutti **giravano** per le strade senza paura.

....

9) Se una persona non **può** lavorare è giusto che **prenda** la pensione.

....

10) Quando fa bel tempo **passeggiamo** volentieri per le strade.

....

. ***La forma impersonale nei Tempi composti*** *(Indicativo Passato prossimo, Trapassato prossimo, Futuro composto; Congiuntivo Passato e Trapassato; Condizionale composto) si fa con l'ausiliare «essere».*

Attenzione!

. *Se il verbo nella forma non impersonale è coniugato con l'ausiliare «avere», la terminazione del Participio passato sarà in «-**o**»*

*Es. Si è mangiat**o**, si è bevut**o**, si è studiat**o**, si è parlat**o**, si è dormit**o**, ...*
(mangiare, bere, studiare, parlare, dormire ... hanno l'ausiliare «avere»)

. *Se il verbo nella forma non impersonale è coniugato con l'ausiliare «essere», la terminazione del Participio passato sarà in «-**i**»*

*Es. Si è partit**i**, si è arrivat**i**, si è uscit**i**, si è cadut**i**, si è scappat**i**, ...*
(partire, arrivare, uscire, cadere, scappare ... hanno l'ausiliare «essere»)

Esercizi

II. *Mettere i verbi seguenti nella forma impersonale.*
(Tempi composti)

*Es. Dormire .... Si è / si era / si sarà / si sia / si fosse / si sarebbe **dormito.***
*Andare .... Si è / si era / si sarà / si sia / si fosse / si sarebbe **andati**.*

1) Viaggiare ..../.........../.........../.........../.........../..........................
2) Arrivare ..../.........../.........../.........../.........../..........................
3) Partire ..../.........../.........../.........../.........../..........................
4) Diventare ..../.........../.........../.........../.........../..........................
5) Ridere ..../.........../.........../.........../.........../..........................
6) Dormire ..../.........../.........../.........../.........../..........................
7) Leggere ..../.........../.........../.........../.........../..........................
8) Tornare ..../.........../.........../.........../.........../..........................
9) Mangiare ..../.........../.........../.........../.........../..........................
10) Studiare ..../.........../.........../.........../.........../..........................

*. **La forma impersonale con un verbo riflessivo** si fa mettendo la particella «ci» davanti al «si» impersonale.*

*Es. Se **ci lamentiamo** troppo, diventiamo noiosi.*
*Se «**ci**» **si lamenta** troppo, si diventa noiosi.*

*Nei Tempi composti la terminazione del Participio passato è sempre in «-**i**».*

*Es. Quando **ci siamo accorti** di un errore, dobbiamo rimediare subito.*
*Quando «**ci**» **si è accorti** di un errore, si deve rimediare subito.*

Esercizi

***III.** Mettere i verbi seguenti all'Indicativo Presente e Passato prossimo con la forma impersonale.*
(Verbi riflessivi e non riflessivi)

Es. Sedersi sopra .... ci si siede sopra / ci si è seduti sopra.
Scrivere molto .... si scrive molto / si è scritto molto.
Ritornare a casa .... si ritorna a casa / si è ritornati a casa.

1) Partire in ritardo ..../................................
2) Accorgersi subito ..../................................
3) Soffrire molto ..../................................
4) Chiudere a chiave ..../................................
5) Vestirsi eleganti ..../................................
6) Potere imparare ..../................................
7) Svegliarsi presto ..../................................
8) Alzarsi tardi ..../................................
9) Ballare bene ..../................................
10) Arrabbiarsi inutilmente ..../................................
11) Innamorarsi follemente ..../................................
12) Dormire fino a tardi ..../................................

. La forma impersonale con un aggettivo.

*Quando in una frase nella forma impersonale con il «si» c'è anche un aggettivo, quest'ultimo è sempre al plurale maschile («-**i**»).*

Es. Quando una persona non ha niente da dire, sta zitta!
*Quando non si ha niente da dire, **si sta zitti**!*

Se uno vive solo su quest'isola, è matto!
*Se si **vive soli** su quest'isola **si è matti**!*

Siamo contenti quando possiamo uscire la sera.
***Si è contenti** quando si può uscire la sera*

*Quando **si era giovani** si avevano tante idee per la testa.*
*Quando si fa un bel lavoro **si è soddisfatti**.*
*In classe **si deve stare attenti**!*

. La forma impersonale con un verbo alla forma passiva.

*Quando si costruisce una frase impersonale con un verbo alla forma passiva, il Participio passato del verbo passivo è sempre al plurale maschile («-**i**»).*

Es. Se un giocatore sbaglia, è eliminato.
*Se si sbaglia, **si è eliminati**.*

Quando siamo fermati dalla polizia, sono guai!
*Quando **si è fermati** dalla polizia, sono guai!*

Se giocheremo male, saremo sostituiti dall'allenatore.
*Se si giocherà male, **si sarà sostituiti** dall'allenatore.*

*Non bisogna reagire quando **si è stati provocati** da qualcuno.*
*Se **si è costretti** a fare un lavoro, quasi mai lo si fa bene.*
*Non si può lavorare bene se **si è** continuamente **disturbati**!*

Esercizi

IV. *Trasformare le frasi seguenti con la forma impersonale.*

*Es. Quando **esco** dal lavoro **sono contento**.*
*Quando **si esce** dal lavoro **si è contenti**.*

*Quando **sono invitato** a una festa, **vado** sempre con piacere.*
*Quando **si è invitati** a una festa, **si va** sempre con piacere.*

1) **Sono** felice quando **sono** in compagnia degli amici.

....

2) Uno **vive** bene quando **è accettato** da tutta la comunità.

....

3) Quando uno **è** giovane, spesso **è** troppo impulsivo.

....

4) Se **sei** tranquillo e rilassato, **puoi** vivere meglio.

....

5) Se **sei invitato** a un ricevimento importante, **devi vestirti** bene.

....

6) Il giorno che **ci troveremo** in quella situazione, **potremo** parlare!

....

7) Quando **ho dormito** molto, **mi sento** riposato e in forma!

....

8) Quando una persona **è** anziana, spesso **si sente** sola.

....

9) Ieri sera **abbiamo mangiato** troppo e ora **ci sentiamo** appesantiti.

....

10) Quando uno **è accusato** ingiustamente, **si sente** perseguitato.

....

Test *(Unità 9)*

Scegliere la frase giusta.

1. a) In questo locale non si fuma! O
   b) In questo locale non si fumano! O

2. a) Quando si è ottimista si vive meglio. O
   b) Quando si è ottimisti si vive meglio. O
   c) Quando si sono ottimisti si vivono meglio. O

3. a) Si è eliminato dal gioco se si fa un errore. O
   b) Si sono eliminati dal gioco se si fa un errore. O
   c) Si è eliminati dal gioco se si fa un errore. O
   d) Si ha eliminato dal gioco se si fa un errore O

4. a) Quando si ci vede, si ci saluta! O
   b) Quando ci si vede, ci si saluta! O
   c) Quando si vede, ci si saluta! O
   d) Quando si vede si saluta! O

5. a) Stanotte si è dormito troppo. O
   b) Stanotte si è dormiti troppo. O
   c) Stanotte si sono dormiti troppo. O

6. a) Quando si parla di politica, si litiga sempre. O
   b) Quando ci si parla di politica, si litiga sempre. O
   c) Quando si parlano di politica, si litiga sempre. O

7. a) Dopo tanto tempo, non si è arrivato a una conclusione. O
   b) Dopo tanto tempo, non si ha arrivato a una conclusione. O
   c) Dopo tanto tempo, non si è arrivata a una conclusione. O
   d) Dopo tanto tempo, non si è arrivati a una conclusione. O

8. a) Ieri mattina ci si è svegliati tardi. O
   b) Ieri mattina si ci è svegliati tardi. O
   c) Ieri mattina ci si è svegliato tardi. O

9. a) Se si vuole entrare, prima si bussano! O
   b) Se si vuole entrare, prima si bussa! O
   c) Se si vogliono entrare, prima si bussa! O

10. a) Si ha fatto bene a non darle ascolto. O
    b) Si è fatta bene a non darle ascolto. O
    c) Si è fatto bene a non darle ascolto. O
    d) Si è fatti bene a non darle ascolto. O

11. a) Si ha viaggiato in treno. O
    b) Si è viaggiato in treno. O
    c) Si sono viaggiati in treno. O

12. a) Se si è intelligente, non si fa una cosa del genere! O
    b) Se si sono intelligenti, non si fa una cosa del genere! O
    c) Se si è intelligenti, non si fa una cosa del genere! O

13. a) Piero dice che quando si è attaccati non si deve reagire. O
    b) Piero dice che quando si è attaccato non si deve reagire. O
    c) Piero dice che quando si ha attaccati non si deve reagire. O

14. a) La settimana scorsa si sono cenati a casa di Carla. O
    b) La settimana scorsa si è cenati a casa di Carla. O
    c) La settimana scorsa si ha cenato a casa di Carla. O
    d) La settimana scorsa si è cenato a casa di Carla. O

15. a) Quando si è malato, si cura. O
    b) Quando si sono malati, ci si cura. O
    c) Quando si è malato, ci si cura. O
    d) Quando si è malati, si cura. O
    e) Quando si è malati, ci si cura. O

16. a) Ieri si è salito sulla cupola del Duomo. O
    b) Ieri si sono saliti sulla cupola del Duomo. O
    c) Ieri si è saliti sulla cupola del Duomo. O
    d) Ieri si ha salito sulla cupola del Duomo. O

Unità 10

Il periodo ipotetico

. Il periodo ipotetico si divide in due parti. La prima esprime un'ipotesi, una condizione ed è introdotta generalmente dalla congiunzione «se» e la seconda esprime la conseguenza dell'ipotesi o condizione.

. Ci sono tre tipi fondamentali di periodo ipotetico:
Il periodo ipotetico della realtà, della possibilità e dell'irrealtà.

1. Periodo ipotetico della realtà

Se posso, lo faccio. *(Indicativo Presente/Indicativo Presente)*
Se potrò, lo farò. *(Indicativo Futuro/Indicativo Futuro)*

. Questo significa che se oggi o domani si realizza l'ipotesi («se posso», «se potrò»: un'ipotesi possibile) allora io certamente «lo faccio», «lo farò».

. È possibile invertire l'ordine delle proposizioni e mettere prima la conseguenza e poi l'ipotesi, senza cambiamento di significato.

Es. Lo faccio se posso.
Lo farò se potrò.

. È possibile anche usare i due Tempi (Presente e Futuro) nello stesso periodo. In questo caso si preferisce mettere il Presente nell'ipotesi e il Futuro nella conseguenza.

Es. Se posso lo farò.
Lo farò se posso.

2. Periodo ipotetico della possibilità

Se potessi, lo farei *(Congiuntivo Imperfetto/Condizionale Semplice)*

. Questo significa che se oggi o domani si realizzasse l'ipotesi («se potessi»: un'ipotesi non certa, ma desiderata), allora io «lo farei» con piacere. Non sono sicuro, ma sono desideroso di farlo.

. È possibile invertire l'ordine delle proposizioni e mettere prima la conseguenza e poi l'ipotesi, senza cambiamento di significato.

Es. Lo farei, se potessi.

3. Periodo ipotetico dell'irrealtà

Se avessi potuto, l'avrei fatto. *(Congiuntivo Trapassato/Condizionale Composto)*

Se potevo, lo facevo. *(Indicativo Imperfetto/Indicativo Imperfetto)*

. Questo significa che l'ipotesi non si è realizzata nel passato («se avessi potuto», «se potevo») e dunque non è stato possibile fare niente. Non è possibile nessuna conseguenza (l'«avrei fatto», ma non l'ho fatto).
Non l'ho fatto, perché non ho potuto.

. La stessa frase si può fare per indicare un'ipotesi futura che non potrà certamente realizzarsi. Io so già adesso che non potrò e quindi uso la forma «se avessi potuto», come se si trattasse di un passato. In realtà è una situazione futura irrealizzabile. Anche qui, naturalmente non esiste nessuna conseguenza (l'«avrei fatto», ma non lo farò). Non lo farò, perché non potrò.

. È possibile invertire l'ordine delle proposizioni e mettere prima la conseguenza e poi l'ipotesi, senza cambiamento di significato.

Es. L'avrei fatto, se avessi potuto.
Lo facevo, se potevo.

Periodi ipotetici particolari

a) *Se incontri Gianna, salutala da parte mia!* *(Indicativo Presente/Imperativo diretto)*

. Questo periodo ipotetico è molto usato nella lingua parlata. In questo caso l'uso dell'Imperativo non deve essere visto come un ordine, ma come un invito, una richiesta (Se per caso tu «incontri» Gianna, ti prego, «salutala» da parte mia, perché mi farebbe molto piacere!).

b) *Se fossi stato attento, ora non saresti malato.* *(Congiuntivo Trapassato/ Condizionale Semplice)*

. Questo significa che se tu allora, in passato «fossi stato attento», ora non «saresti» malato. Ora sei malato, perché prima non hai fatto attenzione.

c) *Se fosse una persona seria, ti avrebbe telefonato.* *(Congiuntivo Imperfetto/ Condizionale Composto)*

. Questo significa che se questa persona in generale «fosse» seria, allora «avrebbe telefonato» certamente. Dunque questa persona non è mai seria; è una sua caratteristica e non un comportamento casuale.

d) *Se fossi più giovane...!* *(Congiuntivo Imperfetto/...)*

. In questo caso la conseguenza dell'ipotesi non è espressa, ma è lasciata immaginare (se «fossi» più giovane, farei molte cose belle, che però non dico, perché tutti possono immaginarlo).

Nota: *Non sempre l'ipotesi è introdotta dalla congiunzione «se». Talvolta si usano locuzioni e congiunzioni condizionali come per esempio: «qualora», «nel caso in cui», «nell'eventualità che», «se per caso». Il significato non cambia, ma si preferisce in questi casi usare il Congiuntivo Imperfetto.*

Es. Qualora (nel caso in cui) la situazione del paziente peggiorasse, mi chiami!

L'ipotesi si può esprimere anche con Il Gerundio semplice (realtà e possibilità) e composto (irrealtà).

Es. Studiando di più, puoi (potrai, potresti) superare facilmente l'esame.
Avendo studiato di più, avresti potuto superare facilmente l'esame.

Esercizi

I. Completare i seguenti periodi ipotetici della realtà.

Es. Se (io-potere) .... aiutarti, lo faccio certamente.
*Se **posso** aiutarti, lo faccio certamente.*

1) Se sarà possibile, l'anno prossimo (io-andare) .... in Cina.
2) Se domani (essere) .... bel tempo, andiamo tutti al mare.
3) (Tu-potere) .... usare la mia macchina se vuoi.
4) Se finisco di lavorare prima, (io-venire) .... a prenderti.
5) Che cosa (tu-rispondere) .... se ti faccio questa domanda?

II. Completare i seguenti periodi ipotetici della possibilità.

Es. Se (io-potere) .... aiutarti, lo farei con piacere.
*Se **potessi** aiutarti, lo farei con piacere.*

1) Smetterei certamente di lavorare se (io-essere) .... ricco.
2) Se (tu-studiare) .... di più, potresti forse superare l'esame.
3) (Io-sposarmi) .... subito se trovassi l'uomo giusto.
4) Se la sera (tu-andare) .... a letto prima avresti meno sonno.
5) Forse (tu-capire) .... un po' di più, se facessi attenzione.

III. Completare i seguenti periodi ipotetici dell'irrealtà.

Es. Ieri, se (io-potere) .... aiutarti, l'avrei fatto certamente.
*Ieri, se **avessi potuto** aiutarti, l'avrei fatto certamente.*

1) Se (tu-venire) .... con noi, ti saresti divertita.
2) Se vi foste alzati prima, (voi-non perdere) .... il treno.
3) (Io-fare) .... un bel viaggio, se avessi avuto i soldi.
4) Se (tu-dire) .... la verità, sarebbe stato molto meglio.
5) (Noi-venire) .... se ci avessero avvertito in tempo.

Esercizi

IV. *Completare i seguenti periodi ipotetici.*
(realtà, possibilità e irrealtà)

Es. Se (io-potere) .... liberarmi, vengo di sicuro.
Se ***posso*** *liberarmi, vengo di sicuro.*

Se potessi liberarmi, (io-venire) .... con piacere.
Se potessi liberarmi, ***verrei*** *con piacere.*

Se ieri (io-potere) .... liberarmi, sarei venuto di sicuro.
Se ieri ***avessi potuto*** *liberarmi, sarei venuto di sicuro.*

Se ieri (io-potere) .... liberarmi, (io-venire) .... di sicuro.
Se ieri ***avessi potuto*** *liberarmi,* ***sarei venuto*** *di sicuro.*

1) Se (tu-conoscere) .... il mio ragazzo, lo troveresti simpatico.
2) (Noi-non spendere) .... tanto, se fossimo restati a casa.
3) Se (tu-studiare) .... avresti superato facilmente l'esame.
4) (Essere) .... molto meglio se tu dicessi la verità, non credi?
5) Domani sera (tu-potere) .... venire a cena da me, se vuoi.
6) Se (non piovere) .... in questo modo, usciremmo.
7) Sono certa che se (tu-vedere) .... il film, ti sarebbe piaciuto.
8) Se (io-essere) .... giovane, (io-fare) .... molte cose.
9) (essere) .... bello se fosse venuta anche Marianna.
10) Se (tu amarmi) .... davvero, non usciresti la sera con lui!
11) Che (tu-fare) .... se (tu-essere) .... al mio posto?
12) (Essere) .... meglio se (tu-andare) .... via.
13) Ieri (io-venire) .... con voi, se (io-potere) ....
14) Forse (lui-capire) .... se (noi-spiegare) .... meglio.
15) Se (io-diventare) .... ricco, (io-smettere) .... di lavorare.
16) Se (noi-partire) .... ieri, (essere) .... meglio.
17) Se domani (essere) .... bel tempo, (noi-uscire) ....
18) Che cosa (tu-dire) .... se (io-fare) .... come lui?

Esercizi

V. *Completare i seguenti periodi ipotetici.*
(realtà, possibilità, irrealtà e periodi particolari)

Es. Se (tu-invitarmi) .... alla festa, ti faccio un regalo.
Se mi ***inviti*** *alla festa, ti faccio un regalo.*

Se avessi seguito i miei consigli, ora (tu-essere) .... ricco.
Se avessi seguito i miei consigli, ora ***saresti*** *ricco.*

Se (lui-non essere) .... così maleducato, ti avrebbe risposto.
Se lui non ***fosse*** *così maleducato, ti avrebbe risposto.*

1) Sei intelligente, giovane e simpatico, ma non sfrutti le tue qualità! Ah, se (io-essere) .... al tuo posto!

2) Se allora (tu-fare) .... più attenzione, adesso (tu-non trovarti) .... in questa brutta situazione.

3) Se per caso (tu-vedere) .... mio fratello uno di questi giorni, (tu-dirgli) .... di telefonarmi! Ho bisogno di parlare con lui.

4) Vieni stasera? Se (io-potere) ...., (io-venire) .... sicuramente. Ti prometto che farò del mio meglio per venire.

5) Se Luciana (amarmi) .... veramente (lei-non comportarsi) .... in quel modo e (lei-chiedere) .... scusa!

6) Nel caso in cui (io-non potere) .... arrivare per l'cra di cena, non aspettatemi e mangiate senza di me.

7) Se al congresso incontrassi il professore, (tu salutarlo) .... da parte mia e (tu-dirgli) .... che vorrei tanto rivederlo!

8) Se per caso (lui-volere) .... il tuo numero di telefono, glielo posso dare o preferisci che non lo sappia?

9) Se tu ti fossi vestito in un altro modo, forse (tu-dare) .... una migliore impressione ai tuoi superiori.

10) (Essere) .... molto meglio se tu mi dicessi tutto quello che è successo quel giorno a casa tua.

Test *(Unità 10)*

Scegliere la frase giusta o le frasi giuste.

1. a) Ieri, se potessi, sarei andato al mare. O
   b) Ieri, se avessi potuto, andrei al mare. O
   c) Ieri, se avessi potuto, sarei andato al mare. O
   d) Ieri, se potevo, andavo al mare. O

2. a) Se domani fa bel tempo, andrei in campagna. O
   b) Se domani farà bel tempo, andrò in campagna. O
   c) Se domani farà bel tempo, sarei andata in campagna. O
   d) Se domani fa bel tempo, vado in campagna. O

3. a) Se avete dei problemi, telefonate! O
   b) Se avete dei problemi, telefonereste! O
   c) Se avreste dei problemi, telefonate! O
   d) Se per caso aveste dei problemi, telefonate! O

4. a) Se potessi, domani verrei con voi. O
   b) Se potrei, domani verrei con voi. O

5. a) Ah, se sarei più ricco...! O
   b) Ah, se fossi più ricco...! O

6. a) Se sarei stato al tuo posto, avrei fatto diversamente. O
   b) Se fossi stato al tuo posto, avessi fatto diversamente. O
   c) Se avessi stato al tuo posto, avrei fatto diversamente. O
   d) Se fossi stato al tuo posto, avrei fatto diversamente. O

7. a) Ora staresti meglio se prima avessi preso le medicine. O
   b) Ora saresti stato meglio, se prendessi le medicine. O
   c) Ora fossi meglio, se prenderesti le medicine. O
   d) Ora saresti stato meglio se avessi preso le medicine. O

8. a) Se potrei, vi accompagnerei io con la macchina O
   b) Se potessi, vi accompagnerei io con la macchina. O

9. a) Se le chiedi scusa, ti perdonerebbe. O
b) Se le chiedessi scusa, ti avrebbe perdonato. O
c) Se le chiedi scusa, ti perdona. O
d) Se le chiederesti scusa, ti perdonerebbe. O

10. a) Sabato scorso sarei partita, se non fossi stata malata. O
b) Sabato scorso sarei partita se non fossi malata. O
c) Sabato scorso partirei se non fossi malata. O

11. a) Ah, se sarei io al vostro posto...! O
b) Ah, se fossi io al vostro posto...! O

12. a) Se non fosse così stupido, capirebbe subito! O
b) Se non fosse stato così stupido, avrebbe capito subito! O
c) Se non fosse stato così stupido capirà subito! O
d) Se non fosse così stupido, avrebbe capito subito! O

13. a) Adesso non avresti problemi, se prima mi ascoltassi. O
b) Adesso non avresti avuto problemi, se mi avessi ascoltato. O
c) Adesso non avresti problemi, se mi avresti ascoltato. O
d) Adesso non avresti problemi, se mi avessi ascoltato. O
e) Adesso non avresti avuto problemi, se mi ascolteresti. O

14. a) Se avrò abbastanza soldi, mi comprerei una bella casa. O
b) Se avessi abbastanza soldi, mi comprerò una bella casa. O
c) Se avessi abbastanza soldi, mi comprerei una bella casa. O
d) Se avrò abbastanza soldi, mi comprerò una bella casa. O

15. a) Se trovi quel maglione che ti piace tanto, lo compri. O
b) Se trovi quel maglione che ti piace tanto, compralo! O
c) Se trovi quel maglione che ti piace tanto, lo compreresti. O

16. a) Sta' tranquilla! Se posso, verrò di sicuro. O
b) Sta' tranquilla! Se potrò, verrei di sicuro. O
c) Sta' tranquilla! Se potessi, verrei di sicuro. O
d) Sta' tranquilla! Se potrò, verrò di sicuro. O

Chiavi

Unità 1

Esercizi:

I. *1) la 2) la 3) i 4) le 5) l' 6) gli 7) la 8) i 9) le 10) il 11) l' 12) lo 13) lo 14) gli 15) il 16) l' 17) gli 18) le 19) il 20) l' 21) le 22) gli 23) la 24) la 25) l' 26) la 27) le 28) il 29) lo 30) lo 31) l' 32) gli 33) la 34) lo 35) la 36) l'.*

II. *1) una 2) un 3) un 4) una 5) dei 6) degli 7) dei 8) delle 9) un' 10) delle 11) un 12) degli 13) uno 14) una 15) un' 16) degli 17) una 18) un 19) un 20) dei 21) delle 22) degli 23) delle 24) un 25) dei 26) delle 27) un 28) uno 29) uno 30) un' 31) una 32) un' 33) delle 34) dei 35) una 36) delle.*

III. *1) la, una 2) il, il 3) una 4) la 5) una 6) le 7) la 8) degli 9) un, l' 10) il, gli 11) la 12) il 13) uno 14) la 15) gli 16) il 17) dei 18) un, delle 19) un 20) un 21) dei 22) il, un' 23) un 24) una.*

IV. *1) nuovissima 2) bello 3) rosse 4) molti, bella 5) belli 6) rossa 7) azzurro 8) bollite 9) basso 10) pieno 11) alto, magro 12) nuovo.*

V. *1) bellissima 2) turisti, molto 3) poeti 4) sistema 5) interessante 6) chitarrista 7) originale 8) colpevole 9) pilota 10) telegramma 11) urgente 12) molti, cambiamenti, clima 13) vacanza, isola, deserta 14) spettacolo, artisti, famosi 15) giovane, attore 16) divertenti 17) dentista 18) chirurghi, famosi 19) film 20) comunicazione, urgente.*

VI. *1) irregolari 2) capolinea 3) inutili 4) dentista 5) elegante 6) collega, gentile 7) importante 8) atleti, atlete 9) fantasma, fantasmi 10) problema, grave 11) giovane, interessante, musicista 12) programma, difficile 13) felici 14) divertenti 15) artiste, originali 16) giovane, sport 17) uova 18) città, meravigliose 19) civiltà, occidentale 20) pianisti, pianiste, dita.*

Test:

1) b 2) b 3) a 4) b 5) a 6) b 7) b 8) a 9) b 10) b 11) c 12) c 13) a 14) a 15) b 16) b 17) a 18) a 19) b 20) b 21) a 22) b 23) c.

Unità 2

Esercizi:

I. *1) hai 2) sei 3) è 4) hanno 5) abbiamo.*

II. *1) aiuto 2) canta 3) dormo 4) credi 5) speriamo 6) non apri 7) non pulisce 8) ceniamo 9) partono 10) preferisco 11) non guadagno 12) passi 13) ascolto 14) amiamo 15) aiuta 16) arriva 17) non guardiamo 18) aumentano 19) dura 20) non firmo 21) non accetti 22) gridate 23) lava 24) cura 25) suonano.*

III. *1) regali 2) spedisci 3) non ricordo 4) non studia 5) non ricevo 6) non mostra 7) nuota 8) disegno 9) non basta 10) bolle, butto 11) non ascoltano 12) parte 13) non tollero 14) respiro 15) proibisce 16) parla, sbadiglio 17) russa 18) sbaglia 19) indossa 20) nevica 21) merita 22) preferisci 23) spera 24) lavora 25) sostituisce.*

IV. *1) non so 2) non vado 3) possono, vogliono 4) produciamo 5) rimango 6) vieni, vengo 7) dicono, vanno 8) muoio 9) siede 10) vengono 11) dà 12) vuoi 13) non togli 14) colgo 15) dici 16) stanno 17) non dite 18) non fanno 19) traduce 20) esci 21) vai 22) salgo 23) vogliamo 24) vanno 25) posso.*

V. *1) scegli 2) fai, non so 3) dice 4) non esco, voglio 5) dobbiamo 6) non sanno, dicono 7) rimangono 8) la spengo 9) beve, vuole, non bevo 10) sa, sanno 11) non dà 12) vuoi, non voglio 13) non dobbiamo, dice, possiamo 14) espongono.*

VI. *1) faccio, dici 2) tiene, dice 3) dico, vogliono 4) non posso, non so 5) deve, faccio, non posso 6) sai, dicono, lo so, non voglio 7) vanno, escono 8) ponete 9) possiede 10) propongo 11) viene, vengono, stanno 12) vogliono.*

VII. *1) salgono 2) riduce, viene 3) muoio, non posso 4) fai 5) devo, sono 6) dice 7) dai 8) conducono, stanno, escono 9) bevete 10) sono, vado 11) compone 12) non sanno, vogliono 13) hai, vuoi 14) traduce 15) va, non può 16) facciamo.*

VIII. *1) ho abitato 2) hai spedito, ti ho dato 3) non ci hanno telefonato 4) ha suonato 5) hai trovato 6) abbiamo venduto 7) ho sognato 8) non ho creduto 9) hanno eseguito 10) ha creato 11) hanno copiato 12) avete chiacchierato 13) ho dimenticato 14) hai baciato 15) hai comprato 16) ho fumato 17) ho guidato 18)* *hai prenotato 19) ho invitato 20) avete firmato 21) ho guadagnato 22) avete imparato 23) non hai digerito 24) avete usato 25) non hai reagito.*

IX. *1) hai votato 2) ho piantato 3) ho buttato 4) ha confessato 5) ho combattuto 6) abbiamo sudato 7) hai usato 8) hai sorpassato 9) abbiamo risparmiato 10) ha sbattuto 11) hanno costruito 12) non ho potuto 13) avete restituito 14) ha battuto 15) hai pagato 16) ha compiuto 17) abbiamo lavorato 18) non ho tradito 19) hai sporcato 20) avete sprecato 21) ha finito 22) avete chiarito 23) hanno saputo 24) ha pagato 25) abbiamo ricevuto.*

X. *1) siamo andati,e 2) siamo usciti,e 3) è stato 4) è diventata 5) è invecchiata 6) è caduta 7) siamo partiti,e 8) sei salito,a 9) è costata 10) sono scappato,a 11) siamo passati,e 12) sono ritornati,e 13) sono restata 14) sono scivolato,a 15) è entrato 16) è scoppiata 17) non sono serviti 18) è tramontato 19) è finita 20) sono dimagrito,a 21) sono ingrassato,a 22) è durato 23) sei impazzito,a 24) è arrivato 25) è cominciato.*

XI. *1) non siamo riusciti, e 2) è fuggito 3) siamo tornati, e 4) siamo caduti, e 5) è diventato 6) sei stato, a 7) non è riuscita 8) è tornato 9) è tornata 10) sono scappati 11) sono restato, a 12) sono spariti 13) è durato 14) è diventata 15) è uscito 16) ci siamo divertiti, e 17) si è arrabbiata 18) sei stato, a 19) non è bastato 20) non si sono fidati, e 21) è finita 22) sei riuscito, a 23) è tornato 24) non mi sono pentito, a 25) è costato.*

XII. *1) è caduta 2) ha sparato 3) ha recitato 4) hai sentito 5) hanno rifiutato 6) hanno contribuito 7) sono partiti 8) ha ballato 9) ha battuto 10) siamo andati 11) è stata 12) è fallito 13) hanno manifestato 14) non sono serviti 15) sono fuggiti 16) abbiamo passeggiato 17) sono dovuti, e 18) ha divorziato 19) siamo potuti, e 20) non hanno scioperato.*

XIII. *1) hai provato 2) non ho digerito 3) siamo voluti, e 4) è sparito 5) avete viaggiato 6) ha tradito 7) è migliorata 8) è stata operata 9) ho dormito 10) sono stato, a 11) hai disturbato 12) non ho potuto 13) ti sei ricordato 14) ho conservato 15) è stato disegnato 16) ho comprato 17) ha battuto 18) abbiamo camminato 19) ho accettato 20) siete voluti, e.*

XIV. *1) hai finito 2) ha sperato 3) hanno sbattuto 4) ti sei comportato, a 5) ho sbagliato 6) hai russato, non ho dormito 7) è dovuta 8) non hai rallentato 9) si è* *arrabbiata 10) sono partiti, e 11) hai notato 12) si sono sposati 13) avete visitato 14) non ho voluto 15) vi siete lavati 16) non siamo potuti, e 17) non ho potuto 18) sono andato, a 19) ha rifiutato 20) si è rifiutato.*

XV. *1) hai deciso 2) ho scritto 3) ha aperto 4) hanno discusso 5) ho letto 6) hai distrutto 7) ho vissuto 8) hai fatto 9) non hanno preso 10) hai bevuto 11) ha nascosto 12) hai conosciuto 13) hai visto 14) abbiamo sospeso 15) ha detto 16) abbiamo chiuso 17) avete risolto 18) non hai risposto 19) ha deluso 20) hai acceso 21) abbiamo speso 22) hai messo 23) ha escluso 24) ha diretto.*

XVI. *1) è scomparso 2) sono nato,a 3) è svenuta 4) è sopravvissuta 5) è successo 6) è rimasta 7) non mi è piaciuta 8) è stata 9) siete venuti,e 10) siamo rimasti,e 11) è sceso 12) sono morte 13) è scomparsa 14) è cresciuto 15) non sono venuti,e 16) sono accorso,a 17) sono intervenuti 18) non sono valsi 19) è comparso 20) è avvenuto 21) sono nati 22) sono intervenuti.*

XVII. *1) non abbiamo acceso 2) hai bevuto 3) sono successe 4) hanno taciuto 5) abbiamo speso 6) non siete rimasti,e 7) non ho preso 8) hanno pianto 9) sono nate 10) hai visto 11) ho letto 12) ha insistito 13) ha sofferto 14) ha espulso 15) ha ucciso 16) sei venuto,a; hai fatto 17) hanno vissuto 18) ha distrutto 19) ha detto 20) hanno rotto 21) avete scelto 22) si è deciso 23) è morto 24) abbiamo deciso.*

XVIII. *1) non credé (credette) 2) partimmo 3) manifestarono 4) salì 5) constatai.*

XIX. *1) iniziò 2) finii 3) curò 4) dimenticammo 5) fumò 6) giurò 7) non capimmo 8) non credei (credetti) 9) fallì 10) sbatté, andò 11) dormii 12) attraversarono 13) emigrarono 14) lo incontrai, non capii 15) mi innamorai 16) cominciammo 17) cenai, tornai 18) abitammo 19) guidai 20) ubbidirono 21) viaggiammo 22) si scusò 23) non credei (credetti) 24) visitai 25) non potei (potetti).*

XX. *1) passeggiammo 2) passai 3) temé (temette) 4) trovarono 5) rallentò, si fermò 6) dimagrì 7) diventò 8) andarono 9) durò 10) chiamaste 11) mi mostrò 12) non credei (credetti) 13) peggiorarono 14) zoppicai 15) non riuscii 16) vendettero partirono 17) salutai, andai 18) tradì 19) operò 20) continuarono 21) non esitò 22) ordinasti 23) restituì 24) scioperarono 25) spedimmo.*

XXI. *1) fui 2) perse 3) ebbi 4) pianse 5) spesero 6) conobbi 7) non volle 8) presero 9) vinse 10) nacque 11) decisi 12) non dicesti 13) bevve, cadde 14)* *difese 15) non successe 16) stette 17) rimasi 18) videro 19) dipinse 20) chiuse 21) fu 22) tacqui 23) non diede (dette) 24) si ruppe 25) discussero.*

XXII. *1) visse 2) perse 3) spensero 4) ebbero 5) discussi 6) corsi 7) risposero 8) non vennero 9) stette 10) piovve, fece 11) risolsi 12) dissero 13) scesi, la vidi 14) deluse 15) si mosse, stettero 16) ti disse 17) foste 18) conobbi 19) mi offesero 20) scelse 21) divise 22) stemmo 23) spese 24) colsi 25) non videro.*

XXIII. *1) andavo 2) viveva 3) dormivo 4) non mi aiutava, stava 5) studiava, preparavo 6) non potevo 7) frequentavano 8) credevi, raccontava 9) aveva 10) abitavo, studiavo 11) non stavano 12) preferivo 13) guardavo 14) sapevi 15) giocavamo 16) viaggiavano, amavano 17) guadagnavo 18) non abbandonavano 19) andavamo, ci invitava, ci raccontava 20) ti piaceva, mi piaceva, non capivo.*

XXIV. *1) era 2) non beveva 3) facevo 4) produceva 5) compiva 6) traducevi 7) era 8) ti dicevano 9) poneva 10) si moveva.*

XXV. *1) facevano 2) avevi 3) era 4) assisteva 5) abitavo 6) produceva 7) poteva 8) perdevo 9) diceva 10) si moveva 11) succedevano 12) non bevevo 13) leggevate 14) dovevamo 15) dirigeva 16) dipingeva 17) era, correva 18) non volevo 19) mi telefonava 20) non si preoccupava.*

XXVI. *1) atterrerà 2) collaborerà 3) balleremo 4) distribuirà 5) dormirà 6) erediteranno 7) pioverà 8) risolveremo 9) sposerà 10) diventerà.*

XXVII. *1) spedirò 2) sospenderà 3) soffrirò, mi lascerai 4) mi scriverai, ti scriverò 5) ti mostrerò 6) puliremo, laveremo 7) esporterà 8) riuscirai 9) leggerà 10) distruggerà 11) direte 12) dipenderà 13) non deluderete 14) succederà 15) crescerà 16) prenderemo 17) chiuderà 18) si assumerà 19) diventerò 20) assisterete 21) proveremo 22) imparerà 23) torneremo 24) non cambierò 25) userò.*

XXVIII. *1) affronteremo 2) ascolterò 3) butterai 4) pranzeremo 5) non dormirò 6) guadagnerai 7) organizzeranno 8) riuscirà 9) troveremo 10) non abbandonerò 11) ingrasserai 12) guiderà 13) peggiorerà 14) realizzerà 15) ti perdonerò, chiederai 16) noleggeremo 17) ti pentirai 18) venderò 19) visiteremo 20) lavoreremo 21) calmerà 22) mostreremo 23) trasferirà 24) cambieremo 25) decideranno.*

XXIX. *1) avrai 2) rimarrete 3) verrò 4) compirà 5) faremo 6) non potrò 7) ridurrà 8) vivrà, vedrà 9) non vorrà 10) terrà 11) saprai 12) andrà 13) tradurrò 14) vivrò*

15) daranno 16) berrai 17) dovremo 18) introdurrà 19) farò 20) terremo 21) non starai 22) condurrà 23) cercheremo 24) cominceremo 25) dovrai.

XXX. *1) farete 2) condurremo 3) verrà 4) saremo 5) non vivrò 6) vedrai, andrà 7) non dovrete 8) faremo 9) non avrete 10) mangeremo 11) produrrà 12) pagherai 13) vedrò 14) saprete 15) potremo 16) staranno 17) terremo 18) daranno 19) dovrà 20) darete 21) non avrai 22) andremo 23) cominceranno 24) mangeremo 25) vorrà.*

XXXI. *1) avevo ricevuto 2) avevamo finito 3) gli era successo 4) aveva sbagliato 5) avevo compiuto 6) l'avevo visto 7) avevo perso 8) avevano capito 9) avevano rubato 10) erano arrivati,e 11) era accaduto 12) mi avevi fatto 13) avevo finito 14) avevi assaggiato 15) aveva finito 16) non avevo visto 17) avevo fatto 18) non eravamo stati 19) ero tornato,a 20) erano andati,e.*

XXXII. *1) era capitato 2) non era stato 3) non avevamo visitato 4) aveva compiuto 5) avevano visto 6) avevano lasciato 7) avevi fatto 8) era partito 9) aveva divorziato 10) avevo risolto 11) avevano iniziato 12) ero tornato,a 13) aveva visto 14) mi avevano fatto 15) non eravamo stati,e 16) era morto 17) aveva preso 18) avevano insistito 19) avevo chiuso 20) aveva deciso.*

XXXIII. *1) è successo 2) verrò (vengo) 3) troverai (trovi) 4) ho comprato 5) lavo 6) hai capito 7) arriverà (arriva) 8) sarà (è) 9) sei andato,a 10) è stata (è) 11) non potremo (possiamo) 12) dobbiamo 13) vincerà (vince) 14) non verrà (viene) 15) è 16) non voglio 17) non mi hai amato 18) hanno visto 19) non sono stato,a 20) sarà (è).*

XXXIV. *1) avrebbe telefonato 2) avevi cambiato 3) aveva visto 4) era 5) stirava 6) avevo ricevuto 7) presenterà (presenta) 8) avevo tradito 9) era 10) sarebbe ritornata 11) non potevo (avrei potuto) 12) aveva visto 13) erano 14) mi avevano venduto 15) si sarebbero sposati 16) aumenteranno (aumentano) 17) siamo 18) era (sarebbe stato) 19) avremmo reagito 20) aveva.*

XXXV. *1) ero 2) avrò superato 3) non era (non sarebbe stato) 4) è 5) sarebbe andato (andava, era andato) 6) non ti ho tradito (non ti tradirò) 7) non capisci 8) gli aveva fatto 9) avresti preso 10) pensava, pensa 11) vincerà (vince) 12) erano arrivati 13) era partito 14) sarà partito 15) aveva visto 16) è stata 17) non potrà (può) 18) mi avreste aiutato 19) avevano commesso 20) non era.*

XXXVI. *1) abbia 2) sia 3) abbiate 4) sia 5) sia 6) abbiano 7) siano 8) sia 9) abbia 10) abbiano 11) sia 12) non siano.*

XXXVII. *1) scherzi 2) abbia preparato 3) scriva 4) migliori 5) firmi 6) suoni 7) sia tornato,a 8) abbia sbagliato (sbagli) 9) non si siano salutati 10) arrivi 11) cambi 12) vi siate comportati,e 13) cambi 14) bastino 15) si sia rassegnato.*

XXXVIII. *1) spenga 2) venga 3) non stia 4) sappia, scelga 5) possano 6) beva 7) sia 8) venga 9) dia 10) gli faccia 11) mangiate 12) ci tenga 13) ti tolga 14) salgano.*

XXXIX. *1) ti riempia 2) siano, vogliano 3) scelga 4) stia, non lo dica 5) sappiano 6) voglia 7) possiate 8) debbano 9) faccia 10) dica 11) diano 12) abbiano.*

XL. *1) debba 2) vogliano 3) escano 4) produca 5) sia 6) vada 7) vadano 8) debbano 9) sia 10) paghi 11) cominci 12) cerchi 13) colga, non faccia 14) mangi.*

XLI. *1) fossi 2) fosse 3) fossero 4) avesse 5) non avessero 6) fossi 7) avessimo 8) foste.*

XLII. *1) avesse terminato 2) passasse 3) ascoltassi 4) peggiorasse 5) glieli restituissi 6) avesse lasciato 7) rovinassi 8) non avesse trovato 9) andasse 10) si fosse sposato 11) ubbidissi 12) tornassero 13) piovesse 14) dormisse.*

XLIII. *1) avesse sbagliato (sbagliasse) 2) non protestassi (avessi protestato) 3) frequentasse 4) non capissi, cercassi 5) ritornaste 6) scherzassi 7) studiassimo 8) aveste finito 9) partisse 10) continuassero 11) vi avessero raccontato 12) fossi partito,a.*

XLIV. *1) avesse 2) consideraste 3) non ricordassi 4) prenotassi 5) avessi sbagliato 6) non esagerassi, evitassi 7) fossero arrivati,e 8) dormisse 9) prendessi 10) fosse andato 11) si fossero sposati 12) mi raccontasse.*

XLV. *1) ponessero 2) traesse 3) dicesse 4) compisse 5) stessi 6) facesse 7) fossi 8) mi desse 9) dicessero 10) traducessi 11) si distraessero 12) componesse 13) bevesse 14) dessimo 15) stessi 16) si movesse 17) facesse 18) riducessi 19) fossero 20) producesse.*

XLVI. *1) non abbia capito 2) vada 3) sia 4) abbiate accettato 5) capisca 6) possano 7) migliori 8) abbia telefonato 9) di potere 10) non sia 11) mi dica 12) si* *sia accorto 13) dicano (abbiano detto) 14) non dica 15) ti sia ricordato,a 16) prenda 17) parta 18) sia 19) sia finito 20) abbia esagerato.*

XLVII. *1) fosse (sarebbe stato) 2) avrebbe cambiato 3) cambiasse 4) avesse cambiato 5) potessi (avresti potuto) 6) fossero 7) avessi finito 8) non fosse stato rimandato (non sarebbe stato rimandato, non fosse rimandato) 9) avesse scoperto 10) non si accorgessero (non si fossero accorti,e) 11) fossi 12) sarebbe tornata 13) sarebbe stato (fosse) 14) si fosse comportato 15) avesse scoperto 16) fossero 17) avresti chiesto (chiedessi) 18) non lo dicesse 19) non si offendesse 20) fosse.*

XLVIII. *1) ritardaste 2) sia andato (vada), proceda 3) fosse tornato 4) mi mandiate 5) abbia conosciuto 6) dicessi 7) non abbia terminato 8) andasse, non tornasse 9) avessi 10) avessi dimostrato.*

XLIX. *1) avresti 2) sarei 3) avremmo 4) sarebbero 5) sarebbe.*

L. *1) parlerei 2) ascolteremmo 3) cambierei 4) balleresti 5) mi piacerebbe 6) non studierei 7) mi stireresti, mi laveresti 8) ci aiutereste 9) spegneresti 10) risolverei.*

LI. *1) cambieresti 2) mi regaleresti 3) torneremmo 4) scriverei, gli direi 5) visiterei 6) mi racconteresti 7) bisognerebbe 8) finireste 9) mi piacerebbe 10) dormirei 11) non mi lamenterei 12) usciresti 13) inviteremmo 14) partirebbe, continuerebbe 15) voterebbe.*

LII. *1) dovresti 2) vorrei 3) potrei 4) non vivrei 5) avresti, dovrei 6) mangerei 7) saremmo 8) cercherei 9) sapreste, sarebbe 10) andremmo 11) rimarresti, ci farebbe 12) verrebbero 13) mi faresti 14) sarebbe.*

LIII. *1) avresti guadagnato 2) sarei andata 3) avreste dovuto 4) non mi sarei comportato,a; avrei cercato 5) avresti potuto 6) sarebbero morti 7) avrei fatto 8) avrebbe sostituito 9) non sarebbe scappato 10) avresti detto 11) avrei voluto 12) avrebbe escluso.*

LIV. *1) sarei partito 2) ci piacerebbe 3) potresti 4) rimarrei 5) vorrebbe 6) desidererebbe 7) ti sarebbe piaciuto 8) avrebbe potuto 9) mi daresti 10) potremmo 11) mi aiuterebbe, lo farei 12) piacerebbe.*

LV. *1) vorrei, mi darebbe, potrei 2) avresti fatto, mi sarei comportato, a 3) mi leggeresti 4) saremmo, sarebbero 5) avresti potuto 6) saresti diventato 7) preferiremmo 8) dovrebbe 9) avremmo finito 10) avrei fatto 11) ballerebbe 12) usciresti.*

LVI. *1) abbia 2) sii 3) siate, non abbiate 4) non sia 5) abbiate 6) abbiano.*

LVII. *1) prendete, copiate 2) non mangiare 3) cominciamo 4) mi scusi, giri, prenda, lasci 5) parli 6) smettete 7) comportati, ricordati, non parlare 8) mi faccia, non ci disturbi 9) credimi 10) sappiate 11) non partire 12) faccia, non discuta 13) scriveteci.*

LVIII. *1) sbrigatevi, mettete, chiamate, non perdete 2) abbi 3) sta', non preoccuparti 4) mi dica 5) fate 6) cerchi 7) abbiano 8) dimmi 9) non si arrabbi 10) non dire, ricordati 11) scendi 12) riflettete 13) vacci, ricordati 14) facciamo.*

LIX. *1) essendo arrivato,a 2) stavano scappando 3) guidando 4) prendendo (avendo preso) 5) passeggiando 6) rispondendo (avendo risposto) 7) stavamo cenando 8) pulendo 9) sta studiando 10) essendo dimagrita 11) viaggiando 12) comprando 13) urlando e litigando 14) stai scherzando 15) avendo preso 16) parlando 17) si sta interessando 18) stia facendo.*

LX. *1) fare 2) avere finito 3) avere partecipato 4) correre 5) avere vinto 6) essere partita 7) rispondere, restare 8) essere caduto 9) incontrare 10) dimostrare, convincere, presentare 11) avere sposato 12) superare, avere terminato.*

LXI. *1) Scritto quel romanzo... 2) Lasciati moglie e figli... 3) Partita Anna... 4) Presa questa medicina... 5) Finito questo lavoro... 6) Uscita... 7) Entrato in classe il direttore... (Entrato il direttore in classe...) 8) Fatta la stessa esperienza... 9) Finito il discorso del Ministro... 10) Terminati gli studi... .*

Test 1:

1) a 2) b 3) a 4) b 5) a 6) b 7) b 8) a 9) b 10) a

Test 2:

1) a 2) a 3) a 4) a 5) b 6) b 7) a 8) a 9) b 10) b 11) b 12) a 13) b 14) a 15) b 16) a 17) b 18) a 19) a 20) a 21) b 22) b 23) a 24) a

Test 3:

1) a, d 2) b, c 3) b 4) a, c 5) a, e 6) c, d 7) a 8) a, c 9) a, d 10) b, d 11) b, c, d 12) b.

Test 4:

1) a, b 2) b, d 3) a 4) a, b, c 5) b 6) a, d, e 7) a 8) a, c 9) b, c 10) b, d 11) b, c 12) b 13) a, b 14) a.

Unità 3

Esercizi:

I. *1) mi rado 2) ci riposiamo 3) ci informiamo (ci informeremo) 4) mi organizzavo, non mi annoiavo 5) si odiano 6) si odino, non si salutano, si incontrano 7) mi siedo 8) ti chiudi 9) si arrabbierà 10) si meritavano 11) ti decidi 12) vi nascondete 13) ci incontriamo (ci incontravamo) 14) si lavava 15) ti lamenti 16) ti chiami, mi chiamo 17) si innamorò 18) si merita (si meriterebbe, si meriterà) 19) mi vergogno 20) ci vediamo (ci vedremo) 21) mi dimentico (mi dimenticavo) 22) si chiama, non ti ricordi.*

II. *1) non ci possiamo occupare, non possiamo occuparci 2) mi devo ricoverare, devo ricoverarmi 3) vi dovete pentire, dovete pentirvi 4) si vogliono sposare, vogliono sposarsi 5) ci dobbiamo sbrigare, dobbiamo sbrigarci.*

III. *1) si sono conosciuti 2) ti sei accorta 3) non mi ero dimenticato,a 4) vi siate organizzati,e 5) si sarebbe dimesso (si è dimesso).*

IV. *1) si sono viste 2) ci siamo liberati,e 3) non si è dimenticata 4) non si erano lasciati 5) si sono nascosti (si saranno nascosti) 6) si sia innamorata 7) non si sono ricordati,e 8) mi sono espresso,a 9) vi siate fidati,e 10) si è convinta 11) mi sono arrabbiato,a 12) non si è mostrato 13) non ci siamo incontrati 14) si è liberata 15) si sia licenziata.*

V. *1) ci siamo dovuti,e vestire, abbiamo dovuto vestirci 2) mi sono potuto,a addormentare, non ho potuto addormentarmi 3) si sia potuto svegliare, abbia potuto svegliarsi 4) si sono voluti,e assicurare, hanno voluto assicurarsi 5) ci siamo dovuti,e organizzare, abbiamo dovuto organizzarci.*

VI. *1) si sia mostrato 2) mi sono dovuto,a licenziare (ho dovuto licenziarmi) 3) ti sei deciso,a 4) ti ammalavi 5) ricordatevi 6) non ci dobbiamo più vedere (non dobbiamo più vederci) 7) si è arrabbiato, non ti scuserai 8) si ricordi (si sia ricordata) 9) comportati 10) vi sarete stancati,e (vi stancherete) 11) non arrampicarti 12) si scusa.*

VII. *1) vi siete conosciuti, ci siamo conosciuti 2) sbrigati 3) si possa ricordare (possa ricordarsi) 4) si accorse 5) essersi incontrati, non vedersi 6) si svegli, si alzi 7) ci siamo dovuti,e decidere, abbiamo dovuto deciderci 8) ci vedevamo, si è risposata 9) si siano resi,e conto 10) ci nascondevamo.*

Test:

1) b 2) b 3) b, e 4) a 5) c 6) a 7) b, c 8) b 9) c, e 10) a 11) a 12) b 13) b 14) b, e 15) a 16) a, d 17) b 18) b 19) a 20) b 21) a 22) b, c.

Unità 4

Esercizi:

I. *1) di 2) da 3) a 4) fra 5) di, con 6) per 7) di 8) con 9) fra 10) in, a 11) all' 12) per le 13) da 14) a, da 15) sui 16) a 17) per 18) a 19) per 20) fra.*

II. *1) di 2) dal 3) dal 4) a 5) a, per la 6) in 7) di 8) al 9) da 10) della 11) fra 12) su 13) con il, delle 14) a 15) sui 16) in 17) di 18) a 19) fra 20) da.*

III. *1) di 2) alle, a, di 3) da, di 4) per 5) con 6) in 7) sull' 8) fra 9) dei, a, da 10) con la 11) in 12) sul 13) fra 14) in (d') 15) con il 16) sul 17) in, in 18) da 19) di 20) per la 21) fra 22) a, a 23) in, al 24) a 25) a.*

Test:

1) c 2) a 3) c 4) b 5) c 6) c 7) a 8) b 9) a 10) b 11) d 12) b 13) b 14) a 15) a 16) b 17) a 18) b.

Unità 5

Esercizi:

I. *1) Domani gli telefonerò 2) Non lo conosco 3) Non la mangiamo molto spesso 4) Lui non le scrive quasi mai 5) Domani la cominceremo un'ora più tardi.*

II. *1) le scrivo 2) non lo capisco 3) li correggerà 4) la firmerò 5) non gli domanderò 6) la mangio 7) li leggo 8) le telefonerò 9) lo conosco 10) non mi piaceva, lo bevevo.*

III. *1) Le piacerebbe 2) La cerca 3) Le spiego 4) spiego Loro 5) La saluto.*

IV. *1) ne bevo 2) ne fuma 3) ne avrò 4) ne prendo 5) ne conosco.*

V. *1) ce l'abbiamo 2) ce l'ho 3) ce l'ho 4) non ce li abbiamo 5) ce le ho 6) ce l'ho 7) non ce li ho 8) ce li abbiamo 9) ce l'hai 10) ce l'ho 11) ce le hanno 12) non ce l'ho.*

VI. *1) l'abbiamo spedita 2) l'ho appena scritta 3) l'ha preso 4) non l'ho detta 5) non l'ho riconosciuta 6) l'ho incontrato 7) l'ho vista 8) l'ho trovato 9) l'ho visto 10) non l'avevo mai incontrato 11) l'ho letto 12) non l'abbiamo ancora affittato 13) l'ho vista 14) ti ho forse svegliato (svegliata) 15) L'ho chiamata 16) non l'abbiamo sentito 17) l'hanno preparata 18) mi ha invitato (invitata) 19) l'abbiamo studiata 20) l'ha dipinto.*

VII. *1) l'ho fatta 2) l'abbiamo comprata 3) l'hanno affittato 4) l'ho preso 5) l'abbia cominciato 6) l'abbiamo preso 7) l'ho prestata 8) l'ho studiato 9) l'ho parcheggiata 10) non l'ho spedito 11) l'ho vinta 12) l'abbiamo chiamata 13) l'ha detta 14) l'abbia rotta 15) l'ho capito 16) non l'avevo vista (mai) 17) l'ho notato 18) l'ho passato 19) l'ha firmato 20) l'ho comprata.*

VIII. *1) li ho incontrati 2) le abbiamo comprate 3) li abbiamo appena terminati 4) non le ho viste 5) li avevano finiti 6) li ho visitati 7) le ho prese 8) non li ho ancora letti 9) chi le ha scritte 10) non le ho salutate.*

IX. *1) li abbiamo finiti 2) li abbiamo messi 3) li ho comprati 4) li ho preparati 5) non le ho trovate 6) li ho salutati 7) le ho mangiate 8) li ho trovati 9) li ha cucinati 10) non li ho buttati.*

X. *1) l'abbiamo spedito 2) li ho spesi 3) li ho incontrati 4) le abbiamo trovate 5) l'ho letto 6) li ho visitati 7) le ha scritte 8) non l'ho salutata 9) l'ho risolto 10) l'ho parlato 11) l'ho cambiato 12) non l'ho svegliato 13) l'ho seguito, l'ho trovato 14) l'abbiamo accompagnata 15) l'ho fatta.*

XI. *1) gli abbiamo risposto 2) le ho letto 3) gli parleranno, gli diranno 4) non gli abbiamo telefonato 5) le ho comprato.*

XII. *1) non l'ho visto 2) lo incontrerò 3) non lo so 4) gli ho risposto, gli chiederò (chiedo) 5) l'ho presa 6) l'ho avuta 7) ne ha fumato 8) non le ho scritto 9) lo visiti (visiterà), lo inauguri (inaugurerà) 10) ne ho 11) l'ho seguita 12) l'ho nascosta.*

XIII. *1) non gli ho potuto telefonare / non ho potuto telefonargli 2) la dovremo vincere / dovremo vincerla 3) li ho dovuti invitare / ho dovuto invitarli 4) non l'hai voluta guidare / hai voluto guidarla.*

XIV. *1) è bello suonarlo 2) dopo averla vista 3) è meglio scriverle 4) dopo averle telefonato 5) parlandole 6) avendolo letto.*

XV. *1) scrivile, spiegale 2) lo assaggi 3) telefonagli 4) trattatelo 5) non lo sgridi.*

XVI. *1) gliel'ho riportato 2) non gliel'abbiamo raccontata 3) gliele ho potute spiegare / ho potuto spiegargliele 4) me l'ha data 5) gliel'ho mostrato 6) gliene ho prestati 7) gliel'ho domandato 8) Ce le ha dette 9) gliel'ho ripetuta 10) gliel'ho risolto.*

Test:

1) b 2) b, e 3) b 4) a 5) d 6) a 7) b 8) a 9) b, d 10) a 11) c 12) a 13) c 14) c.

Unità 6

Esercizi:

I. *1) il suo fidanzato 2) la sua macchina 3) la vostra idea 4) i loro dischi 5) il suo numero 6) un suo film 7) le sue parole 8) i loro figli 9) il suo quadro 10) la sua valigia 11) i suoi genitori 12) un suo amico.*

II. *1) la loro casa 2) il suo aereo 3) i suoi genitori 4) suo fratello 5) la sua proposta 6) la sua difesa 7) il loro comportamento 8) le tue idee 9) sua cugina 10) il loro padre.*

III. *1) il mio principale 2) tua sorella 3) sua moglie 4) Sua figlia 5) la mia sorellina 6) il nostro amore 7) la loro nuova casa 8) i miei genitori 9) vostro padre 10) la tua idea 11) la Sua cura 12) mia suocera 13) la mia banca 14) i miei nonni, mia madre 15) il mio fidanzato 16) la mia nipote preferita 17) i miei parenti 18) mio cognato, mia sorella 19) mio Paese 20) il tuo esame.*

IV. *1) questa / quella 2) questi / quegli 3) queste / quelle 4) questi / quegli 5) questo / quel 6) questi / quegli 7) questo / quel 8) questa / quella 9) questi / quegli 10) questo / quello.*

V. *1) questo (quest') / quell' 2) questo / quel 3) questo (quest') / quell' 4) questi / quei 5) questa (quest') / quell' 6) questo / quel 7) questo / quel 8) questa (quest') / quell' 9) questa / quella 10) queste / quelle.*

VI. *1) quella 2) queste 3) quei (questi) 4) questa, quella 5) quello 6) questo (quel) 7) quel 8) questi 9) quelle (queste) 10) quegli, quella 11) questo (quel) 12) questi.*

Test 1:

1) b 2) c, d 3) a 4) b, c 5) b 6) a 7) c 8) c 9) a 10) b.

Test 2:

1) b 2) b 3) a 4) b 5) a 6) a 7) b 8) a 9) b 10) a 11) a 12) b.

Unità 7

Esercizi:

I. *1) Il libro che ho comprato ha molte illustrazioni 2) La proposta che hai fatto è interessante 3) La signora che attraversa la strada ha bisogno di aiuto 4) La macchina che la polizia ha fermato è un'Alfa Romeo 5) Il sogno che ho fatto ieri era difficile da interpretare 6) La decisione che abbiamo preso è la migliore 7) La ragazza che ho incontrato si chiama Elena 8) I bambini che crescono hanno bisogno di molte proteine 9) La fotografia che è stata scelta per il premio è (la) mia 10) L'uomo che fa un discorso alla televisione è mio marito.*

II. *1) Il signore a cui / al quale ho prestato dei soldi è un buon amico 2) L'ideale per cui / per il quale ti batti è giusto 3) L'aereo su cui / sul quale viaggia il presidente è atterrato in ritardo 4) La persona di cui / della quale parli è il mio professore 5) La villa in cui / nella quale abitiamo è del settecento 6) L'uomo di cui / del quale parlano i giornali è colpevole di truffa 7) Il paese da cui / dal quale viene Lisa si trova in Puglia 8) La poltrona su cui / sulla quale sei seduto è tutta rotta 9) Il bambino a cui / al quale ho fatto un regalo è mio nipote 10) Il coltello con cui / con il quale cercate di tagliare il pane non taglia bene.*

III. *1) La macchina che state guardando è (la) mia 2) Il sigaro che fumi viene da Cuba 3) L'avvocato da cui / dal quale sono stato mi ha detto che ho torto 4) Ho letto il libro di cui / del quale Lei parla alcuni anni fa (Il libro di cui / del quale Lei parla, l'ho letto alcuni anni fa) 5) Il ragazzo che hai baciato è il mio fidanzato 6) Il film che abbiamo visto ieri sera era decisamente stupido 7) Il treno con cui / con il quale siamo venuti qui era molto veloce e comodo 8) Il problema di cui / del quale parla Sergio è molto serio 9) L'architetto da cui / dal quale siamo andati ha grandi idee 10) Le cose che ha detto il professore erano interessanti (le tante / molte cose che ha detto il professore erano interessanti).*

IV. *1) da cui / dal quale 2) di cui / del quale 3) che 4) che 5) con cui / con la quale 6) a cui / alla quale 7) che 8) con cui / con i quali 9) a cui / al quale 10) che 11) a cui / alla quale 12) che 13) con cui / con il quale 14) che 15) con cui / con il quale 16) in cui / (nel quale) 17) con cui / con i quali 18) a cui / alla quale 19) che 20) con cui / con il quale, che.*

V. *1) quanto, chi 2) che / che cosa / cosa 3) quale 4) che / che cosa / cosa, quali 5) chi 6) quanto 7) che / che cosa / cosa 8) quali 9) chi 10) quanta 11) che / che cosa / cosa, chi 12) quanto 13) qual è 14) chi 15) che / che cosa / cosa 16) chi 17) che / che cosa / cosa 18) quanto 19) chi 20) che / che cosa / cosa.*

VI. *1) che, quanti 2) quale (che) 3) quante 4) che (quale) 5) quale (che) 6) quanti 7) quante 8) che 9) quali 10) quante 11) quale 12) quanti 13) quale 14) che 15) quante 16) quali (che) 17) quanti 18) quante 19) che 20) quanto.*

VII. *1) perché 2) dove 3) quando 4) come 5) perché 6) dove 7) come 8) come 9) perché 10) quando 11) dove 12) perché 13) come 14) quando 15) come 16) perché 17) quando 18) quando 19) come 20) perché.*

Test 1:

1) b, e 2) a 3) c 4) c, e 5) a, b 6) b 7) b, d 8) a 9) c 10) b, e 11) a 12) a, c 13) b, d 14) c 15) a, d.

Test 2:

1) b 2) a 3) c 4) b 5) b 6) a 7) d 8) a 9) b 10) c 11) b 12) c 13) a 14) c.

Unità 8

Esercizi:

I. *1) Questo problema sarà risolto da noi. 2) La mia macchina fu rubata da un ladro. 3) Una scultura sarà realizzata dall'artista. 4) Lo spettacolo sarà presentato da un grande personaggio. 5) ... molti regali furono offerti agli sposi da tutti gli invitati. 6) Questo cantante è amato molto dal pubblico giovanile. 7) Una volta molti personaggi importanti erano invitati in questo albergo. 8) Il mio invito non fu accettato da Gloria. 9) Mio padre sarà curato dal dottor Rossi. 10) Molti capolavori furono dipinti da Michelangelo.*

II. *1) Questo film è stato visto da quasi tutti i miei amici. 2) Quella sinfonia era stata suonata già altre volte dall'orchestra. 3) Gli ostaggi sono stati liberati dalla polizia. 4) Credo che nuovi operai siano stati assunti dalla direzione. 5) ... degli operai sarebbero stati licenziati dal direttore. 6) Mi dispiace che voi siate stati offesi dal mio collega. 7) La vecchia villa nel bosco è stata comprata da un famoso musicista. 8) ...nonostante (lui) da piccolo fosse stato morso da un cane. 9) Mi pare che «La locandiera» sia stata scritta da Carlo Goldoni nel 1752. 10) Secondo alcuni quell'articolo sul giornale non sarebbe stato scritto da lui.*

III. *1) venne spedita 2) verrà operato 3) veniva disprezzato 4) venga assunto 5) verrà tradotto 6) verrebbe difeso 7) verrà scelto.*

IV. *1) L'esame deve essere superato (va superato) da tutti gli studenti... 2) Queste lettere non possono essere firmate dal direttore... 3) Il pacco non potrà essere spedito... 4) Questo testo deve essere studiato (va studiato)... 5) Una decisione dovrà essere presa (andrà presa)... 6) La partita di domani deve assolutamente essere vinta (va assolutamente vinta) dalla squadra. 7) Questa occasione non può essere persa. 8) Tutti i vostri problemi non potevano essere risolti da noi. 9) Molti regali per i miei amici che si sposano devono essere comprati (vanno comprati) ...da me. 10) Giorgio non può essere abbandonato da me...*

V. *1) si beve soprattutto vino 2) si è fatta una festa 3) si sono fatti degli errori 4) si dicono cose giuste 5) non si conosce la soluzione 6) non si danno molte informazioni 7) non si è capita la risposta 8) non si fumano queste sigarette 9) si mangiavano sempre le solite cose 10) si è avuta una grande delusione.*

Test:

1) b 2) a 3) b, d 4) a 5) b, d 6) a, c, d 7) a, c 8) d 9) a, c 10) b 11) b, c 12) b, c 13) e 14) a, c 15) a 16) a, b, d 17) b 18) a, d 19) b, c 20) c 21) e 22) c, d.

Unità 9

Esercizi:

***I.** 1) si viaggia, si è 2) si sta, non si deve 3) si vive, si sta 4) si fa, si può 5) si va 6) non si sta, si deve 7) si fa 8) si girava 9) non si può, si prenda 10) si passeggia.*

***II.** 1) si è / era / sarà / sia / fosse viaggiato 2) si è / era / sarà / sia / fosse arrivati 3) si è / era / sarà / sia / fosse partiti 4) si è / era / sarà / sia / fosse diventati 5) si è / era / sarà / sia / fosse riso 6) si è / era / sarà / sia / fosse dormito 7) si è / era / sarà / sia / fosse letto 8) si è / era / sarà / sia / fosse tornati 9) si è / era / sarà / sia / fosse mangiato 10) si è / era / sarà / sia / fosse studiato.*

***III.** 1) si parte... / si è partiti... 2) ci si accorge... / ci si è accorti... 3) si soffre... / si è sofferto... 4) si chiude... / si è chiuso... 5) ci si veste... / ci si è vestiti... 6) si può... / si è potuto... 7) ci si sveglia... / ci si è svegliati... 8) ci si alza... / ci si è alzati... 9) si balla... / si è ballato... 10) ci si arrabbia... / ci si è arrabbiati... 11) ci si innamora... / ci si è innamorati... 12) si dorme... / si è dormito... .*

***IV.** 1) Si è felici... si è in compagnia... 2) si vive bene... si è accettati... 3) Quando si è giovani... si è troppo impulsivi 4) Se si è tranquilli e rilassati, si può vivere... 5) Se si è invitati... ci si deve vestire... 6) ...ci si troverà... si potrà parlare 7) Quando si è dormito... ci si sente riposati e in forma 8) Quando si è anziani... ci si sente soli 9) ...si è mangiato troppo... ci si sente appesantiti 10) Quando si è accusati... ci si sente perseguitati.*

Test:

1) a 2) b 3) c 4) b 5) a 6) a 7) d 8) a 9) b 10) c 11) b 12) c 13) a 14) d 15) e 16) c.

Unità 10

Esercizi:

I. *1) andrò 2) è 3) puoi 4) vengo 5) rispondi.*

II. *1) fossi 2) studiassi 3) mi sposerei 4) andassi 5) capiresti.*

III. *1) fossi venuta 2) avreste perso 3) avrei fatto 4) avessi detto 5) saremmo venuti.*

IV. *1) conoscessi 2) avremmo speso 3) avessi studiato 4) sarebbe 5) puoi 6) non piovesse 7) avessi visto 8) fossi, farei 9) sarebbe stato 10) mi amassi 11) faresti, fossi / avresti fatto, fossi stato,a 12) è, vai / sarebbe, andassi / sarebbe stato, fossi andato 13) sarei venuto,a , avessi potuto 14) capirebbe, spiegassimo (avrebbe capito, avessimo spiegato) 15) divento, smetto / diventerò, smetterò / diventassi, smetterei 16) fossimo partiti, sarebbe stato 17) è, usciamo / sarà, usciremo / fosse, usciremmo / fosse stato, saremmo usciti 18) diresti, facessi / avresti detto, avessi fatto (dicevi, facevo).*

V. *1) fossi 2) avessi fatto, non ti troveresti 3) vedessi, digli 4) posso, vengo / potrò, verrò 5) mi amasse, non si sarebbe comportata, avrebbe chiesto 6) non potessi 7) salutalo, digli 8) volesse 9) avresti dato 10) sarebbe.*

Test:

1) c, d 2) b, d 3) a, d 4) a 5) b 6) d 7) a 8) b 9) c 10) a 11) b 12) a, (b), d 13) d 14) c, d 15) b 16) a, d.

Dizionario
Dictionary - Dictionnaire
Wörterbuch - Diccionario

Italiano
English - Français - Deutsch - Español

Abbreviazioni
Abbreviations - Abréviations - Abkürzungen - Abreviaturas

agg.	*aggettivo*
avv.	*avverbio*
cong.	*congiunzione*
int.	*interiezione*
pron.	*pronome*
s.f.	*sostantivo femminile*
s.m.	*sostantivo maschile*
s.m.f.	*sostantivo maschile e femminile*
s.f.p.	*sostantivo femminile plurale*
s.m.p.	*sostantivo maschile plurale*
v.i.	*verbo intransitivo*
v.i.t.	*verbo intransitivo e transitivo*
v.p.	*verbo pronominale (riflessivo)*
v.t.	*verbo transitivo*

A

Abbastanza *avv.* enough; assez; genug; bastante. **Abbonamento** *s.m.* season ticket, commuter ticket, subscription; Abonnement, Dauerkarte; abono, suscripción. **Abbondante** *agg.* plentiful; abondant; reichlich; abundante. **Abbracciare** *v.t.* to embrace; embrasser; umarmen, umfassen; abrazar. **Abbronzatura** *s.f.* sun-tan; bronzage; Bräune; bronceado. **Abitante** *s.m.f.* inhabitant; habitant; Einwohner; habitante. **Abitare** *v.i.* to live; habiter; wohnen; vivir. **Abituarsi** *v.t.* to become used to; s'habituer; sich gewöhnen; acostumbrarse. **Abituato** *agg.* used to; habitué; gewöhnt; acostumbrado. **Abitudine** *s.f.* habit; habitude; Gewohnheit; costumbre. **Aborto** *s.m.* abortion, miscarriage; avortement; Fehlgeburt; aborto. **Accademia** *s.f.* academy; académie; Akademie; academia. **Accadere** *v.i.* to happen; se passer; geschehen; suceder, acontecer. **Accendere** *v.t.* to light, to turn on; allumer; anzünden, anmachen; encender. **Accendino** *s.m.* lighter; briquet; Feuerzeug; mechero, encendedor. **Accettare** *v.t.* to accept; accepter; annehmen, akzeptieren; aceptar. **Acciaio** *s.m.* steel; acier; Stahl; acero. **Accomodarsi** *v.i.* to sit down, to make oneself comfortable; s'installer, s'assoir; Platz nehmen; acomodarse. **Accompagnare** *v.t.* to accompany, to go with; accompagner; begleiten; acompañar. **Accordo** *s.m.* agreement; accord; Einigkeit, Übereinstimmung, Einverständnis; acuerdo. (**d'accordo** ok; d'accord; einverstanden; de acuerdo). **Accorgersi** *v.i.* to realize, to notice; s'apercevoir; bemerken, sehen; darse cuenta de. **Accusare** *v.t.* to accuse; accuser; anklagen; acusar. **Aceto** *s.m.* vinegar; vinaigre; Essig; vinagre. **Acqua** *s.f.* water; eau; Wasser; agua. **Addormentarsi** *v.i.* to fall asleep; s'endormir; einschlafen; dormirse. **Adesso** *avv.* now; maintenant; jetzt; ahora. **Adorare** *v.t.* to adore; adorer; anbeten; adorar. **Adulto** *s.m.* adult; adulte; Erwachsene(r); adulto. **Aereo** *s.m.* airplane; avion; Flugzeug; avión. **Aeroporto** *s.m.* airport; aéroport; Flughafen; aeropuerto. **Affare** *s.m.* business deal; affaire; Geschäft; negocio. **Affermare** *v.i.* to affirm; affirmer; behaupten; afirmar. **Affetto** *s.m.* affection; affection; Liebe; afecto. **Affettuoso** *agg.* affectionate; affectueux; liebevoll; afectuoso. **Affittare** *v.t.* to let, to rent; louer; mieten, vermieten; alquilar. **Affitto** *s.m.* rent; loyer; Miete; alquiler. **Affresco** *s.m.* fresco; fresque; Fresko; fresco. **Agenda** *s.f.* diary; agenda; Notizbuch; agenda. **Agente** *s.m.* agent; agent; Agent; agente. **Agenzia** *s.f.* agency; agence; Agentur; agencia. **Aggettivo** *s.m.* adjective; adjectif; Adjektiv; adjetivo. **Aggiungere** *v.t.* to add;

ajouter; hinzufügen; añadir, sumar **Aggiustare** *v.t.* to adjust; ajuster; reparieren, ausbessern; ajustar. **Aggressione** *s.f.* aggression; agression; Überfall; agresión. **Aglio** *s.m.* garlic; ail; Knoblauch; ajo. **Agosto** *s.m.* August; août; August; agosto. **Agricoltura** *s.f.* agriculture; agriculture; Landwirtschaft; agricultura. **Aiutare** *v.t.* to help; aider; helfen; ayudar. **Aiuto** *s.m.* help; aide; Hilfe; ayuda, auxilio. **Alba** *s.f.* dawn; aube; Morgengrauen; alba. **Albergo** *s.m.* hotel; hôtel; Hotel; hotel. **Albero** *s.m.* tree; arbre; Baum; árbol. **Alfabeto** *s.m.* alphabet; alphabet; Alphabet; alfabeto. **Allarme** *s.m.* alarm; alarme; Alarm; alarma. **Allegro** *agg.* happy, cheerful, merry; joyeux; lustig; alegre. **Allenamento** *s.m.* training; entraînement; Übung, Training; entrenamiento. **Alloggio** *s.m.* accommodation; logement; Unterkunft; alojamiento. **Allontanarsi** *v.i.* to go away; s'éloigner; sich entfernen; alejarse. **Alpinismo** *s.m.* mountaineering; alpinisme; Bergsteigen; alpinismo. **Alpinista** *s.m.f.* mountaineer; alpiniste; Bergsteiger; alpinista. **Altezza** *s.f.* height; hauteur; Größe; altura. **Alto** *agg.* high, tall; haut, grand; groß; alto, elevado. **Alzarsi** *v.p.* to get up; se lever; aufstehen; levantarse. **Amare** *v.t.* to love; aimer; lieben; amar. **Amaro** *agg.* bitter; amer; bitter; amargo. **Ambasciata** *s.f.* embassy; ambassade; Botschaft; embajada. **Ambasciatore** *s.m.* ambassador; ambassadeur; Botschafter; embajador. **Ambúlanza** *s.f.* ambulance; ambulance; Ambulanz; ambulancia. **Amicizia** *s.f.* friendship; amitié; Freundschaft; amistad. **Amico** *s.m.* friend; ami; Freund; amigo. **Ammalato** *agg.* sick; ill; malade; krank; enfermo. **Amore** *s.m.* love; amour; Liebe; amor. **Analisi** *s.f.* analysis; analyse; Analyse; análisis. **Anatra** *s.f.* duck; canard; Ente; ánade, pato. **Andare** *v.i.* to go; aller; gehen; ir. **Anello** *s.m.* ring; anneau, bague; Ring; anillo. **Animale** *s.m.* animal; animal; Tier; animal. **Anno** *s.m.* year; année; Jahr; año. **Annoiarsi** *v.p.* to get bored; s'ennuyer; sich langweilen; aburrirse. **Annullare** *v.t.* to cancel; annuller; annullieren; anular, cancelar. **Annuncio** *s.m.* announcement; annonce; Mitteilung, Anzeige; anuncio, aviso. **Anticipo** *s.m.* advance; acompte, avance; Vorschuß; anticipo. **Antico** *agg.* old, ancient; ancien; alt, antik; antiguo. **Anticoncezionale** *s.m.* contraceptive; contraceptif; empfängnisverhütendes Mittel, Empfängnisverhütungsmittel; anticonceptivo. **Antipasto** *s.m.* hors d'oeuvres, starters; hors-d'œuvre; Vorspeise; entremés, entrada, entrante. **Antipatico** *agg.* unpleasant; antipathique; unsympatisch; antipático. **Antiquario** *s.m.* antique dealer; antiquaire; Antiquitätenhändler; anticuario. **Anziano** *agg.* elderly; âgé; alt; anciano. **Ape** *s.f.* bee; abeille; Biene; abeja. **Aperitivo** *s.m.* apéritif, cocktail;

apéritif; Aperitif; aperitivo (bebida). **Aperto** *agg.* open; ouvert; offen; abierto. **Apparire** *v.i.* to appear; apparaître; erscheinen; aparecer. **Appartamento** *s.m.* apartment, flat; appartement; Wohnung; apartamento, piso. **Appartenere** *v.i.* to belong to; appartenir; an-zu-gehören; pertenecer. **Appendere** *v.t.* to hang, to put up; suspendre; aufhängen; colgar, suspender. **Appetito** *s.m.* appetite; appétit; Appetit; apetito. **Applauso** *s.m.* applause; applaudissement; Applaus, Beifall; aplauso. **Approfittare** *v.i.* to take advantage; profiter; profitieren, nutzen; aprovechar. **Appuntamento** *s.m.* appointment; rendez-vous; Verabredung; cita. **Aprile** *s.m.* April; avril; April; abril. **Aprire** *v.t.* to open; ouvrir; öffnen; abrir. **Arancia** *s.f.* orange; orange; Orange; naranja. **Arancione** *agg.* orange; orange; orange(farbig); anaranjado. **Architetto** *s.m.* architect; architecte; Architekt; arquitecto. **Architettura** *s.f.* architecture; architecture; Architektur; arquitectura. **Arcobaleno** *s.m.* rainbow; arc-en-ciel; Regenbogen; arco iris. **Argento** *s.m.* silver; argent; Silber; plata. **Argomento** *s.m.* subject; sujet, argument; Thema, Gegenstand, Argument; asunto, tema. **Aria** *s.f.* air; air; Luft; aire. **Arma** *s.f.* weapon, gun; arme; Waffe; arma. **Armadio** *s.m.* wardrobe, cupboard; armoire; Schrank; armario. **Arrabbiato** *agg.* angry; fâché; zornig, ärgerlich; enfadado. **Arrestare** *v.t.* to arrest, to halt; arrêter, paralyser; verhaften, anhalten; arrestar, parar. **Arrivare** *v.i.* to arrive; arriver; ankommen; llegar. **Arrivo** *s.m.* arrival; arrivée; Ankunft; llegada. **Arrossire** *v.i.* to blush; rougir; erröten; sonrojar, enrojecer. **Arrosto** *s.m.* roast; rôti; Braten; asado. **Arte** *s.f.* art; art; Kunst; arte. **Articolo** *s.m.* article; article; Artikel; artículo. **Artigiano** *s.m.* craftsman; artisan; Handwerker; artesano. **Artista** *s.m.f.* artist; artiste; Künstler; artista. **Ascensore** *s.m.* lift, elevator; ascenseur; Aufzug; ascensor. **Asciugamano** *s.m.* towel; serviette; Handtuch; toalla. **Asciugare** *v.t.* to dry; sécher; trocknen; secar. **Asciutto** *agg.* dry; sec; trocken; seco. **Ascoltare** *v.t.* to listen to; écouter; zuhören; escuchar. **Asilo** *s.m.* kindergarten; école maternelle; Kindergarten; jardin de infancia, guardería. **Asino** *s.m.* donkey; âne; Esel; burro. **Aspettare** *v.t.* to wait for; attendre; warten; esperar, aguardar. **Assaggiare** *v.t.* to taste; goûter; kosten; probar, degustar. **Assalire** *v.t.* to assault; assaillir; überfallen; asaltar. **Assegno** *s.m.* cheque; chèque; Scheck; cheque. **Assicurazione** *s.f.* insurance; assurance; Versicherung; seguro, aseguración. **Assistere** *v.t.* to assist, to attend; assister; pflegen, beiwohnen; asistir. **Assumere** *v.t.* to engage in, to assume, to take on; engager, assumer; einstellen, annnehmen; asumir. **Astemio** *agg.* teetotal; qui ne boit pas d'alcool; abstinent; abstemio. **Atlante** *s.m.* atlas; atlas; Atlas; atlas. **Atleta** *s.m.f.* athlete; athlète; Athlet; atleta.

Attaccapanni *s.m.* clothes-hanger; portemanteau; Kleiderhaken; perchero. **Attaccare** *v.t.* to attack; attaquer; angreifen; atacar. **Atteggiamento** *s.m.* attitude; attitude; Auftreten; postura, comportamiento. **Attento** *agg.* careful, attentive; attentif; aufmerksam; atento. **Attenzione** *s.f.* attention; attention; Aufmerksamkeit; atención. **Attenzione!** *int.* attention, please! attention! Vorsicht! Achtung! atención! **Atterrare** *v.i.* to land; atterrir; landen; aterrizar. **Atto** *s.m.* act; acte; Akt; acto. **Attore** *s.m.* actor; acteur; Schauspieler; actor. **Attraversare** *v.t.* to cross; traverser; durchqueren; cruzar, atraversar. **Attuale** *agg.* present; actuel; aktuell; actual. **Augurare** *v.t.* to wish; souhaiter; wünschen; augurar, desear. **Auguri!** *int.* best wishes!; tous mes voeux!; herzlichen Glückwunsch!; ifelicitaciones!. **Aumentare** *v.t.* to increase; augmenter; vermehren; aumentar. **Aumento** *s.m.* increase; augmentation; Erhöhung; aumento. **Autista** *s.m.* driver; chauffeur; Fahrer, Chauffeur; conductor, chófer. **Autogrill** *s.m.* highway cafeteria; restoroute; Raststätte; restaurante de carretera. **Automatico** *agg.* automatic; automatique; automatisch; automático. **Automobile** *s.f.* automobile, car; automobile; Auto; automóvil. **Autore** *s.m.* author; auteur; Autor; autor. **Autorizzazione** *s.f.* authorization; autorisation; Genehmigung; autorización. **Autostop** *s.m.* hitch-hiking; auto-stop; Trampen, Autostop; auto-stop. **Autostrada** *s.f.* motorway, freeway, highway; autoroute; Autobahn; autopista. **Autunno** *s.m.* Autumn, Fall; automne; Herbst; otoño. **Avaro** *agg.* miserly; avare; geizig; avaro. **Avercela (*con qc.*)** *v.i.* to be angry with s.o.; en vouloir à quelqu'un; sich mit jdm überworfen haben, auf - mit jdm böse sein; tener a alguien entre ceja y ceja, tenerla tomada (con alguien). **Avere** *v.t.* to have; avoir; haben; haber, tener. **Avvenire** *v.i.* to happen; arriver; geschehen; suceder, acontecer. **Avventura** *s.f.* adventure; aventure; Abenteuer; aventura. **Avverbio** *s.m.* adverb; adverbe; Adverb; adverbio. **Avvertire** *v.t.* to warn; avertir; warnen; advertir, avisar. **Avvicinarsi** *v.p.* to come closer, to approach; s'approcher; sich nähern; acercarse. **Avviso** *s.m.* warning, notice; avis; Warnung, Nachricht; advertencia, aviso. **Avvocato** *s.m.* lawyer; avocat; Anwalt; abogado. **Azione** *s.f.* action; action; Aktion; acción. **Azzurro** *agg.* blue; bleu; (himmel)blau; azul.

B

Baciare *v.t.* to kiss; embrasser; küssen; besar. **Bacio** *s.m.* kiss; baiser; Kuß; beso. **Baffi** *s.m.p.* moustaches; moustache; Schnauzbart; bigote. **Bagaglio**

s.m. luggage; bagages; Gepäck; equipaje. **Bagnare** *v.t.* to wet; baigner; naß machen; mojar. **Bagnato** *agg.* wet; mouillé; naß; mojado. **Bagnino** *s.m.* lifeguard; maître nageur; Bademeister; bañista, socorrista. **Bagno** *s.m.* bath; bain; Bad; baño. **Balcone** *s.m.* balcony; balcon; Balkon; balcón. **Ballare** *v.i.* to dance; danser; tanzen; bailar. **Ballo** *s.m.* dance; danse; Tanzen; danza, baile. **Bambino** *s.m.* child; enfant; Kind; niño. **Bambola** *s.f.* doll; poupée; Puppe; muñeca. **Banana** *s.f.* banana; banane; Banane; plátano, banana. **Banca** *s.f.* bank; banque; Bank; banco. **Bancarella** *s.f.* stall; étalage; Marktstand; puesto, quiosco, tenderete. **Banconota** *s.f.* banknote, bill; billet de banque; Banknote; billete de banco. **Bandiera** *s.f.* flag; drapeau; Flagge; bandera. **Barba** *s.f.* beard; barbe; Bart; barba. **Barbiere** *s.m.* barber; coiffeur pour hommes; (Herren)friseur; barbero. **Barca** *s.f.* boat; barque, bateau; Boot; barca. **Barzelletta** *s.f.* joke; histoire drôle; Witz; chiste. **Basilica** *s.f.* basilica; basilique; Basilika; basílica. **Basso** *agg.* low, short; bas; klein(gewachsen), niedrig; bajo. **Bastare** *v.i.* to be enough; suffir; genügen; bastar, ser suficiente. **Battistero** *s.m.* baptistery; baptistère; Taufkapelle; baptisterio. **Bello** *agg.* beautiful; beau; schön; guapo, bello, bonito. **Benvenuto** *s.m.* welcome; bienvenu; Willkommen; bienvenido. **Benzina** *s.f.* petrol, gasoline; essence; Benzin; gasolina. **Benzinaio** *s.m.* service station attendant; pompiste; Tankwart; vendedor de gasolina. **Bere** *v.t.* to drink; boire; trinken; beber. **Biancheria** *s.f.* linen; linge; Wäsche; ropa blanca. **Biancheria intima** *s.f.* underwear; lingerie; Unterwäsche; lencería, ropa interior. **Bianco** *agg.* white; blanc; weiß; blanco. **Biberon** *s.m.* feeding-bottle; biberon; (Milch)fläschchen; biberón. **Bibita** *s.f.* drink; boisson; Getränk; bebida. **Biblioteca** *s.f.* library; bibliothèque; Bibliothek; biblioteca. **Bicchiere** *s.m.* glass; verre; Glas; vaso. **Bicicletta** *s.f.* bicycle; bicyclette, vélo; Velo, Fahrrad; bicicleta. **Biglietteria** *s.f.* ticket office; guichet; Fahrkartenschalter, Kasse; taquilla. **Biglietto** *s.m.* ticket; billet, ticket; Karte, Fahrkarte, Eintrittskarte; billete. **Bilancia** *s.f.* scales; balance; Waage; balanza. **Binario** *s.m.* track; voie ferrée, quai; Gleis; andén. **Biondo** *agg.* blond; blond; blond; rubio. **Birra** *s.f.* beer; bière; Bier; cerveza. **Biscotto** *s.m.* biscuit, cookie; biscuit; Keks; galleta, bizcocho. **Bisognare** *v.i.* to be necessary; falloir; nötig sein, brauchen; necesitar. **Bisogno** *s.m.* need; besoin; Bedarf; necesidad. **Bistecca** *s.f.* steak; bifteck; Steak; bife, bisté. **Blu** *agg.* blue; bleu; blau; azul. **Bocca** *s.f.* mouth; bouche; Mund; boca. **Bollire** *v.t.* to boil; bouillir; kochen; hervir. **Bomba** *s.f.* bomb; bombe; Bombe; bomba. **Borghese** *agg.* middle-class; bourgeois; bürgerlich; burgués. **Borsa** *s.f.* bag, (stock-exchange); sac, bourse; Tasche, Börse; bolso, Bolsa. **Borsa valori** *s.f.* stock exchange; bourse des valeurs; Warenbörse; bolsa de valores. **Borsetta** *s.f.* handbag; sac à main; Handtasche; bolso de mano. **Bosco** *s.m.* wood, forest; bois; Wald; bosque. **Bottiglia** *s.f.* bottle; bouteille; Flasche; botella. **Bottone** *s.m.* button; bouton; Knopf; botón. **Braccio** *s.m.* arm; bras; Arm; brazo. **Bravo** *agg.* good, clever, fine; capable, gentil; fähig, brav, gut; capaz, bueno. **Breve** *agg.* short; bref; kurz; breve, corto. **Brodo** *s.m.* broth; bouillon; (klare) Brühe; caldo. **Bronchite** *s.f.* bronchitis; bronchite; Bronchitis; bronquitis. **Bruciare** *v.t.* to burn; brûler; brennen; quemar. **Brutto** *agg.* ugly; laid, mauvais; häßlich; feo. **Bucato** *s.m.* washing; lessive; Wäsche; colada. **Buccia** *s.f.* peel; écorce; Schale, Pelle; piel, cáscara. **Buco** *s.m.* hole; trou; Loch; agujero. **Bugia** *s.f.* lie; mensonge; Lüge; mentira. **Buio** *agg.* dark; obscur, sombre; dunkel; oscuro. **Buono** *agg.* good; bon, sage; gut, anständig; bueno, bondadoso. **Burro** *s.m.* butter; beurre; Butter; mantequilla. **Bussare** *v.i.* knock; frapper; klopfen; llamar (a la puerta). **Busta** *s.f.* envelope; enveloppe; Briefumschlag; sobre. **Buttare** *v.t.* to throw away; jeter; werfen; tirar.

C

Cacciatore *s.m.* hunter; chasseur; Jäger; cazador. **Cadere** *v.i.* to fall; tomber; fallen; caer. **Caffè** *s.m.* coffee; café; Kaffee; café. **Calcio** *s.m.* kick, football, soccer; coup de pied, football; Fußtritt, Fußball; patada, fútbol; **Calcolare** *v.t.* to calculate; calculer; be-rechnen; calcular. **Caldo** *agg.* hot; chaud; warm; caliente, cálido. **Calvo** *agg.* bald; chauve; kahl; calvo. **Calzino** *s.m.* sock; chaussette; Söckchen; calcetín. **Calzolaio** *s.m.* shoemaker; cordonnier; Schumacher; zapatero. **Calzoni** *s.m.p.* trousers, pants; pantalon; Hose; pantalones. **Cambiare** *v.t.* to change; changer; wechseln; cambiar. **Camera** *s.f.* room; chambre; Zimmer; habitación, dormitorio. **Cameriere** *s.m.* waiter; garçon; Kellner; camarero. **Camicia** *s.f.* shirt; chemise; Hemd; camisa. **Camion** *s.m.* lorry, truck; camion; Last(kraft)wagen; camión. **Camminare** *v.i.* to walk; marcher; gehen; caminar, andar. **Camomilla** *s.f.* camomile-tea; camomille; Kamille, Kamillentee; manzanilla. **Campagna** *s.f.* country; campagne; Land; campo, campiña. **Campanello** *s.m.* doorbell; sonnette; Klingel; timbre, campanilla. **Campeggio** *s.m.* camping; camping; Camping; camping. **Campione** *s.m.* champion, sample; champion, échantillon; Champion, Muster, Meister; campeón, muestra. **Campo** *s.m.* field; champ;

Feld; campo. **Cancellare** *v.t.* to cancel, to erase; effacer; auslöschen; borrar, cancelar. **Cancello** *s.m.* gate; grille; Gittertor; verja. **Candela** *s.f.* candle, sparking plug (*auto*); bougie; Kerze; vela, bujía (*auto*). **Cane** *s.m.* dog; chien; Hund; perro. **Cantante** *s.m.f.* singer; chanteur; Sänger; cantante. **Cantare** *v.t.* to sing; chanter; singen; cantar. **Cantina** *s.f.* cellar; cave; Keller; sotano, bodega. **Canzone** *s.f.* song; chanson; Lied; canción. **Capelli** *s.m.p.* hair; cheveux; Haar; cabellos. **Capire** *v.t.* to understand; comprendre; verstehen; comprender. **Capitare** *v.i.* to happen; arriver; geschehen; suceder, pasar. **Capo** *s.m.* chief, boss; chef; Führer, Chef, Boß; jefe. **Capodanno** *s.m.* New Year's Day; jour de l'an; Neujahr; Año Nuevo. **Capolinea** *s.m.* terminus, terminal; terminus; Endstation; parada terminal, final del recorrido. **Cappella** *s.f.* chapel; chapelle; Kapelle; capilla. **Cappello** *s.m.* hat; chapeau; Hut; sombrero. **Cappotto** *s.m.* overcoat; manteau; Mantel; abrigo. **Caramella** *s.f.* sweet, candy; bonbon; Bonbon; caramelo. **Carcere** *s.m.* jail; prison; Gefängnis; cárcel. **Carne** *s.f.* meat; viande; Fleisch; carne. **Caro** *agg.* dear, expensive; cher; lieb, teuer; querido, caro. **Carota** *s.f.* carrot; carotte; Karotte; zanahoria. **Carta** *s.f.* paper; papier; Papier; papel. **Cartello** *s.m.* poster, sign; pancarte, panneau; Plakat, Schild; cartel, poster, panel. **Cartoleria** *s.f.* stationer's; papeterie; Schreibwarenhandlung; papelería. **Cartolina** *s.f.* postcard; carte postale; Karte; tarjeta postal. **Casa** *s.f.* house; maison; Haus; casa. **Cascare** *v.i.* to fall; tomber; fallen; caer. **Cassetta delle lettere** *s.f.* letter-box, mailbox; boite aux lettres; Briefkasten; buzón. **Cassetto** *s.m.* drawer; tiroir; Schublade; cajón. **Cassiere** *s.m.* cashier; caissier; Kassierer; cajero. **Castello** *s.m.* castle; château; Schloß; castillo. **Cattivo** *agg.* bad; méchant; böse; malo. **Cattolico** *agg.* catholic; catholique; katholisch; católico. **Cavallo** *s.m.* horse; cheval; Pferd; caballo. **Cavarsela** *v.i.* to get by; s'en tirer, se débrouiller; davonkommen; arreglárselas. **Caviglia** *s.f.* ankle; cheville; Fußgelenk; tobillo. **Cena** *s.f.* supper, dinner; dîner; Abendessen; cena. **Cenare** *v.i.* to dine; dîner; zu Abend essen; cenar. **Centimetro** *s.m.* centimetre; centimètre; Zentimeter; centímetro. **Centrale** *agg.* central; central; zentral; central. **Centralino** *s.m.* switchboard; standard; Telefonvermittlung; centralita. **Centro** *s.m.* centre; centre; Zentrum; centro. **Cercare** *v.t.* to look for; chercher; suchen; buscar. **Cerotto** *s.m.* plaster; pansement; Pflaster; tirita, esparadrapo. **Certificato** *s.m.* certificate; certificat; Bescheinigung; certificado. **Certo** *agg.* certain; certain; sicher; cierto, seguro. **Cervello** *s.m.* brain; cerveau; Gehirn; cerebro. **Cestino** *s.m.* wastepaper basket; panier; Körbchen; papelera. **Cetriolo** *s.m.* cucumber;

concombre; Gurke; pepino. **Chiacchierare** *v.i.* to chatter; bavarder; schwätzen; charlar. **Chiamare** *v.t.* to call; appeler; rufen; llamar. **Chiarire** *v.t.* to clarify; éclaircir; aufklären; aclarar. **Chiaro** *agg.* clear; clair; klar; claro. **Chiave** *s.f.* key; clef; Schlüssel; llave. **Chiedere** *v.t.* to ask; demander; fragen, bitten; pedir, preguntar. **Chiesa** *s.f.* church; église; Kirche; iglesia. **Chilogrammo (chilo)** *s.m.* kilogramme; kilogramme; Kilogramm; kilogramo. **Chilometro** *s.m.* kilometre; kilomètre; Kilometer; kilómetro. **Chiodo** *s.m.* nail; clou; Nagel; clavo. **Chitarra** *s.f.* guitar; guitare; Gitarre; guitarra. **Chiudere** *v.t.* to close; fermer; schließen; cerrar. **Chiunque** *pron.* anyone who; n'importe qui; wer auch immer, jede (r, s); cualquiera. **Chiuso** *agg.* closed; fermé; geschlossen; cerrado. **Cieco** *agg.* blind; aveugle; blind; ciego. **Cielo** *s.m.* sky, heaven; ciel; Himmel; cielo. **Ciliegia** *s.f.* cherry; cerise; Kirsche; cereza. **Cimitero** *s.m.* cemetery; cimetière; Friedhof; cementerio. **Cinema** *s.m.* cinema; cinéma; Kino; cine. **Cioccolata** *s.f.* chocolate; chocolat; Schokolade; chocolate. **Cipolla** *s.f.* onion; oignon; Zwiebel; cebolla. **Città** *s.f.* city, town; ville; Stadt; ciudad. **Cittadino** *s.m.* citizen; citadin; Bürger; ciudadano. **Civiltà** *s.f.* civilization; civilisation; Zivilisation; civilización. **Clacson** *s.m.* horn; klaxon; Hupe; claxon, bocina. **Classe** *s.f.* class; classe; Klasse, Rang; clase. **Classifica** *s.f.* ranking, rating; classement; Rangliste; clasificación. **Cliente** *s.m.f.* customer; client; Kunde, Gast; cliente. **Clima** *s.m.* climate; climat; Klima; clima. **Clinica** *s.f.* clinic; clinique; Klinik; clínica. **Cogliere** *v.t.* to pick, to pluck; cueillir, saisir; pflücken, ergreifen; coger, tomar. **Concludere** *v.t.* to conclude; conclure; abschließen; concluir. **Cognome** *s.m.* surname; nom de famille; Nachname; apellido. **Colazione** *s.f.* breakfast; petit-déjeuner; Frühstück; desayuno. **Colla** *s.f.* glue; colle; Leim; cola, pegamento, engrudo. **Collana** *s.f.* necklace; collier; (Hals)kette; collar, cadena. **Collega** *s.m.f.* colleague; collègue; Kollege; colega. **Collezione** *s.f.* collection; collection; Sammlung; colección. **Collina** *s.f.* hill; colline; Hügel; colina. **Collo** *s.m.* neck; cou; Hals; cuello. **Colore** *s.m.* colour; couleur; Farbe; color. **Colpa** *s.f.* fault, guilt; faute; Schuld; culpa. **Colpevole** *agg.* guilty; coupable; schuldig; culpable. **Coltello** *s.m.* knife; couteau; Messer; cuchillo. **Comandare** *v.t.* to order; commander; befehlen; mandar, ordenar. **Combattere** *v.t.* to fight; combattre; bekämpfen; combatir. **Cominciare** *v.t.* to begin; commencer; anfangen; comenzar. **Commercio** *s.m.* trade; commerce; Handel; comercio. **Commissariato** *s.m.* police station; commissariat; Kommissariat; comisaría. **Comodo** *agg.* comfortable; commode; bequem; cómodo. **Compagno** *s.m.* mate, companion; compagnon; Kamerad;

compañero. **Comparire** *v.i.* to appear; paraître; erscheinen; comparecer. **Compiere** *v.t.* to perform, to complete, to be (*age*); accomplir, avoir (*âge*); beenden, vollenden, Geburtstag haben; realizar, cumplir (*años*). **Compleanno** *s.m.* birthday; anniversaire; Geburtstag; cumpleaños. **Completo** *agg.* complete; complet; besetzt; completo. **Complicato** *agg.* complicated; compliqué; kompliziert; complicado. **Comprare** *v.t.* to buy; acheter; kaufen; comprar. **Compreso** *agg.* included, inclusive; compris; inbegriffen; incluso, incluído. **Comunicare** *v.t.* to communicate; communiquer; mitteilen; comunicar. **Comunicazione** *s.f.* communication; communication; Kommunikation, Mitteilung; comunicación. **Comunque** *avv.* anyway, in any case; n'importe comment, de toute façon, quand même; wie auch immer, jedenfalls; de todos modos. **Concerto** *s.m.* concert; concert; Konzert; concierto. **Conclusione** *s.f.* conclusion; conclusion; Ende, Folgerung; conclusión. **Condannare** *v.t.* to condemn; condamner; verurteilen; condenar. **Condire** *v.t.* to dress, to season; assaisonner; würzen; condimentar, sazonar. **Condominio** *s.m.* block of flats, apartment house; copropriété; mit Eigentumswohnungen; condominio, condominio. **Condurre** *v.t.* to lead, to carry out; conduire; führen; conducir, dirigir. **Conferma** *s.f.* confirmation; confirmation; Bestätigung; confirmación. **Confermare** *v.t.* to confirm; confirmer; bestätigen; confirmar. **Confessare** *v.t.* to confess; confesser; gestehen, beichten; confesar. **Confine** *s.m.* boundary; limite; Grenze; límite, confín. **Confondere** *v.t.* to confuse; confondre; verwirren; confundir. **Confusione** *s.f.* confusion; confusion; Durcheinander; confusión. **Congelatore** *s.m.* freezer; congélateur; Tiefkühltruhe; congelador. **Congiunzione** *s.f.* conjunction; conjonction; Konjunktion; conjunción. **Congratulazioni!** *s.f.p.* congratulations!; félicitations!; herzlichen Glückwunsch! ¡enhorabuena! ¡felicitaciones!. **Congresso** *s.m.* congress, conference; congrès; Kongreß; congreso. **Coniglio** *s.m.* rabbit; lapin; Kaninchen; conejo. **Conoscenza** *s.f.* knowledge; connaissance; Kenntnis; conocimiento. **Conoscere** *v.t.* to know; connaître; kennen; conocer. **Consegnare** *v.t.* to deliver; consigner; übergeben; entregar. **Consigliare** *v.t.* to advise; conseiller; raten; aconsejar. **Consiglio** *s.m.* advice; conseil; Empfehlung; consejo. **Consolato** *s.m.* consulate; consulat; Konsulat; consulado. **Console** *s.m.* consul; consul; Konsul; cónsul. **Consumare** *v.t.* to consume, to wear; consommer; verbrauchen; consumir. **Consumazione** *s.f.* drink; consommation; Verzehr, Zeche; consumición. **Contadino** *s.m.* farmer; paysan; Bauer; campesino. **Contanti** *s.m.p.* cash; argent liquide; Bargeld; dinero efectivo.

Contare *v.t.* to count; compter; zählen; contar. **Contemporaneo** *agg.* contemporary; contemporain; gleichzeitig; contemporáneo. **Contento** *agg.* happy, pleased; content; glücklich; contento. **Continuare** *v.t.* to continue; continuer; fortsetzen; continuar. **Conto** *s.m.* account, sum, bill; addition; Rechnung; cuenta. **Contorno** *s.m.* vegetables; garniture; Beilage; guarnición. **Contrario** *s.m.* contrary; contraire; Gegenteil; contrario. **Contrario** *agg.* contrary; contraire; gegenteilig; desfavorable. **Contratto** *s.m.* contract; contrat; Vertrag; contrato. **Controllare** *v.t.* to check; contrôler; kontrollieren; controlar. **Controllo** *s.m.* check; contrôle; Kontrolle; control. **Conversazione** *s.f.* conversation; conversation; Gespräch; conversación. **Convincere** *v.t.* to convince; convaincre; überzeugen; convencer. **Coperta** *s.f.* blanket; couverture; Decke; manta. **Copia** *s.f.* copy; copie; Kopie; copia. **Copiare** *v.t.* to copy; copier; kopieren; copiar. **Coppia** *s.f.* couple; couple; Paar; pareja. **Coprire** *v.t.* to cover; couvrir; decken; cubrir. **Coraggioso** *agg.* brave, courageous; courageux; mutig; valiente, valeroso. **Corda** *s.f.* rope; corde; Seil; cuerda. **Cornice** *s.f.* frame; cadre; Rahmen; marco. **Corpo** *s.m.* body; corps; Körper; cuerpo. **Correggere** *v.t.* to correct; corriger; korrigieren; corregir. **Corrente elettrica** *s.f.* electric current; courant électrique; Strom; corriente eléctrica (electricidad). **Correre** *v.i.* to run; courir; laufen; correr. **Corridoio** *s.m.* corridor; couloir; Korridor; pasillo, corredor. **Corsa** *s.f.* race; course; Lauf; carrera. **Corsia** *s.f.* lane; voie; Fahrspur; carril. **Cortile** *s.m.* yard; cour; Hof; patio. **Corto** *agg.* short; court; kurz; corto. **Cosa** *s.f.* thing; chose; Sache; cosa. **Coscia** *s.f.* thigh; cuisse; Schenkel, Keule; muslo. **Costa** *s.f.* coast; côte; Küste; costa. **Costare** *v.i.* to cost; coûter; kosten; costar. **Costo** *s.m.* cost; coût; Preis; costo, coste. **Costoso** *agg.* expensive; coûteux; teuer; costoso. **Costringere** *v.t.* to force; contraindre, forcer; zwingen; obligar, forzar. **Costruire** *v.t.* to build; construire; bauen; construir. **Costume da bagno** *s.m.* bathing suit; maillot de bain; Badeanzug, Badehose; bañador. **Cotone** *s.m.* cotton; coton; Baumwolle; algodón. **Cotto** *agg.* cooked; cuit; gekocht; cocido. **Cravatta** *s.f.* tie; cravate; Krawatte; corbata. **Creare** *v.t.* to create; créer; erschaffen; crear. **Credere** *v.t.* to believe; croire; glauben; creer. **Credito** *s.m.* credit; crédit; Kredit; crédito. **Crema** *s.f.* cream; crème; Creme; crema. **Crescere** *v.i.* to grow; croître; wachsen; crecer. **Cretino** *agg.* fool; crétin; blöd; idiota. **Criminale** *s.m.* criminal; criminel; Kriminelle; criminal. **Crisi** *s.f.* crisis; crise; Krise; crisis. **Cristallo** *s.m.* crystal; cristal; Kristall(glas); cristal. **Croce** *s.f.* cross; croix; Kreuz; cruz. **Crociera** *s.f.* cruise; croisière; Kreuzfahrt; crucero.

Crudo *agg.* raw; cru; roh; crudo. **Cucchiaio** *s.m.* spoon; cuillère; Eßlöffel; cuchara. **Cucina** *s.f.* kitchen; cuisine; Küche; cocina. **Cucinare** *v.t.* to cook; cuisiner; kochen; cocinar. **Cucire** *v.t.* to sew; coudre; nähen; coser. **Cugino** *s.m.* cousin; cousin; Cousin; primo. **Cultura** *s.f.* culture; culture; Kultur; cultura. **Cuocere** *v.t.* to cook; cuire; kochen; cocer. **Cuoco** *s.m.* cook; cuisinier; Koch; cocinero. **Cuoio** *s.m.* leather; cuir; Leder; cuero, piel. **Cuore** *s.m.* heart; cœur; Herz; corazón. **Cupola** *s.f.* dome; coupole; Kuppel; cúpula. **Cura** *s.f.* care; soin; Kur; cuidado, atención. **Curare** *v.t.* to cure; soigner; behandeln; curar. **Curioso** *agg.* curious; curieux; neugierig; curioso. **Curva** *s.f.* curve, bend; virage; Kurve; curva. **Cuscino** *s.m.* cushion; coussin; Kissen; cojín.

D

Danneggiare *v.t.* to damage; endommager; beschädigen; dañar, averiar. **Dare** *v.t.* to give; donner; geben; dar. **Data** *s.f.* date; date; Datum; fecha. **Davvero** *avv.* really; vraiment; wirklich; de veras. **Debito** *s.m.* debt; dette; Schuld; deuda. **Debole** *agg.* weak; faible; kraftlos, schwach; débil. **Decidere** *v.t.* to decide; décider; entscheiden; decidir. **Decisione** *s.f.* decision; décision; Entscheidung; decisión. **Decollo** *s.m.* take-off; décollage; Start; despegue. **Deludere** *v.t.* to disappoint; décevoir; enttäuschen; decepcionar. **Democrazia** *s.f.* democracy; démocratie; Demokratie; democracia. **Denaro** *s.m.* money; argent; Geld; dinero. **Dente** *s.m.* tooth; dent; Zahn; diente. **Dentifricio** *s.m.* tooth-paste; dentifrice; Zahnpasta; dentífrico. **Dentista** *s.m.f.* dentist; dentiste; Zahnarzt; dentista. **Denuncia** *s.f.* report; dénonciation; Anzeige; denuncia. **Depositare** *v.t.* to deposit; déposer; hinterlegen; depositar. **Deputato** *s.m.* member of Parliament, congressman; député; Abgeordnete; diputado. **Descrivere** *v.t.* to describe; décrire; beschreiben; describir. **Deserto** *s.m.* desert; désert; Wüste; desierto. **Desiderare** *v.t.* to desire, to wish; désirer, wünschen; desear. **Desiderio** *s.m.* desire; désir; Wunsch; deseo. **Destinatario** *s.m.* addressee; destinataire; Adressat; destinatario. **Destinazione** *s.f.* destination; destination; Bestimmung; destino. **Destra** *s.f.* right; droite; Rechte; derecha. **Destro** *agg.* right; droit; rechte; derecho. **Detersivo** *s.m.* detergent; lessive; Waschmittel; detergente. **Dialetto** *s.m.* dialect; dialecte; Dialekt, Mundart; dialecto. **Diamante** *s.m.* diamond; diamant; Diamant; diamante. **Diapositiva** *s.f.* slide; diapositive; Dia; diapositiva. **Dicembre** *s.m.* December; décembre; Dezember; diciembre. **Dieta** *s.f.* diet; régime; Diät; dieta. **Difendere** *v.t.* to defend;

défendre; verteidigen; defender. **Difetto** *s.m.* defect; défaut; Fehler, Defekt; defecto, falta. **Difettoso** *agg.* defective; défecteux; fehlerhaft, defekt; defectuoso. **Difficile** *agg.* difficult; difficile; schwer, schwierig; difícil. **Dimagrire** *v.i.* to lose weight; maigrir; abmagern, mager werden; adelgazar. **Dimenticare** *v.t.* to forget; oublier; vergessen; olvidar. **Diminuire** *v.t.* to diminish; diminuer; vermindern; disminuir. **Dimissioni** *s.f.p.* resignation; démission; Rücktritt; dimisión, renuncia. **Dimostrare** *v.t.* to show, to prove; démontrer; zeigen, beweisen; demostrar. **Dimostrazione** *s.f.* demonstration; démonstration; Beweis, Demonstration; demostración. **Dio** *s.m.* God; Dieu; Gott; Dios. **Dipendere** *v.i.* to depend; dépendre; abhängen; depender. **Dipingere** *v.t.* to paint; peindre; malen; pintar. **Dipinto** *s.m.* painting; tableau; Gemälde; cuadro, pintura. **Dire** *v.t.* to say; dire; sagen; decir. **Direttore** *s.m.* manager; directeur; Direktor; director. **Direzione** *s.f.* management; direction; Direktion; dirección. **Dirigere** *v.t.* to direct, to conduct; diriger; leiten, dirigieren; dirigir. **Discesa** *s.f.* descent; descente; Absteigen; bajada. **Disco** *s.m.* disk, disc, record, discus; disque; Scheibe, Platte; disco. **Discorso** *s.m.* speech; discours; Gespräch; discurso. **Discoteca** *s.f.* discoteque; discothèque; Diskothek; discoteca. **Discussione** *s.f.* discussion, argument; discussion; Diskussion; discusión. **Discutere** *v.i.* to discuss, to argue; discuter; diskutieren; discutir. **Disegnare** *v.t.* to draw; dessiner; zeichnen; dibujar, diseñar. **Disegno** *s.m.* drawing; dessin; Zeichnung; dibujo, diseño. **Disoccupato** *s.m.* unemployed; chômeur; Arbeitslose; desocupado, parado. **Disonesto** *agg.* dishonest; malhonnête; unehrlich; deshonesto. **Disordine** *s.m.* disorder; désordre; Unordnung; desorden. **Dispiacere** *v.i.* to dislike; regretter; leid tun; desagradar. **Disponibile** *agg.* available, willing; disponible; disponibel, frei, verfügbar; disponible. **Distanza** *s.f.* distance; distance; Abstand; distancia. **Distruggere** *v.t.* to destroy; détruire; zerstören; destruir. **Disturbare** *v.t.* to disturb; déranger; stören; molestar. **Dito** *s.m.* finger; doigt; Finger, Zeh; dedo. **Ditta** *s.f.* firm; entreprise; Firma; empresa. **Divano** *s.m.* divan; canapé; Sofa; sofá, diván. **Divenire** *v.i.* to become; devenir; werden; hacerse, volverse. **Diventare** *v.i.* to become; devenir; werden; hacerse, volverse, convertirse en. **Diverso** *agg.* different; divers; verschieden; distinto, diverso. **Divertente** *agg.* amusing; amusant; vergnüglich, lustig; divertido. **Divertimento** *s.m.* entertainment; distraction; Vergnügen; diversión. **Dividere** *v.t.* to divide; diviser, partager; teilen, trennen; dividir, compartir. **Divorzio** *s.m.* divorce; divorce; Ehescheidung; divorcio. **Dizionario** *s.m.* dictionary; dictionnaire; Wörterbuch;

diccionario. **Doccia** *s.f.* shower; douche; Dusche; ducha. **Documento** *s.m.* document; document; Dokument; documento. **Dogana** *s.f.* Customs; douane; Zoll; aduana. **Dolce** *agg.* sweet; doux; süß; dulce. **Dolore** *s.m.* pain; douleur; Schmerz; dolor. **Domanda** *s.f.* question; question; Frage; pregunta. **Domandare** *v.t.* to ask; demander; fragen; preguntar, pedir. **Domani** *avv.* tomorrow; demain; morgen; mañana. **Domenica** *s.f.* Sunday; dimanche; Sonntag; domingo. **Donna** *s.f.* woman; femme; Frau; mujer. **Dopo** *avv.* after; après; nachher; después. **Dopodomani** *avv.* day after tomorrow; après-demain; übermorgen; pasado mañana. **Doppio** *agg.* double; double; doppelt; doble. **Dormire** *v.i.* to sleep; dormir; schlafen; dormir. **Dottore** *s.m.* doctor; docteur; Doktor; doctor. **Dove** *avv.* where; où; wo; dónde, adónde. **Dovere** *s.m.* duty; devoir; Pflicht; deber. **Dovere** *v.i.* must; devoir; müssen, sollen; deber, haber de. **Dovunque** *avv.* everywhere, wherever; partout, n'importe où; überall, wo (auch) immer; dondequiera. **Droga** *s.f.* drug; drogue; Rauschgift; droga. **Dubbio** *s.m.* doubt; doute; Zweifel; duda. **Dubitare** *v.i.* to doubt; douter, zweifeln; dudar. **Duomo** *s.m.* cathedral; dôme; Dom; catedral. **Durare** *v.i.* to last; durer; dauern; durar. **Duro** *agg.* hard; dur; hart; duro.

E

E *cong.* and; et; und; y. **Ecco** *avv./int.* here is; voilà; da ist, so!; ¡he aquí!. **Eco** *s.f.* echo; écho; Echo; eco. **Economico** *agg.* inexpensive, cheap; économique; billig; económico, barato. **Edicola** *s.f.* kiosk; marchand de journaux; Zeitungsstand, Kiosk; quiosco de prensa. **Editore** *s.m.* publisher; éditeur; Verlag; editor. **Educazione** *s.f.* education; éducation; Erziehung; educación. **Elastico** *agg.* elastic; élastique; elastisch; elástico. **Elegante** *agg.* elegant; élégant; elegant; elegante. **Elenco** *s.m.* list; liste; Liste; lista. **Elenco telefonico** *s.m.* telephone directory; annuaire téléphonique; Telefonbuch; guía telefónica. **Elettrico** *agg.* electrical; électrique; elektrisch; eléctrico. **Elezioni** *s.f.p.* elections; élections; Wahlen; elecciones. **Elicottero** *s.m.* helicopter; hélicoptère; Helikopter; helicóptero. **Emergenza** *s.f.* emergency; urgence; Umstand, Notfall; emergencia. **Emergere** *v.i.* to emerge; émerger; auftauchen; emerger. **Emozione** *s.f.* emotion; émotion; Gefühl; emoción. **Energia** *s.f.* energy; énergie; Energie; energia. **Entrare** *v.i.* to enter; entrer; eintreten; entrar. **Entrata** *s.f.* entrance; entrée; Eingang; entrada. **Epoca** *s.f.* age; époque; Zeit, Epoche; época. **Erba** *s.f.* grass; herbe; Gras; hierba. **Eredità** *s.f.* inheritance; hérédité;

Erbschaft; herencia. **Errore** *s.m.* error; erreur; Fehler; error. **Esame** *s.m.* examination; examen; Examen, Prüfung; examen. **Esempio** *s.m.* example; exemple; Beispiel; ejemplo. **Esercito** *s.m.* army; armée; Armee; ejército. **Esercizio** *s.m.* exercise; exercice; Übung; ejercicio. **Esistere** *v.i.* to exist; exister; existieren; existir. **Esperienza** *s.f.* experience; expérience; Erfahrung; experiencia. **Esplosione** *s.f.* explosion; explosion; Explosion; explosión. **Esportazione** *s.f.* export; exportation; Export; exportación. **Essere** *v.i.* to be; être; sein; ser, estar. **Est** *s.m.* East; est; Ost; este. **Estate** *s.f.* summer; été; Sommer; verano. **Età** *s.f.* age; âge; Alter; edad. **Europeo** *agg.* European; européen; europäisch; europeo. **Evitare** *v.t.* to avoid; éviter; vermeiden; evitar.

F

Fabbrica *s.f.* factory; usine; Fabrik; fábrica. **Faccia** *s.f.* face; visage; Gesicht; cara. **Facile** *agg.* easy; facile; leicht; fácil. **Falegname** *s.m.* carpenter; menuisier; Tischler; carpintero. **Falso** *agg.* false; faux; gefälscht; falso. **Fame** *s.f.* hunger; faim; Hunger; hambre. **Famiglia** *s.f.* family; famille; Familie; familia. **Famoso** *agg.* famous; célèbre; berühmt; famoso. **Fantasia** *s.f.* imagination; fantaisie; Phantasie; fantasía. **Fantasma** *s.m.* ghost; fantôme; Geist; fantasma. **Fare** *v.t.* to do, to make; faire; machen; hacer. **Farfalla** *s.f.* butterfly; papillon; Schmetterling; mariposa. **Farina** *s.f.* flour; farine; Mehl; harina. **Farmacia** *s.f.* chemist's, pharmacy; pharmacie; Apotheke; farmacia. **Fastidio** *s.m.* nuisance; gêne; Belästigung; fastidio. **Fatica** *s.f.* tiredness; fatigue; Mühe; cansancio, fatiga. **Fatto** *s.m.* fact; fait; Tat, Ereignis; hecho. **Fattoria** *s.f.* farm; ferme; Gutshof, Farm; granja, hacienda rural. **Fattura** *s.f.* bill; facture; Rechnung; factura. **Favore** *s.m.* favour; service, faveur; Wohlwollen, Gunst; favor - (**per favore**: please; s'il vous plaît; bitte; por favor). **Febbraio** *s.m.* February; février; Februar; febrero. **Febbre** *s.f.* fever; fièvre; Fieber; fiebre. **Fegato** *s.m.* liver; foie; Leber; hígado. **Felice** *agg.* happy; heureux; glücklich; feliz. **Femmina** *s.f.* female; femelle; Weibchen; hembra. **Femminile** *agg.* womanly, woman's, feminine; féminin; weiblich, Femininum; femenino. **Ferie** *s.f.p.* vacation; vacances; Ferien; vacaciones. **Ferita** *s.f.* wound; blessure; Verletzung; herida. **Ferito** *agg.* wounded; blessé; verletzt; herido. **Fermare** *v.t.* to stop; arrêter; anhalten; parar. **Fermo** *agg.* still, stationary; arrêté; still; parado. **Ferro** *s.m.* iron; fer; Eisen; hierro. **Ferrovia** *s.f.* railway, railroad; voie ferrée, chemin de fer; Eisenbahn; ferrocarril. **Festa** *s.f.* holiday, party; fête; Feiertag; fiesta. **Fetta** *s.f.*

slice; tranche; Scheibe; loncha, rebanada. **Fiamma** *s.f.* flame; flamme; Flamme; llama. **Fiammifero** *s.m.* match; allumette; Streichholz; cerilla, fósforo. **Fidanzato** *s.m.* fiancé, engaged; fiancé; Verlobte; prometido. **Fiducia** *s.f.* confidence; confiance; Vertrauen; confianza. **Figlio** *s.m.* son; fils; Sohn; hijo. **Figuraccia** *s.f.* bad impression; piètre figure; schlechten Eindruck; papelón, mala impresión. **Fila** *s.f.* queue; file; Schlange; fila. **Film** *s.m.* movie, film; Film; película. **Filo** *s.m.* thread; fil; Faden; hilo. **Finalmente** *avv.* finally, at last; finalement; endlich; por fin. **Fine** *s.f.* end; fin; Ende; fin. **Fine settimana** *s.m.f.* week-end; week-end; Wochenende; fin de semana. **Finestra** *s.f.* window; fenêtre; Fenster; ventana. **Finire** *v.t.* to finish; finir; beendigen; terminar, concluir. **Fiore** *s.m.* flower; fleur; Blume; flor. **Firma** *s.f.* signature; signature; Unterschrift; firma. **Fisico** *agg.* physical; physique; physisch; físico. **Fiume** *s.m.* river; fleuve; Fluß; río. **Foglia** *s.f.* leaf; feuille; Blatt; hoja. **Foglio** *s.m.* sheet; feuille; Blatt, Bogen; folio. **Folla** *s.f.* crowd; foule; Menge; gentío, muchedumbre. **Fontana** *s.f.* fountain; fontaine; Brunnen; fuente. **Forbici** *s.f.p.* scissors; ciseaux; Schere; tijeras. **Forchetta** *s.f.* fork; fourchette; Gabel; tenedor. **Foresta** *s.f.* forest; forêt; Wald; foresta. **Formaggio** *s.m.* cheese; fromage; Käse; queso. **Formica** *s.f.* ant; fourmie; Ameise; hormiga. **Fornello** *s.m.* cooking stove; réchaud; Herd, Kocher; hornillo. **Forno** *s.m.* oven; four; Backofen; horno. **Forse** *avv.* perhaps; peut-être; vielleicht; tal vez, quizá. **Forte** *agg.* strong; fort; stark; fuerte. **Fortuna** *s.f.* luck; chance; Glück; fortuna. **Forza** *s.f.* strength; force; Stärke; fuerza. **Fotografia** *s.f.* photography; photographie; Fotografie; fotografía. **Fragola** *s.f.* strawberry; fraise; Erdbeere; fresa. **Francobollo** *s.m.* stamp; timbre; Briefmarke; sello. **Frase** *s.f.* sentence; phrase; Satz; frase. **Fratello** *s.m.* brother; frère; Bruder; hermano. **Freddo** *agg.* cold; froid; kalt; frío. **Frenare** *v.t.* to brake; freiner; (ab)bremsen; frenar. **Freno** *s.m.* brake; frein; Bremse; freno. **Fresco** *agg.* fresh; frais; frisch; fresco. **Fretta** *s.f.* hurry; hâte; Eile; prisa. **Friggere** *v.t.* to fry; frire; braten; freír. **Frigorifero** *s.m.* refrigerator; réfrigérateur; Kühlschrank; frigorífico. **Fronte** *s.f.* front; front; Stirn; frente. **Frontiera** *s.f.* border; frontière; (Staats)grenze; frontera. **Frutta** *s.f.* fruit; fruit; Obst; fruta. **Fuggire** *v.i.* to run away; fuir; fliehen; huir, fugarse. **Fumare** *v.t.* to smoke; fumer; rauchen; fumar. **Fumo** *s.m.* smoking, smoke; fumée; Rauchen, Rauch; humo. **Funerale** *s.m.* funeral; enterrement; Beerdigung; entierro, funeral. **Fungo** *s.m.* mushroom; champignon; Pilz; hongo, seta. **Funzionare** *v.i.* to work; fonctionner; funktionieren; funcionar. **Fuoco** *s.m.* fire;

feu; Feuer; fuego. **Fuori** *avv.* out, outside; dehors, à l'extérieur; draußen, außer; fuera, afuera. **Futuro** *s.m.* future; avenir, futur; Zukunft; futuro.

G

Gabbia *s.f.* cage; cage; Käfig, Vogelbauer; jaula. **Gabbiano** *s.m.* seagull; mouette; Möwe; gaviota. **Gabinetto** *s.m.* toilet; cabinet; Toilette; retrete. **Galleggiare** *v.i.* to float; flotter; obenauf schwimmen; flotar. **Galleria** *s.f.* tunnel, gallery; tunnel, galerie; Tunnel, Galerie; túnel, galería. **Gallina** *s.f.* hen; poule; Henne, Huhn; gallina. **Gallo** *s.m.* cock, rooster; coq; Hahn; gallo. **Gamba** *s.f.* leg; jambe; Bein; pierna. **Gara** *s.f.* competition; compétition; Wettkampf; prueba, competición. **Garanzia** *s.f.* guarantee; garantie; Garantie; garantía. **Gatto** *s.m.* cat; chat; Katze; gato. **Gelato** *s.m.* icecream; glace; Eis; helado. **Geloso** *agg.* jealous; jaloux; eifersüchtig; celoso. **Gemello** *s.m.* twin; jumeau; Zwilling; gemelo. **Generale** *s.m.* general; général; General; general. **Generoso** *agg.* generous; généreux; großzügig, großherzig; generoso. **Genitori** *s.m.p.* parents; parents; Eltern; padres. **Gennaio** *s.m.* January; janvier; Januar; enero. **Gente** *s.f.* people; gens; Leute; gente. **Gentile** *agg.* kind; gentil; freundlich; amable, gentil. **Gettare** *v.t.* to throw; jeter; werfen; tirar, lanzar. **Ghiaccio** *s.m.* ice; glace; Eis; hielo. **Già** *avv.* already; déjà; schon; ya. **Giacca** *s.f.* jacket; veste, veston; Jacke, Jackett; chaqueta. **Giallo** *agg.* yellow; jaune; gelb; amarillo. **Giardino** *s.m.* garden; jardin; Garten; jardín. **Ginnastica** *s.f.* gymnastics; gymnastique; Gymnastik; gimnasia. **Ginocchio** *s.m.* knee; genou; Knie; rodilla. **Giocare** *v.i.* to play; jouer; spielen; jugar. **Giocattolo** *s.m.* toy; jouet; Spielzeug; juguete. **Gioco** *s.m.* game; jeu; Spiel; juego. **Gioiello** *s.m.* jewel; bijou; Schmuck; joya, alhaja. **Giornale** *s.m.* newspaper; journal; Zeitung; periódico, diario. **Giornalista** *s.m.f.* journalist; journaliste; Journalist; periodista. **Giorno** *s.m.* day; jour; Tag; día. **Giovane** *agg.* young; jeune; jung; joven. **Giovedì** *s.m.* Thursday; jeudi; Donnerstag; jueves. **Girare** *v.i.t.* to turn; tourner; drehen; girar. **Giro** *s.m.* turn; tour; Tour; vuelta. **Giudice** *s.m.* judge; juge; Richter; juez. **Giugno** *s.m.* June; juin; Juni; junio. **Giungere** *v.i.* to join, to arrive, to reach; joindre; erreichen; llegar, arribar. **Giurare** *v.t.* to swear; jurer; schwören; jurar. **Giuria** *s.f.* jury, judges; jury; Jury; jurado. **Giusto** *agg.* just, right; juste; richtig; justo. **Goccia** *s.f.* drop; goutte; Tropfen; gota. **Godere** *v.t.* to enjoy; jouir; genießen; gozar. **Gola** *s.f.* throat; gorge; Kehle, Hals; garganta.

Gomma *s.f.* rubber; gomme; Gummi; goma. **Gonfiare** *v.t.* to blow up; gonfler; aufblasen; inflar, hinchar. **Gonna** *s.f.* skirt; jupe; Rock; falda, pollera. **Governo** *s.m.* government; gouvernement; Regierung; gobierno. **Gradino** *s.m.* step; marche; Stufe; escalón. **Graffio** *s.m.* scratch; égratignure; Kratzer; arañazo, rasguño. **Grammo** *s.m.* gram; gramme; Gramm; gramo. **Grande** *agg.* big; grand; groß; grande. **Grano** *s.m.* grain; blé; Korn; trigo, grano. **Grappa** *s.f.* grape-spirit; eau-de-vie; Grappa, (Schnaps); aguardiente, grapa. **Grasso** *agg.* fat; gros; dick, fett; gordo. **Gratis** *avv.* free; gratis; gratis; gratis. **Gratuito** *agg.* free; gratuit; kostenlos; gratuito. **Grave** *agg.* serious; grave; schwer, ernst; grave. **Gravidanza** *s.f.* pregnancy; grossesse; Schwangerschaft; embarazo. **Grazie!** *int.* thank you!; merci!; danke! ¡gracias!. **Gridare** *v.t.* to shout; crier; schreien; gritar, llorar. **Grigio** *agg.* grey; gris; grau; gris. **Gruppo** *s.m.* group; groupe; Gruppe; grupo. **Guadagnare** *v.t.* to earn; gagner; verdienen; ganar. **Guaio** *s.m.* trouble; ennui; Ärger; desgracia, dificultad, problema. **Guancia** *s.f.* cheek; joue; Wange; mejilla. **Guanto** *s.m.* glove; gant; Handschuh; guante. **Guardare** *v.t.* to watch; regarder; schauen; mirar. **Guardia** *s.f.* guard; garde; Wächter; guardia. **Guarire** *v.i.* to recover; guérir; heilen; curar, sanar. **Guerra** *s.f.* war; guerre; Krieg; guerra. **Guida** *s.f.* guide, driving; guide, conduite; Führer, Fahren; guía, conducción. **Guidare** *v.t.* to guide, to drive; mener, guider, conduire; führen, fahren; guiar, conducir.

I

Idea *s.f.* idea; idée; Idee; idea. **Idraulico** *s.m.* plumber; plombier; Installateur; fontanero, plomero. **Ieri** *avv.* yesterday; hier; gestern; ayer. **Illegale** *agg.* illegal; illégal; illegal, gesetzwidrig; ilegal. **Illudere** *v.t.* to deceive, to delude; tromper, abuser; betrügen; engañar, embaucar. **Imbrogliare** *v.t.* to cheat; embrouiller; verwickeln; embrollar. **Imbucare** *v.t.* to post, to mail; poster; einwerfen; echar al buzón. **Immaginare** *v.t.* to imagine; imaginer; vorstellen; imaginar. **Immediatamente** *avv.* immediately, at once; immédiatement; sofort; inmediatamente. **Imparare** *v.t.* to learn; apprendre; lernen; aprender. **Impedire** *v.t.* to prevent; empêcher; verhindern; impedir. **Impermeabile** *s.m.* raincoat; imperméable; Regenmantel; impermeable. **Impiegato** *s.m.* clerk; employee; employé; Angestellte; empleado. **Importante** *agg.* important; important; wichtig; importante. **Impossibile** *agg.* impossible; impossible; unmöglich; imposible. **Improvvisamente** *avv.* suddenly; soudain; plötzlich; de improviso.

Incendio *s.m.* fire; incendie; Brand, Feuer; incendio. **Inchiostro** *s.m.* ink; encre; Tinte; tinta. **Incidente** *s.m.* accident; accident; Unfall; accidente. **Incinta** *agg.* pregnant; enceinte; schwanger; en cinta. **Incontrare** *v.t.* to meet; rencontrer; begegnen; encontrar. **Incontro** *s.m.* meeting; rencontre; Begegnung; encuentro. **Incrocio** *s.m.* crossing; croisement; Kreuzung; cruce, intersección. **Indigestione** *s.f.* indigestion; indigestion; Verdauungsstörung; indigestión. **Indipendente** *agg.* independent; indépendant; unabhängig, selbstständig; independiente. **Indirizzo** *s.m.* address; adresse; Adresse; dirección. **Indovinare** *v.t.* to guess; deviner; raten; adivinar. **Industria** *s.f.* industry; industrie; Industrie; industria. **Infermiere** *s.f.* male nurse; infirmier; Krankenpfleger; enfermero. **Infinito** *s.m.* infinitive; infinitif; Infinitiv; infinitivo. **Influenza** *s.f.* influence, flu; influence, grippe; Einfluß, Grippe; influencia, gripe. **Informazione** *s.f.* information; information; Auskunft; información. **Ingresso** *s.m.* entry, entrance; entrée; Eingang; entrada. **Iniezione** *s.f.* injection; piqûre; Injektion; inyección. **Inizio** *s.m.* beginning; début; Beginn; inicio, principio. **Innamorarsi** *v.i.* to fall in love; tomber amoureux; sich verlieben; enamorarse. **Inquinamento** *s.m.* pollution; pollution; Umweltverschmutzung; contaminación. **Insalata** *s.f.* salad; salade; Salat; ensalada. **Insegnante** *s.m.f.* teacher; professeur; Lehrer; maestro, profesor. **Insegnare** *v.t.* to teach; enseigner; lehren; enseñar. **Insistere** *v.i.* to insist; insister; bestehen auf; insistir. **Intelligente** *agg.* intelligent; intelligent; intelligent; inteligente. **Interessante** *agg.* interesting; intéressant; interessant; interesante. **Interiezione** *s.f.* interjection; interjection; Interjektion; interjección. **Interrompere** *v.t.* to interrupt; interrompre; unterbrechen; interrumpir. **Intervenire** *v.i.* to intervene; intervenir; eingreifen; intervenir . **Intransitivo** *agg.* intransitive; intransitif; intransitiv; intransitivo. **Introdurre** *v.t.* to introduce; introduire; einführen; introducir. **Inutile** *agg.* useless; inutile; nutzlos; inútil. **Inverno** *s.m.* Winter; hiver; Winter; invierno. **Invitare** *v.t.* to invite; inviter; einladen; invitar. **Invito** *s.m.* invitation; invitation; Einladung; invitación. **Irregolare** *agg.* irregular; irrégulier; unregelmäßig; irregular. **Isola** *s.f.* island; île; Insel; isla.

L

Laboratorio *s.m.* laboratory; laboratoire, atelier; Labor, Werkstatt, Schneiderei; laboratorio, taller. **Ladro** *s.m.* thief; voleur; Dieb; ladrón. **Lago** *s.m.* lake; lac; See; lago. **Lamentarsi** *v.i.* to complain; se plaindre; sich beklagen; quejarse.

Lampada *s.f.* lamp; lampe; Lampe; lámpara. **Lana** *s.f.* wool; laine; Wolle; lana. **Largo** *agg.* wide; large; breit, weit; ancho. **Lasciare** *v.t.* to leave; laisser, quitter; lassen; dejar, abandonar. **Latte** *s.m.* milk; lait; Milch; leche. **Lavanderia** *s.f.* laundry; teinturerie; Wäscherei; lavadería, tintorería. **Lavandino** *s.m.* sink; lavabo; Waschbekken; fregadero. **Lavare** *v.t.* to wash; laver; waschen; lavar. **Lavatrice** *s.f.* washing-machine; machine à laver; Waschmaschine; lavadora. **Lavorare** *v.t.* to work; travailler; arbeiten; trabajar. **Lavoro** *s.m.* work; travail; Arbeit; trabajo. **Legare** *v.t.* to tie, to fasten; lier; binden; atar. **Legge** *s.f.* law; loi; Gesetz; ley. **Leggere** *v.t.* to read; lire; lesen; leer. **Leggero** *agg.* light; léger; leicht; liviano, ligero. **Legno** *s.m.* wood; bois; Holz; madera. **Lento** *agg.* slow; lent; langsam; lento. **Lettera** *s.f.* letter; lettre; Brief; letra, carta. **Letto** *s.m.* bed; lit; Bett; cama. **Lezione** *s.f.* lesson; leçon; Unterrichtsstunde, Lektion; lección. **Libero** *agg.* free; libre; frei; libre. **Libertà** *s.f.* freedom; liberté; Freiheit; libertad. **Libreria** *s.f.* bookshop; librairie; Buchhandlung; librería. **Libro** *s.m.* book; livre; Buch; libro. **Limone** *s.m.* lemon; citron; Zitrone; limón. **Lingua** *s.f.* tongue, language; langue; Zunge, Sprache; lengua, idioma. **Liquido** *s.m.* liquid; liquide; Flüssigkeit; líquido. **Liquore** *s.m.* liquor; liqueur; Likör; licor. **Liscio** *agg.* smooth; lisse; glatt; liso. **Lista** *s.f.* list; liste; Liste; lista. **Listino** *s.m.* price-list; catalogue; Liste, Verzeichnis; boletín, lista de precios. **Litigare** *v.i.* to argue; se disputer, quereller, streiten; pelear, discutir. **Litro** *s.m.* litre; litre; Liter; litro. **Lontananza** *s.f.* distance; éloignement; Entfernung; lejanía, distancia. **Lontano** *agg.* distant, far; lointain; entfernt; lejano. **Lottare** *v.i.* to struggle; lutter; kämpfen; luchar. **Lotteria** *s.f.* lottery; loterie; Lotterie; lotería. **Luce** *s.f.* light; lumière; Licht; luz. **Luglio** *s.m.* July; juillet; Juli; julio. **Luna** *s.f.* moon; lune; Mond; luna. **Lunedì** *s.m.* Monday; lundi; Montag; lunes. **Lungo** *agg.* long; long; längs; largo. **Luogo** *s.m.* place; lieu; Ort; lugar. **Lusso** *s.m.* luxury; luxe; Luxus; lujo. **Lutto** *s.m.* mourning; deuil; Trauer; luto.

M

Macchia *s.f.* stain, spot; tache; Fleck; mancha. **Macchina** *s.f.* machine, car; machine, voiture; Maschine, Auto; máquina, coche. **Macchina fotografica** *s.f.* camera; appareil photographique; Fotoapparat; máquina fotográfica. **Macellaio** *s.m.* butcher; boucher; Metzger; carnicero. **Macelleria** *s.f.* butcher's (shop); boucherie; Metzgerei; carnicería. **Madre** *s.f.* mother; mère; Mutter; madre. **Maestro** *s.m.* master; maître; Lehrer; maestro. **Magazzino** *s.m.* warehouse;

dépôt; Warenlager; almacén. **Maggio** *s.m.* May; mai; Mai; mayo. **Maggioranza** *s.f.* majority; majorité; Mehrzahl; mayoría. **Maggiorenne** *s.m.f.* adult; majeur; Volljährig; mayor de edad. **Maglietta** *s.f.* T-shirt; tricot, maillot; Strickhemd; camiseta. **Maglione** *s.m.* sweater; pull-over; Pullover; jersey. **Magro** *agg.* thin; maigre; mager; flaco. **Mai** *avv.* never; jamais; niemals; nunca. **Maiale** *s.m.* pig, hog, pork; cochon, porc; Schwein, Schweinefleisch; cerdo. **Malato** *agg.* ill, sick; malade; krank; enfermo. **Malattia** *s.f.* illness, disease; maladie; Krankheit; enfermedad. **Male** *avv.* badly; mal; schlecht; mal. **Maleducato** *agg.* impolite; mal élevé; ungezogen; mal educado. **Malgrado** *prep./cong.* in spite of, (al)though; malgré; trotz, obwohl; a pesar de, no obstante, aunque. **Mamma** *s.f.* mun, mom; maman; Mami; mamá. **Mancare** *v.i.* to miss; manquer; fehlen; faltar. **Mancia** *s.f.* tip; pourboire; Trinkgeld; propina. **Mangiare** *v.t.* to eat; manger; essen; comer. **Manifesto** *s.m.* poster; affiche; Plakat; anuncio, cartel. **Maniglia** *s.f.* handle; poignée de porte; Klinke; picaporte. **Mano** *s.f.* hand; main; Hand; mano. **Marciapiede** *s.m.* pavement, sidewalk; trottoir; Gehweg; acera. **Mare** *s.m.* sea; mer; Meer; mar. **Marinaio** *s.m.* sailor; marin; Seemann; marinero. **Marito** *s.m.* husband; mari; (Ehe)mann; marido. **Marmellata** *s.f.* jam, marmelade; confiture; Marmelade; mermelada. **Marmo** *s.m.* marble; marbre; Marmor; mármol. **Marrone** *agg.* brown; marron; braun; marrón. **Martedì** *s.m.* Tuesday; mardi; Dienstag; martes. **Martello** *s.m.* hammer; marteau; Hammer; martillo. **Marzo** *s.m.* March; mars; März; marzo. **Maschera** *s.f.* mask; masque; Maske; máscara, careta. **Maschile** *agg.* man's, masculine; masculin; männlich, maskulin; masculino. **Maschio** *s.m.* male; mâle; Männchen; macho. **Massaggio** *s.m.* massage; massage; Massage; masaje. **Matita** *s.f.* pencil; crayon; Bleistift; lápiz. **Matrimonio** *s.m.* Wedding, marriage; mariage; Hochzeit, Ehe; matrimonio. **Mattina** *s.f.* morning; matin; Morgen; mañana. **Matto** *agg.* mad; fou; verrückt; loco. **Meccanico** *s.m.* mechanic; mécanicien; Mechaniker; mecánico. **Medicina** *s.f.* medicine; médicament; Medizin; medicina. **Medico** *s.m.* doctor; médecin; Arzt; médico. **Meglio** *avv.* better; mieux; besser; mejor. **Mela** *s.f.* apple; pomme; Apfel; manzana. **Membro** *s.m.* member; membre; Mitglied; miembro. **Memoria** *s.f.* memory; mémoire; Gedächtnis; memoria. **Mercato** *s.m.* market; marché; Markt; mercado. **Merce** *s.f.* goods; marchandise; Ware; mercancía. **Mercoledì** *s.m.* Wednesday; mercredi; Mittwoch; miércoles. **Mescolare** *v.t.* to mix; mélanger; mischen; mezclar. **Mese** *s.m.* month; mois; Monat; mes. **Messaggio** *s.m.* message; message; Message, Nachricht; mensaje. **Mestruazione** *s.f.* menstruation, period; menstruation;

Menstruation; menstruación. **Metà** *s.f.* half; moitié; Hälfte; mitad. **Metallo** *s.m.* metal; métal; Metall; metal. **Metodo** *s.m.* method; méthode; Methode; método. **Metro** *s.m.* metre; mètre; Meter; metro. **Metropolitana** *s.f.* underground, tube, subway; métro; Untergrundbahn; metropolitano. **Mettere** *v.t.* to put; mettre; setzen; poner, colocar, meter. **Mezzanotte** *s.f.* midnight; minuit; Mitternacht; medianoche. **Mezzogiorno** *s.m.* midday; midi; Mittag; mediodía. **Miele** *s.m.* honey; miel; Honig; miel. **Migliorare** *v.t.* to improve; améliorer; verbessern; mejorar. **Migliore** *agg.* better; meilleur; besser; mejor. **Miliardo** *s.m.* thousand millions, billion; milliard; Milliarde; mil millones. **Milione** *s.m.* million; million; Million; millón. **Militare** *agg.* military; militaire; militärisch; militar. **Minacciare** *v.t.* to menace; menacer; drohen, bedrohen; amenazar. **Minestra** *s.f.* soup; potage; Suppe; potaje. **Ministro** *s.m.* minister; ministre; Minister; ministro. **Minorenne** *s.m.f.* minor; mineur; Minderjährige; menor de edad. **Minuto** *s.m.* minute; minute; Minute; minuto. **Misura** *s.f.* size; taille, mesure; Größe, Maß; medida. **Mittente** *s.m.f.* sender; expéditeur; Absender; remitente. **Mobile** *s.m.* furniture; meuble; Möbel; mueble. **Moda** *s.f.* fashion; mode; Mode; moda. **Moderno** *agg.* modern; moderne; modern; moderno. **Modo** *s.m.* way; façon; Art, Weise; modo. **Moglie** *s.f.* wife; épouse; (Ehe)frau; mujer, esposa. **Molto** *agg.* much, many; beaucoup; viel; mucho. **Molto** *avv.* very; très; sehr; muy, mucho. **Momento** *s.m.* moment; moment; Moment; momento. **Mondo** *s.m.* world; monde; Welt; mundo. **Moneta** *s.f.* coin, currency; monnaie; Geldstück, Münze; moneda. **Montagna** *s.f.* mountain; montagne; Berg; montaña. **Morbido** *agg.* soft; doux; weich; blando, suave. **Mordere** *v.t.* to bite; mordre; beißen; morder. **Morire** *v.i.* to die; mourir; sterben; morir. **Morte** *s.f.* death; mort; Tod; muerte. **Morto** *agg.* dead; mort; Tote; muerto. **Mosca** *s.f.* fly; mouche; Fliege; mosca. **Mostra** *s.f.* show, exhibition; exposition; Ausstellung; muestra, exposición. **Mostrare** *v.t.* to show; montrer; zeigen; mostrar. **Motivo** *s.m.* reason; motif; Motiv, Grund; motivo. **Motocicletta** *s.f.* motor-cycle; cyclomoteur, motocyclette; Motorrad; motocicleta. **Motore** *s.m.* engine, motor; moteur; Motor; motor. **Multa** *s.f.* fine; amende; Geldstrafe; multa. **Municipio** *s.m.* town hall; hôtel de ville; Rathaus; ayuntamiento, municipio. **Muovere** *v.t.* to move; mouvoir, déplacer, remuer; bewegen; mover. **Muro** *s.m.* wall; mur; Mauer; muro. **Museo** *s.m.* museum; musée; Museum; museo. **Musica** *s.f.* music; musique; Musik; música. **Mutande** *s.f.p.* underpants; caleçon, slip; Unterhose; calzoncillos. **Mutandine** *s.f.p.* panties; culotte; Schlüpfer, Slip; bragas.

N

Nascere *v.i.* to be born; naître; geboren werden; nacer. **Nascita** *s.f.* birth; naissance; Geburt; nacimiento. **Nascondere** *v.t.* to hide; cacher; verstecken; esconder. **Naso** *s.m.* nose; nez; Nase; nariz. **Natale** *s.m.* Christmas; Noël; Weihnacht; Navidad. **Natura** *s.f.* nature; nature; Natur; naturaleza. **Naturalmente** *avv.* of course; naturellement; natürlich; naturalmente. **Nave** *s.f.* ship; navire; Schiff; barco, buque. **Nazionale** *agg.* national; national; national; nacional. **Nazionalità** *s.f.* nationality; nationalité; Nationalität; nacionalidad. **Nazione** *s.f.* nation; nation; Nation; nación. **Nebbia** *s.f.* fog; brouillard; Nebel; niebla. **Necessario** *agg.* necessary; nécessaire; nötig; necesario. **Negativo** *agg.* negative; négatif; negativ; negativo. **Negozio** *s.m.* shop, store; magasin; Geschäft; tienda, negocio. **Nemico** *s.m.* enemy; ennemi; Feind; enemigo. **Nero** *agg.* black; noir; schwarz; negro. **Nessuno** *pron.* nobody; personne; niemand; ninguno, nadie. **Neve** *s.f.* snow; neige; Schnee; nieve. **Nevicare** *v.i.* to snow; neiger; schneien; nevar. **Niente** *pron.* nothing; rien; nichts; nada. **Nipote** *s.m.f.* nephew, niece, grandson, granddaughter; petit-fils, petite-fille, neveu, nièce; Enkel(in), Neffe, Nichte; sobrino, nieto. **No** *avv.* no; non; nein; no. **Noia** *s.f.* boredom; ennui; Langweile; tedio, aburrimiento. **Noioso** *agg.* boring; ennuyeux; langweilig; aburrido. **Noleggiare** *v.t.* to hire, to rent; louer; mieten, vermieten; alquilar. **Nome** *s.m.* name, noun; prénom, nom; Name, Nomen; nombre. **Nonno** *s.m.* grandfather; grand-père; Großvater; abuelo. **Nonostante** *cong.* v. **malgrado**. **Nord** *s.m.* North; nord; Nord; norte. **Normale** *agg.* normal; normal; normal; normal. **Notizia** *s.f.* news; nouvelle; Nachricht; noticia, información. **Notte** *s.f.* night; nuit; Nacht; noche. **Novembre** *s.m.* November; novembre; November; noviembre. **Novità** *s.f.* novelty; nouveauté; Neuheit; novedad. **Nubile** *agg.* unmarried; célibataire; unverheiratet, ledig; soltera. **Nudo** *agg.* naked; nu; nackt; desnudo. **Numero** *s.m.* number; numéro, nombre; Zahl; número. **Nuotare** *v.i.* to swim; nager; schwimmen; nadar. **Nuovo** *agg.* new; nouveau; neu; nuevo. **Nuvola** *s.f.* cloud; nuage; Wolke; nube.

O

Obbligare *v.t.* to oblige; obliger; verpflichen; obligar. **Obbligatorio** *agg.* obligatory, compulsory; obligatoire; vorgeschrieben, obligatorisch; obligatorio. **Obiettivo** *s.m.* lens, goal; objectif; Objektiv, Ziel; objetivo. **Oca** *s.f.* goose; oie; Gans; ganso. **Occasione** *s.f.* occasion; occasion; Gelegenheit; ocasión.

Occhiali *s.m.p.* glasses; lunettes; Brille; gafas. **Occhio** *s.m.* eye; œil; Auge; ojo. **Occidentale** *agg.* Western; occidental; westlich; occidental. **Occidente** *s.m.* West; occident; Westen; oeste, occidente. **Occorrere** *v.i.* to need; falloir, avoir besoin; brauchen; ser necesario. **Occupare** *v.t.* to occupy; occuper; besetzen; ocupar. **Occupato** *agg.* occupied, taken, engaged, busy; occupé; besetzt, beschäftigt; ocupado. **Oceano** *s.m.* ocean; océan; Ozean; océano. **Odiare** *v.t.* to hate; haïr; hassen; odiar. **Odore** *s.m.* smell; odeur; Geruch, Gewürzkräuter; olor. **Offendere** *v.t.* to insult; offenser; beleidigen; ofender. **Offerta** *s.f.* offer; offre; Angebot, Gabe; oferta. **Offesa** *s.f.* offence; offense; Beleidigung; ofensa. **Offrire** *v.t.* to offer; offrir; anbieten; ofrecer. **Oggetto** *s.m.* object; objet; Ding; objeto. **Oggi** *avv.* today; aujourd'hui; heute; hoy. **Olio** *s.m.* oil; huile; Öl; aceite. **Oliva** *s.f.* olive; olive; Olive; aceituna, oliva. **Ombra** *s.f.* shadow, shade; ombre; Schatten; sombra. **Ombrello** *s.m.* umbrella; parapluie; Schirm; paraguas. **Omosessuale** *s.m.* gay; homosexuel; Homosexuelle; homosexual. **Onda** *s.f.* wave; vague; Welle; ola. **Onesto** *agg.* honest; honnête; ehrlich; honesto. **Operaio** *s.m.* workman; ouvrier; Arbeiter; obrero. **Opinione** *s.f.* opinion; opinion; Meinung; opinión. **Ora** *avv.* now; maintenant; jetzt; ahora. **Ora** *s.f.* hour; heure; Uhr, Stunde; hora. **Orario** *s.m.* timetable; horaire; Stunden, Zeitplan; horario. **Ordinare** *v.t.* to order, to tidy; ordonner, mettre en ordre; befehlen, ordnen; ordenar (mandar), ordenar (organizar). **Orecchino** *s.m.* ear-ring; boucle d'oreille; Ohrring; pendiente. **Organizzare** *v.t.* to organize; organiser; organisieren; organizar. **Orgasmo** *s.m.* orgasm; orgasme; Orgasmus; orgasmo. **Orientale** *agg.* Eastern; oriental; östlich; oriental. **Oriente** *s.m.* East; orient; Osten; oriente, Oriente. **Originale** *agg.* original; original; original; original. **Origine** *s.f.* origin; origine; Herkunft; origen. **Orizzontale** *agg.* horizontal; horizontal; waagerecht; horizontal. **Orizzonte** *s.m.* horizon; horizon; Horizont; horizonte. **Ormai** *avv.* by now; désormais; nun, schon; por ahora, ya. **Oro** *s.m.* gold; or; Gold; oro. **Orologio** *s.m.* watch; montre; Uhr; reloj. **Orribile** *agg.* horrible; horrible; furchtbar; horrible. **Orto** *s.m.* orchard; potager; (Gemüse-, Nutz)garten; huerto. **Ospedale** *s.m.* hospital; hôpital; Krankenhaus; hospital. **Ospitalità** *s.f.* hospitality; hospitalité; Gastfreundschaft; hospitalidad. **Ospitare** *v.t.* to provide accomodation to; accueillir; zu Gast haben; hospedar. **Ospite** *s.m.f.* guest, host; hôte; Gastgeber, Gast; huésped, anfitrión. **Osservare** *v.t.* to observe; observer; beobachten; observar. **Osservazione** *s.f.* observation; observation; Beobachtung; observación. **Osso** *s.m.* bone; os; Knochen; hueso. **Ostaggio** *s.m.* hostage; otage; Geisel; rehén. **Ostello** *s.m.* hostal; auberge de jeunesse; Herberge; albergue (de la juventud). **Ottenere** *v.t.* to obtain; obtenir; erhalten; obtener. **Ottico** *s.m.* optician; opticien; Optiker; óptico. **Ottimo** *agg.* excellent; excellent; sehr gut; óptimo. **Ottobre** *s.m.* October; octobre; Oktober; octubre. **Ovatta** *s.f.* cotton wool; ouate; Watte; algodón hidrófilo. **Ovest** *s.m.* West; ouest; Westen; oeste. **Ovunque** *avv.* v. **dovunque**. **Ovvio** *agg.* obvious; évident; offensichtlich; obvio.

P

Pacco *s.m.* parcel; colis; Paket; paquete, bulto. **Pace** *s.f.* peace; paix; Frieden; paz. **Padella** *s.f.* frying pan; poêle; Pfanne; sartén. **Padre** *s.m.* father; père; Vater; padre. **Padrone** *s.m.* owner; propriétaire; Eigentümer, Besitzer; propietario. **Paesaggio** *s.m.* landscape; paysage; Landschaft; paisaje. **Paese** *s.m.* country; pays; Dorf, Land; país, pueblo. **Pagamento** *s.m.* payment; paiement; Auszahlung; pago. **Pagare** *v.t.* to pay; payer; zahlen; pagar. **Pagina** *s.f.* page; page; Seite; página. **Paio** *s.m.* pair; paire; Paar; par. **Palazzo** *s.m.* palace; palais; Palast; palacio, edificio. **Palestra** *s.f.* gymnasium; gymnase; Turnhalle; gimnasio. **Palla** *s.f.* ball; balle; Ball; pelota. **Panchina** *s.f.* bench; banc; Gartenbank; asiento, banco. **Pancia** *s.f.* belly; ventre; Bauch; panza. **Pane** *s.m.* bread; pain; Brot; pan. **Panetteria** *s.f.* baker's; boulangerie; Bäckerei; panaderia. **Panino** *s.m.* sandwich, bread roll; sandwich; Brötchen; bocadillo. **Panna** *s.f.* cream; crème fraîche; Sahne; crema, nata. **Pantaloni** *s.m.p.* trousers, pants; pantalon; Hose; pantalones. **Papà** *s.m.* daddy; papa; Papa; papá. **Papa** *s.m.* pope; pape; Papst; papa. **Parcheggiare** *v.t.* to park; se garer; parken; aparcar. **Parcheggio** *s.m.* car park, parking lot; parking; Parkplatz; aparcamiento. **Parco** *s.m.* park; parc; Park; parque. **Parente** *s.m.f.* relative; membre de la famille; Verwandte; pariente. **Parere** *v.i.* to seem; paraître; scheinen; parecer. **Parete** *s.f.* wall; paroi, cloison; Wand; pared. **Pari** *agg.* even; égal; gleich; igual, empatado. **Parlamento** *s.m.* Parliament; parlement; Parlament; Cortes, parlamento. **Parlare** *v.t.* to speak; parler; sprechen; hablar. **Parola** *s.f.* word; mot; Wort; palabra. **Parrucchiere** *s.m.* hairdresser; coiffeur; Friseur; peluquero. **Parte** *s.f.* part; partie; Teil; parte. **Partenza** *s.f.* departure; départ; Abreise; marcha, partida. **Particolare** *agg.* particular; particulier; besondere; particular. **Partire** *v.i.* to leave, to depart; partir; abreisen; marchar, partir. **Partita** *s.f.* match, game; partie, match; Spiel; partido (*deport.*). **Partito** *s.m.* party; parti; Partei; partido (*pol.*). **Pasqua** *s.f.*

Easter; pâques; Ostern; Pascua. **Passaporto** *s.m.* passport; passeport; Reisepaß; pasaporte. **Passare** *v.i.* to pass, to go by; passer; vorbeigehen; pasar. **Passato** *s.m.* past; passé; Vergangenheit; pasado. **Passeggero** *s.m.* passenger; passager; Reisende, Passagier; pasajero. **Passeggiare** *v.i.* to walk; se promener; spazieren; pasear. **Passeggiata** *s.f.* walk; promenade; Spazierengehen, Spaziergang; paseo. **Pastasciutta** *s.f.* pasta; pâtes; Nudelgericht; pasta. **Pasticceria** *s.f.* pastry-shop; pâtisserie; Konditorei; pastelería. **Pasto** *s.m.* meal; repas; Mahlzeit; comida. **Patata** *s.f.* potato; pomme de terre; Kartoffel; patata. **Patente** *s.f.* licence; permis de conduire; Führerschein; carnet de conducir. **Pattumiera** *s.f.* dustbin, garbage can; poubelle; Abfalleimer; basurero. **Paura** *s.f.* fear; peur; Angst; miedo. **Pausa** *s.f.* pause; pause; Pause; pausa. **Pavimento** *s.m.* floor; sol; Fußboden; piso, suelo. **Pazienza** *s.f.* patience; patience; Geduld; paciencia. **Peccato!** *int.* what a pity!; dommage!; Schade!; ¡qué lástima!. **Pecora** *s.f.* sheep; brebis; Schaf; oveja. **Pedone** *s.m.* pedestrian; piéton; Fußgänger; peatón. **Peggio** *avv.* worse; pire; schlechter; peor. **Pelle** *s.f.* skin; peau; Haut; piel. **Pellicola** *s.f.* film; pellicule; Film; película. **Pelo** *s.m.* hair; poil; Körper-, Tierhaar; vello. **Penna** *s.f.* pen; stylo; (Schreib)feder; bolígrafo. **Pennello** *s.m.* brush; pinceau; Pinsel; pincel. **Pensare** *v.t.* to think; penser; denken; pensar. **Pentirsi** *v.i.* to regret; se repentir, regretter; bereuen; arrepentirse. **Pentola** *s.f.* pot; casserole; (Koch)topf; olla. **Pepe** *s.m.* pepper; poivre; Pfeffer; pimienta. **Peperone** *s.m.* pepper; poivron; Paprikaschote; pimiento. **Pera** *s.f.* pear; poire; Birne; pera. **Percentuale** *s.f.* percentage; pourcentage; Prozentsatz; porcentaje. **Perché** *cong./avv.* why, because; pourquoi, parce que,; warum, weil; por qué, porque, para que. **Perdere** *v.t.* to lose; perdre; verlieren; perder. **Perdonare** *v.t.* to forgive; pardonner; verzeihen; perdonar. **Perfetto** *agg.* perfect; parfait; einwandfrei; perfecto. **Pericolo** *s.m.* danger; danger; Gefahr; peligro. **Pericoloso** *agg.* dangerous; dangereux; gefährlich; peligroso. **Periferia** *s.f.* outskirts; périphérie; Stadtrand; periferia. **Periodo** *s.m.* period; période; Periode; período. **Permettere** *v.t.* to allow; permettre; erlauben; permitir. **Però** *cong.* but; mais; aber; pero. **Persona** *s.f.* person; personne; Person; persona. **Pesante** *agg.* heavy; lourd; schwer; pesado. **Pesare** *v.t.* to weigh; peser; wiegen; pesar. **Pesca** *s.f.* peach, fishing; pêche; Pfirsich, Fischfang; melocotón, pesca. **Pescare** *v.t.* to fish; pêcher; fischen; pescar. **Pesce** *s.m.* fish; poisson; Fisch; pez, pescado. **Peso** *s.m.* weight; poids; Gewicht; peso. **Petrolio** *s.m.* oil, petroleum; pétrole; Erdöl; petróleo. **Pettinare** *v.t.* to comb, to do the hair of;

peigner; kämmen; peinar. **Pettine** *s.m.* comb; peigne; Kamm; peine. **Pezzo** *s.m.* piece; morceau; Stück; pedazo, trozo, pieza. **Piacere** *s.m.* pleasure; plaisir; Gefallen, Vergnügen; placer, favor. **Piacere** *v.i.* to like; plaire; gefallen; gustar. **Piacere!** *int.* pleased to meet you; enchanté!; sehr angenehm!; ¡mucho gusto!. **Piangere** *v.i.* to cry; pleurer; weinen; llorar. **Piano** *avv.* softly, slowly; doucement, lentement; leise, langsam; despacio. **Piano** *s.m.* floor; étage; Stock; piso, planta. **Pianoforte** *s.m.* piano; piano; Klavier; piano. **Pianta** *s.f.* tree, plant; plante, plan; Pflanze, Plan; planta, plano. **Pianterreno** *s.m.* ground floor, first floor; rez-de-chaussée; Parterre; planta baja. **Piatto** *s.m.* dish; assiette; Teller; plato. **Piazza** *s.f.* square; place; Platz; plaza. **Piccolo** *agg.* small; petit; klein; pequeño. **Piede** *s.m.* foot; pied; Fuß; pie. **Pieno** *agg.* full; plein; voll; lleno. **Pietra** *s.f.* stone; pierre; Stein; piedra. **Pigiama** *s.m.* pyjamas, pajamas; pyjama; Pyjama; pijama. **Pillola** *s.f.* pill; pillule; Pille; píldora, pastilla. **Pilota** *s.m.* pilot; pilote; Pilot; piloto. **Pioggia** *s.f.* rain; pluie; Regen; lluvia. **Piovere** *v.i.* to rain; pleuvoir; regnen; llover. **Pipì** *s.f.* pee; pipi; Pipi; pis. **Piscina** *s.f.* swimming-pool; piscine; Schwimmbecken, Schwimmbad; piscina. **Pisello** *s.m.* pea; petit pois; Erbse; guisante. **Pittore** *s.m.* painter; peintre; Maler; pintor. **Pittura** *s.f.* painting; peinture; Malerei; pintura. **Più** *agg./avv.* more; plus; mehr; más. **Plastica** *s.f.* plastic; plastique; Plastik; plástico. **Plurale** *agg.* plural; pluriel; pluralisch; plural. **Poco** *agg.* few; peu; wenig; poco. **Poco** *avv.* little, few; peu; wenig; poco. **Poesia** *s.f.* poetry; poésie; Dichtung, Gedicht; poesía. **Poeta** *s.m.* poet; poète; Dichter; poeta. **Politica** *s.f.* politics; politique; Politik; política. **Polizia** *s.f.* police; police; Polizei; policía. **Poliziotto** *s.m.* policeman; policier; Polizist; policía. **Pollo** *s.m.* chicken; poulet; Huhn; pollo. **Poltrona** *s.f.* armchair; fauteuil; Sessel; sillón. **Polvere** *s.f.* dust; poussière; Staub; polvo. **Pomeriggio** *s.m.* afternoon; après-midi; Nachmittag; tarde. **Pomodoro** *s.m.* tomato; tomate; Tomate; tomate. **Pompelmo** *s.m.* grapefruit; pamplemousse; Pampelmuse; pomelo. **Pompiere** *s.m.* firefighter; pompier; Feuerwehrmann; bombero. **Ponte** *s.m.* bridge; pont; Brücke; puente. **Popolazione** *s.f.* population; population; Bevölkerung, Einwohner; población. **Porre** *v.t.* to put, to place; mettre; legen, stellen; poner. **Porta** *s.f.* door; porte; Tür; puerta. **Portafoglio** *s.m.* wallet; portefeuille; Geldtasche; cartera. **Portare** *v.t.* to bring, to take, to carry; porter; bringen; traer, llevar. **Possedere** *v.t.* to own; posséder; besitzen; poseer. **Possibile** *agg.* possible; possible; möglich; posible. **Possibilità** *s.f.* possibility; possibilité; Möglichkeit; posibilidad. **Posta** *s.f.* post, mail; poste, courrier; Post; correo, correspondencia. **Postino** *s.m.* postman, mailman; facteur; Briefträger; cartero. **Posto** *s.m.* place; place; Platz; lugar. **Potere** *v.i.* can; pouvoir; können; poder. **Povero** *agg.* poor; pauvre; arm; pobre. **Pranzare** *v.i.* to lunch; déjeuner; mittagessen; almorzar, comer. **Pranzo** *s.m.* lunch, dinner; déjeuner; Mittagessen; almuerzo, comida. **Prato** *s.m.* meadow; pré; Wiese, Rasen; prado, césped. **Preciso** *agg.* precise; précis; genau; preciso. **Preferire** *v.t.* to prefer; préférer; vorziehen; preferir. **Pregare** *v.t.* to pray; prier; bitten, beten; orar, rezar. **Preghiera** *s.f.* prayer; prière; Gebet; oración. **Premio** *s.m.* prize; prix; Prämie; premio. **Prendere** *v.t.* to take; prendre; nehmen; tomar, coger. **Prendersela (*con qc.*)** *v.i.* to get angry with s.o.; se fâcher contre qqn.; auf jdn böse sein; tenerla, tomarla, enfadarse con alguien. **Prenotare** *v.t.* to reserve; réserver; reservieren; reservar. **Prenotazione** *s.f.* booking, reservation; réservation; Reservierung; reserva. **Preoccuparsi** *v.i.* to get worried; se préoccuper; sich Sorgen machen; preocuparse. **Preparare** *v.t.* to prepare; préparer; vorbereiten; preparar. **Presentare** *v.t.* to introduce, to present; présenter; vorstellen; presentar. **Preservativo** *s.m.* prophylactic, condom; préservatif; Präservativ, Kondom; preservativo. **Presidente** *s.m.* president; président; Vorsitzende, Präsident; presidente. **Prestare** *v.t.* to lend; prêter; leihen; prestar. **Prestito** *s.m.* loan; prêt; Darlehen; préstamo. **Presto** *avv.* soon, hurry up; tôt, vite; früh, schnell; pronto, temprano, rápido. **Prete** *s.m.* priest; prêtre; Priester; cura. **Prezioso** *agg.* precious; précieux; kostbar; valioso, precioso. **Prezzo** *s.m.* price; prix; Preis; precio. **Prigione** *s.f.* prison; prison; Gefängnis; prisión. **Prima** *agg./avv.* before; avant de; vorher; antes. **Primavera** *s.f.* Spring; printemps; Frühling; primavera. **Primo** *agg.* first; premier; erste; primero. **Principe** *s.m.* prince; prince; Herrscher; príncipe. **Principessa** *s.f.* princess; princesse; Prinzessin; princesa. **Privato** *agg.* private; privé; privat; privado. **Probabilmente** *avv.* probably; probablement; wahrscheinlich; probablemente **Problema** *s.m.* problem; problème; Problem; problema. **Processo** *s.m.* process, trial; procès; Prozeß; proceso. **Prodotto** *s.m.* product; produit; Produkt; producto. **Produrre** *v.t.* to produce; produire; erzeugen; producir. **Professione** *s.f.* profession, career; profession; Beruf; profesión. **Professore** *s.m.* professor; professeur; Lehrer, Professor; profesor. **Profumo** *s.m.* perfume; parfum; Duft, Parfüm; perfume. **Programma** *s.m.* programme; programme; Programm; programa. **Proibito** *agg.* prohibited; interdit; verboten; prohibido. **Promessa** *s.f.* promise; promesse; Versprechen; promesa. **Promettere** *v.t.* to promise; promettre; versprechen; prometer. **Pronome** *s.m.* pronoun; pronom; Pronomen;

pronombre. **Pronto** *agg.* ready; prêt; bereit; listo, preparado. **Pronto!** *int.* hello!; allô!; hallo! ¿digame?. **Pronunciare** *v.t.* to pronounce; prononcer; aussprechen; pronunciar. **Proporre** *v.t.* to propose; proposer; vorschlagen; proponer. **Proposta** *s.f.* proposal; proposition; Vorschlag; propuesta. **Proprietà** *s.f.* property; propriété; Besitz; propiedad. **Proprietario** *s.m.* owner; propriétaire; Besitzer; propietario. **Prosciutto** *s.m.* ham; jambon; Schinken; jamón. **Prossimo** *agg.* next; prochain; nächste; próximo. **Proteggere** *v.t.* to protect; protéger; schützen; proteger. **Protesta** *s.f.* protest; protestation; Protest; protesta. **Protestare** *v.i.* to protest; protester; protestieren; protestar. **Prova** *s.f.* proof, test, trial; preuve, essai; Versuch; prueba. **Provare** *v.t.* to try; essayer, prouver; versuchen; probar. **Prudenza** *s.f.* prudence; prudence; Vorsicht; prudencia. **Pubblicità** *s.f.* advertising; publicité; Reklame; publicidad. **Pulire** *v.t.* to clean; nettoyer; putzen; limpiar. **Pulito** *agg.* clean; propre; sauber; limpio. **Pullman** *s.m.* coach; car; Reisebus; autocar. **Punto** *s.m.* point; point; Punkt; punto. **Puntuale** *agg.* punctual; ponctuel; pünktlich; puntual. **Purtroppo** *avv.* unfortunately; malheureusement; leider; lamentablemente. **Puzzare** *v.i.* to stink; sentir mauvais; stinken; apestar, oler mal.

Q

Qua *avv.* here; ici; da, hier; acá. **Quaderno** *s.m.* exercise-book; cahier; Heft; cuaderno. **Quadro** *s.m.* picture; tableau; Bild; cuadro. **Qualche** *agg.* some, any; quelques; einige; algún. **Qualcosa** *pron.* something; quelque chose; etwas; algo. **Qualcuno** *pron.* someone; quelqu'un; einige, welche; alguien. **Quale** *pron.* which; lequel; welche; qué, cual. **Qualità** *s.f.* quality; qualité; Qualität, Begabung; cualidad. **Qualsiasi** *agg.* any, common; quelconque, n'importe quel; jede, irgendein; cualquier. **Qualunque** *agg.* v. **qualsiasi**. **Quando** *avv./cong.* when; quand; wann, wenn; cuando. **Quantità** *s.f.* quantity; quantité; Menge, Quantität; cantidad. **Quanto** *pron.* how much; combien; wieviel; cuánto. **Quartiere** *s.m.* quarter, neighbourhood; quartier; Viertel; barrio. **Quello** *agg.* that; ce ... là; jene (r,s), der, die, das (da); ese, aquel. **Quello** *pron.* that one; celui-là; jene (r,s), der, die, das (da); aquél. **Questo** *agg.* this; ce ... ci; diese (r,s), der, die, das (hier); este. **Questo** *pron.* this one; celui-ci; diese (r,s), dies, das (hier); éste. **Qui** *avv.* here; ici; hier, da; aquí. **Quotidiano** *s.m.* newspaper; quotidien; Tageszeitung; diario.

R

Rabbia *s.f.* anger; rage; Wut; enojo, rabia. **Raccomandata (*lettera* ~)** *s.f.* registered letter; lettre recommandée; Einschreiben; certificada. **Raccontare** *v.t.* to tell; raconter; erzählen; contar. **Radersi** *v.i.* to shave o.s.; se raser; sich rasieren; afeitarse. **Raffreddore** *s.m.* cold; rhume; Erkältung; resfriado. **Ragazza** *s.f.* girl; jeune fille; Mädchen; muchacha, chica. **Ragazzo** *s.m.* boy; garçon; Junge; muchacho, chico. **Ragione** *s.f.* reason; raison; Verstand, Grund; razón. **Ragno** *s.m.* spider; araignée; Spinne; araña. **Rallentare** *v.i.* to slow down; ralentir; verlangsamen; ralentizar. **Rapido** *agg.* quick; rapide; schnell; rápido. **Raro** *agg.* rare; rare; selten; raro. **Rasoio** *s.m.* razor; rasoir; Rasiermesser, Rasierapparat; navaja de afeitar. **Re** *s.m.* king; roi; König; rey. **Realtà** *s.f.* reality; réalité; Realität; realidad. **Reclamo** *s.m.* complaint; réclamation; Reklamation; reclamación. **Regalare** *v.t.* to make a present; donner, offrir; schenken; regalar. **Regalo** *s.m.* gift; cadeau; Geschenk; regalo. **Reggiseno** *s.m.* brassiere; soutien-gorge; Büstenhalter; sostén. **Regina** *s.f.* queen; reine; Königin; reina. **Regione** *s.f.* region; région; Region; región. **Registratore** *s.m.* recorder; magnétophone; Aufnahmegerät; registrador, grabadora. **Regola** *s.f.* rule; règle; Regel; regla. **Regolare** *agg.* regular; régulier; regelmäßig; regular. **Religione** *s.f.* religion; religion; Religion; religión. **Repubblica** *s.f.* republic; république; Republik; república. **Respirare** *v.t.* to breathe; respirer; atmen; respirar. **Restare** *v.i.* to remain; rester; bleiben; quedar, quedarse. **Restaurare** *v.t.* to restore; restaurer; restaurieren; restaurar. **Restituire** *v.t.* to return; restituer; zurückgeben; devolver. **Resto** *s.m.* rest, change; reste, monnaie; Rest; cambio, vueltas, resto. **Ricco** *agg.* rich; riche; reich; rico. **Ricerca** *s.f.* research; recherche; Suche, Forschung; búsqueda, investigación. **Ricetta** *s.f.* prescription, recipe; ordonnance, recette; Rezept; receta. **Ricevere** *v.t.* to receive; recevoir; erhalten; recibir. **Ricevuta** *s.f.* receipt; reçu; Quittung; recibo. **Riconoscere** *v.t.* to recognize; reconnaître; erkennen; reconocer. **Ricordare** *v.t.* to remember; se rappeler; erinnern; recordar. **Ricordo** *s.m.* memory; souvenir; Erinnerung; recuerdo. **Ridere** *v.i.* to laugh; rire; lachen; reír. **Ridurre** *v.t.* to reduce; réduire; senken, reduzieren; reducir. **Riempire** *v.t.* to fill up; remplir; füllen; rellenar. **Rifiutare** *v.t.* to refuse; refuser; ablehnen; rechazar. **Rifiuti** *s.m.p.* rubbish, garbage; déchets; Abfall; basura. **Riflessivo** *agg.* reflective, reflexive; réfléchi; nachdenklich, reflexiv; reflexivo. **Riflettere** *v.i.* to think over; réfléchir; überlegen; reflexionar. **Riga** *s.f.* line; ligne;

Zeile; línea. **Rilassarsi** *v.i.* to relax; se relaxer, se détendre; sich entspannen; relajarse. **Rimandare** *v.t.* to postpone; renvoyer; verschieben; posponer. **Rimanere** *v.i.* to remain; rester; bleiben; quedar, quedarse. **Rincrescere** *v.i.* to mind, to be sorry; regretter, ennuyer; leid tun; sentir/lamentar. **Ringraziare** *v.t.* to thank; remercier; danken; agradecer. **Rinunciare** *v.i.* to renounce; renoncer; verzichten; renunciar. **Riparare** *v.t.* to repair; réparer; reparieren; reparar. **Ripetere** *v.t.* to repeat; répéter; wiederholen; repetir. **Riposare** *v.i.* to rest; se reposer; ausruhen; descansar. **Riposo** *s.m.* rest; repos; Ruhe; reposo, descanso. **Riscaldamento** *s.m.* heating; chauffage; Heizung; calefacción. **Rischio** *s.m.* risk; risque; Risiko; riesgo. **Riso** *s.m.* rice; riz; Reis; arroz. **Risolvere** *v.t.* to solve; résoudre; lösen; resolver. **Risparmiare** *v.t.* to save; épargner; sparen; ahorrar. **Risparmio** *s.m.* saving, savings; économies; Ersparnis; ahorro. **Rispondere** *v.i.* to answer; répondre; antworten; responder. **Risposta** *s.f.* reply; réponse; Antwort; respuesta. **Ristorante** *s.m.* restaurant; restaurant; Restaurant; restaurante. **Risultato** *s.m.* result; résultat; Resultat; resultado. **Ritardo** *s.m.* delay; retard; Verspätung; retraso. **Ritornare** *v.i.* to return; revenir; zurückkehren; volver. **Riunione** *s.f.* meeting; réunion; Versammlung, Sitzung; reunión. **Riuscire** *v.i.* to be able to; réussir; gelingen; lograr, conseguir. **Riva** *s.f.* bank, shore; rive; Ufer; costa, orilla. **Rivista** *s.f.* magazine; revue; Illustrierte; revista. **Rivoluzione** *s.f.* revolution; révolution; Revolution; revolución. **Roccia** *s.f.* rock; roche; Gestein, Fels; roca. **Romanzo** *s.m.* novel; roman; Roman; novela. **Rompere** *v.t.* to break; casser; zerbrechen, brechen; romper. **Rosa** *s.f.* rose; rose; Rose; rosa. **Rossetto** *s.m.* lipstick; rouge à lèvre; Lippenstift; pintalabios. **Rosso** *agg.* red; rouge; rot; rojo. **Rotto** *agg.* broken; cassé; zerbrochen, kaputt; roto. **Rovinare** *v.t.* to ruin; ruiner; ruinieren; arruinar. **Rubare** *v.t.* to steal; voler; stehlen; robar. **Rubinetto** *s.m.* tap, faucet; robinet; Hahn; grifo. **Rumore** *s.m.* noise; bruit; Geräusch, Lärm; ruido. **Ruota** *s.f.* wheel; roue; Rad; rueda. **Russare** *v.i.* to snore; ronfler; schnarchen; roncar.

S

Sabato *s.m.* Saturday; samedi; Samstag; sábado. **Sabbia** *s.f.* sand; sable; Sand; arena. **Sala da pranzo** *s.f.* dining-room; salle à manger; Speisesaal; comedor. **Sala d'aspetto** *s.f.* waiting-room; salle d'attente; Wartesaal; sala de espera. **Salame** *s.m.* salami; saucisson; Salami; salami, embutido. **Salato** *agg.*

salted; salé; salzig; salado. **Sale** *s.m.* salt; sel; Salz; sal. **Salire** *v.i.t.* to go up, to climb; monter; steigen; subir; **Salita** *s.f.* climb; montée; Aufstieg; subida. **Salotto** *s.m.* sitting-room; salon; Wohnzimmer; sala, salón. **Salsa** *s.f.* sauce; sauce; Sauce; salsa. **Salsiccia** *s.f.* sausage; saucisse; Wurst; salchicha. **Saltare** *v.i.t.* to jump; sauter; springen; saltar. **Salutare** *v.t.* to greet, to say hello; saluer; grüßen; saludar, despedir. **Salute** *s.f.* health; santé; Gesundheit; salud. **Salvare** *v.t.* to save; sauver; retten; salvar. **Sangue** *s.m.* blood; sang; Blut; sangre. **Sapere** *v.t.* to know; savoir; wissen; saber, conocer. **Sapone** *s.m.* soap; savon; Seife; jabón. **Sapore** *s.m.* taste; saveur, goût; Geschmack; sabor. **Sasso** *s.m.* stone; caillou; Stein; piedra, cascote. **Sbagliare** *v.t.* to make a mistake; se tromper; sich irren; errar, equivocarse. **Sbagliato** *agg.* wrong; erroné; falsch; equivocado. **Sbaglio** *s.m.* mistake; erreur, faute; Fehler; error, equívoco. **Sbocciare** *v.i.* to bloom, to flower; s'épanouir; blühen, aufblühen; brotar, florecer. **Sbrigarsi** *v.i.* to hurry up; se dépêcher; sich beeilen; apresurarse. **Scala** *s.f.* ladder, stairs; escalier; Treppe; escalera. **Scappare** *v.i.* to escape; échapper; entfliehen; escapar, huir. **Scarpa** *s.f.* shoe; chaussure; Schuh; zapato. **Scatola** *s.f.* box; boîte; Schachtel; caja. **Scegliere** *v.t.* to choose; choisir; wählen; escoger, elegir. **Scendere** *v.i.t.* to go down, to get out; descendre; herunter, aussteigen; bajar, descender. **Scherzare** *v.i.* to joke; plaisanter; scherzen; bromear. **Scherzo** *s.m.* joke; plaisanterie; Spaß; broma. **Schiena** *s.f.* back; dos; Rücken; espalda. **Sci** *s.m.* ski; ski; Ski, Skifahren; esquí. **Sciare** *v.i.* to ski; skier; Ski laufen; esquiar. **Sciarpa** *s.f.* scarf; écharpe; Schal; bufanda. **Scientifico** *agg.* scientific; scientifique; wissenschaftlich; científico. **Scienza** *s.f.* science; science; Wissenschaft; ciencia. **Sciogliere** *v.t.* to dissolve; délier, dissoudre; auflösen; disolver, diluir. **Sciopero** *s.m.* strike; grève; Streik; huelga. **Scommessa** *s.f.* bet; pari; Wette; apuesta. **Scommettere** *v.t.* to bet; parier; wetten; apostar. **Scomodo** *agg.* uncomfortable; incommode; unbequem; incómodo. **Scomparire** *v.i.* to disappear; disparaître; verschwinden; desaparecer. **Sconto** *s.m.* discount, rebate; réduction; Nachlaß, Rabatt; descuento. **Scopa** *s.f.* broom; balai; Besen; escoba. **Scopo** *s.m.* aim, purpose, goal; but; Zweck, Ziel; objeto, finalidad. **Scoppiare** *v.t.* to explode; éclater; ausbrechen, platzen, explodieren; estallar. **Scoprire** *v.t.* to discover; découvrir; entdecken; descubrir. **Scrittore** *s.m.* writer; écrivain; Schriftsteller; escritor. **Scrivere** *v.t.* to write; écrire; schreiben; escribir. **Scultura** *s.f.* sculpture; sculpture; Bildhauerei, Skulptur; escultura. **Scuola** *s.f.* school; école; Schule; escuela. **Scuro** *agg.* dark; foncé; dunkel; oscuro. **Scusa** *s.f.* excuse;

excuse; Entschuldigung; excusa. **Scusare** *v.t.* to excuse; excuser; entschuldigen; excusar. **Scusi!** *int.* sorry!; excusez-moi!; Entschuldigung! ¡perdón!. **Secco** *agg.* dry; sec; trocken; seco. **Secolo** *s.m.* century; siècle; Jahrhundert; siglo. **Secondo** *s.m.* second; seconde; Sekunde; segundo. **Sedere** *v.i.* to sit; s'asseoir; sitzen; sentar, sentarse. **Sedia** *s.f.* chair, seat; chaise; Stuhl; silla. **Segno** *s.m.* sign; signe; Zeichen; signo, señal. **Segreto** *s.m.* secret; secret; Geheimnis; secreto. **Seguire** *v.t.* to follow; suivre; folgen; seguir. **Semaforo** *s.m.* traffic light; feu rouge; Ampel; semáforo. **Sembrare** *v.i.* to seem; sembler; scheinen; parecer. **Semplice** *agg.* simple, plain; simple; einfach; fácil, sencillo. **Sempre** *avv.* always; toujours; immer; siempre. **Seno** *s.m.* breast; sein; Brust; seno. **Sentire** *v.t.* to hear, to feel; entendre, sentir; hören, fühlen; oír, sentir. **Senza** *avv.* without; sans; ohne; sin. **Sera** *s.f.* evening; soir; Abend; tarde, anochecer. **Serio** *agg.* serious; sérieux; ernsthaft; serio. **Serpente** *s.m.* snake; serpent; Schlange; serpiente. **Serratura** *s.f.* lock; serrure; Schloß; cerradura. **Servire** *v.t.* to serve; servir; bedienen; servir. **Servizio** *s.m.* service; service; Service; servicio. **Sesso** *s.m.* sex; sexe; Geschlecht, Sex; sexo. **Seta** *s.f.* silk; soie; Seide; seda. **Sete** *s.f.* thirst; soif; Durst; sed. **Settembre** *s.m.* September; septembre; September; septiembre. **Settimana** *s.f.* week; semaine; Woche; semana. **Sfortunato** *agg.* unluckly; malheureux; unglücklich; desafortunado. **Si** *avv.* yes; oui; ja; sí. **Sicurezza** *s.f.* safety; sécurité; Sicherheit; seguridad. **Sicuro** *agg.* safe; sûr; sicher; seguro. **Sigaretta** *s.f.* cigarette; cigarette; Zigarette; cigarillo. **Sigaro** *s.m.* cigar; cigare; Zigarre; cigarro. **Significare** *v.t.* to mean; signifier; bedeuten; significar. **Significato** *s.m.* meaning; sens; Bedeutung; significado. **Signora** *s.f.* Mrs., lady, woman; madame, dame; Frau, Dame; señora. **Signore** *s.m.* Mister; monsieur; Herr; señor. **Signorina** *s.f.* Miss; mademoiselle, demoiselle; Fräulein; señorita. **Silenzio** *s.m.* silence; silence; Ruhe; silencio. **Simpatico** *agg.* pleasant; sympathique; sympathisch; simpático. **Sincero** *agg.* sincere; sincère; ehrlich; sincero. **Singolare** *agg.* singular; singulier; singular; singular. **Sinistra** *s.f.* left; gauche; Linke; izquierda. **Sistema** *s.m.* system; système; System; sistema. **Situazione** *s.f.* situation; situation; Lage; situación. **Slip** *s.m.* briefs; slip; Slip; calzoncillos, bragas. **Smettere** *v.t.* to stop; cesser; aufhören; dejar, cesar. **Società** *s.f.* society; société; Gesellschaft; sociedad. **Soddisfare** *v.t.* to satisfy; satisfaire; befriedigen; satisfacer. **Soffitta** *s.f.* loft, garret; mansarde, grenier; Dachboden, Speicher; desván, buhardilla. **Soffitto** *s.m.* ceiling; plafond; Zimmerdecke; techo, cielo. **Soffrire** *v.i.* to suffer; souffrir; leiden; sufrir.

Sognare *v.t.* to dream; rêver; träumen; soñar. **Sogno** *s.m.* dream; rêve; Traum; sueño. **Soldato** *s.m.* soldier; soldat; Soldat; soldado. **Sole** *s.m.* sun; soleil; Sonne; sol. **Solo** *agg.* alone; seul; allein; solo. **Soltanto** *avv.* only; seulement; nur; solamente. **Sonnifero** *s.m.* sleeping-pill; somnifère; Schlafmittel; somnífero. **Sonno** *s.m.* sleep; sommeil; Schlaf; sueño. **Sopravvivere** *v.i.* to survive; survivre; überleben; sobrevivir. **Sorella** *s.f.* sister; soeur; Schwester; hermana. **Sorgere** *v.i.* to rise; se lever; sich erheben; levantarse. **Sorpresa** *s.f.* surprise; surprise; Überraschung; sorpresa. **Sorridere** *v.i.* to smile; sourire; lächeln; sonreír. **Sospendere** *v.t.* to suspend; suspendre; unterbrechen; suspender. **Sospettare** *v.t.* to suspect; soupçonner; verdächtigen; sospechar. **Sostantivo** *s.m.* noun, substantive; nom; Substantiv; sustantivo. **Sostituire** *v.t.* to replace; remplacer; vertreten; sustituir. **Spalla** *s.f.* shoulder; épaule; Schulter; hombro. **Sparire** *v.i.* to disappear; disparaître; verschwinden; desaparecer. **Spazio** *s.m.* space; espace; Raum, All; espacio. **Spazzatura** *s.f.* rubbish, garbage; ordures; Müll; basura. **Spazzola** *s.f.* brush; brosse; Bürste; cepillo. **Spazzolino da denti** *s.m.* tooth-brush; brosse à dents; Zahnbürste; cepillo de dientes. **Specchio** *s.m.* mirror; miroir; Spiegel; espejo. **Speciale** *agg.* special; spécial; besondere; especial. **Specialità** *s.f.* speciality; spécialité; Spezialität; especialidad. **Spedire** *v.t.* to send; expédier; schicken; enviar, mandar. **Spegnere** *v.t.* to put out, to turn off; éteindre; auslöschen; apagar. **Spendere** *v.t.* to spend; dépenser; ausgeben; gastar. **Sperare** *v.t.* to hope; espérer; hoffen; esperar. **Spesa** *s.f.* expense, shopping; dépense, courses; Ausgabe, Einkäufe; gasto, compra. **Spesso** *avv.* often; souvent; oft; a menudo, frecuentemente. **Spettacolo** *s.m.* spectacle, show; spectacle; Schauspiel; espectáculo. **Spiacere** *v.i.* to be sorry; regretter; leid tun; lamentar, desagradar. **Spiaggia** *s.f.* beach; plage; Strand; playa. **Spiegare** *v.t.* to explain; expliquer; erklären; explicar. **Spinaci** *s.m.p.* spinach; épinards; Spinat; espinacas. **Spingere** *v.t.* to push; pousser; stoßen; empujar. **Sporco** *agg.* dirty; sale; schmutzig; sucio. **Sposarsi** *v.i.* to marry; se marier; heiraten; casarse. **Spumante** *s.m.* sparkling wine; mousseux; Schaumwein; espumoso. **Squadra** *s.f.* team; équipe; Team; equipo. **Stadio** *s.m.* stadium; stade; Stadion; estadio. **Stagione** *s.f.* season; saison; Jahreszeit; estación. **Stamattina** *avv.* this morning; ce matin; heute morgen; esta mañana. **Stampa** *s.f.* press; presse; Presse; prensa. **Stanco** *agg.* tired; fatigué; müde; cansado. **Stanotte** *avv.* tonight; cette nuit; heute nacht; esta noche. **Stanza** *s.f.* room; pièce, chambre; Zimmer; habitación. **Stare** *v.i.* to stay; rester, être; bleiben, sein; estar. **Stasera**

avv. this evening; ce soir; heute abend; esta tarde, esta noche. **Statua** *s.f.* statue; statue; Statue, Standbild; estatua. **Stazione** *s.f.* station; station, gare; Bahnhof; estación. **Stella** *s.f.* star; étoile; Stern; estrella. **Stipendio** *s.m.* salary; salaire; Gehalt, Lohn; sueldo. **Stirare** *v.t.* to iron; repasser; bügeln; planchar. **Stivale** *s.m.* boot; botte; Stiefel; bota. **Stoffa** *s.f.* cloth; étoffe; Stoff; tela. **Stomaco** *s.m.* stomach; estomac; Magen; estómago. **Storia** *s.f.* history, story; histoire; Geschichte; historia, cuento. **Strada** *s.f.* road; route; Straße; calle. **Straniero** *agg.* foreign; étranger; fremd; extranjero. **Straniero** *s.m.* foreigner; étranger; Fremde; extranjero. **Strano** *agg.* strange; bizarre; seltsam; extraño. **Strumento musicale** *s.m.* musical instrument; instrument de musique; Instrument; instrumento. **Studente** *s.m.* student; étudiant; Lernende, Schüler, Student; estudiante. **Studiare** *v.t.* to study; étudier; studieren; estudiar. **Subito** *avv.* immediately; tout de suite; sofort; enseguida, inmediatamente. **Succedere** *v.i.* to happen; arriver; geschehen; suceder. **Successo** *s.m.* success; succès; Erfolg; éxito. **Succo** *s.m.* juice; jus; Saft; zumo. **Sud** *s.m.* South; sud; Süden; sur. **Sudare** *v.i.* to sweat; transpirer; schwitzen; sudar. **Sufficiente** *avv.* enough; suffisant; genügend, süffisant; suficiente. **Sugo** *s.m.* sauce; sauce; Sauce; salsa. **Suonare** *v.t.* to play; jouer; spielen (*Musik*); tocar (*instrumento*). **Suono** *s.m.* sound; son; Ton; sonido. **Surgelato** *agg.* deep-frozen food; surgelé; tiefgekühlt; congelado. **Sveglia** *s.f.* alarm-clock; réveil; Weckruf; despertador. **Svegliare** *v.t.* to wake up; réveiller; wecken; despertar. **Svenire** *v.i.* to faint; s'évanouir, défaillir; in Ohnmacht fallen; desmayarse. **Sviluppare** *v.t.* to develop; développer; entwickeln; desarrollar.

T

Tabacco *s.m.* tobacco; tabac; Tabak; tabaco. **Tacco** *s.m.* heel; talon; Schuhabsatz; tacón. **Tacere** *v.i.* to silence, to be quiet; se taire; schweigen; acallar, callarse. **Taglia** *s.f.* size; taille; Größe; talla. **Tagliare** *v.t.* to cut; couper; schneiden; cortar. **Tappeto** *s.m.* carpet; tapis; Teppich; alfombra. **Tappo** *s.m.* plug, stopper, cork; bouchon; Korken; tapón. **Tardi** *avv.* late; tard; spät; tarde. **Targa** *s.f.* plate; plaque d'immatriculation; Schild, Plakette; matrícula. **Tariffa** *s.f.* rate, fare, tariff; tarif; Tarif, Gebühr; tarifa. **Tasca** *s.f.* pocket; poche; Tasche; bolsillo. **Tassa** *s.f.* tax; taxe; Steuer; impuesto. **Tavolo** *s.m.* table; table; Tisch; mesa. **Tazza** *s.f.* cup; tasse; Tasse; taza. **Tazzina** *s.f.* coffee-cup; tasse à café; Kaffeetasse; tacita, taza de café. **Tè** *s.m.* tea; thé; Tee; té. **Teatro** *s.m.* theatre;

théâtre; Theater; teatro. **Telefonare** *v.i.* to telephone; téléphoner; anrufen; telefonear. **Telefonata** *s.f.* (telephone) call; coup de téléphone; Telefonanruf; llamada (telefónica). **Telefono** *s.m.* telephone; téléphone; Telefon; teléfono. **Telegramma** *s.m.* telegram; télégramme; Telegramm; telegrama. **Televisione** *s.f.* television; télévision; Fernsehen; televisión. **Temperatura** *s.f.* temperature; température; Temperatur; temperatura. **Tempo** *s.m.* time, weather, tense; temps; Zeit, Wetter, Tempus; tiempo. **Temporale** *s.m.* thunderstorm; orage; Gewitter; tormenta, temporal. **Tenere** *v.t.* to hold; tenir; halten; tener, sostener. **Terra** *s.f.* earth; terre; Erde; tierra, suelo. **Terrazza** *s.f.* terrace; terrasse; Terrasse; terraza. **Terremoto** *s.m.* earthquake; tremblement de terre, séisme; Erdbeben; terremoto. **Terreno** *s.m.* land, ground; terrain; Land; terreno. **Terribile** *agg.* terrible; terrible; schrecklich; terrible. **Tesoro** *s.m.* treasure; trésor; Schatz, Tresor; tesoro. **Tessera** *s.f.* card; carte; Ausweis; tarjeta, carnet. **Testa** *s.f.* head; tête; Kopf; cabeza. **Testimone** *s.m.f.* witness; témoin; Zeuge; testigo. **Tetto** *s.m.* roof; toit; Dach; techo. **Tifoso** *s.m.* fan; supporter; Fan; hincha. **Tirare** *v.t.* to pull; tirer; ziehen; tirar, arrojar. **Titolo** *s.m.* title; titre; Absatz; título. **Toccare** *v.t.* to touch; toucher; berühren; tocar. **Togliere** *v.t.* to remove; enlever; wegnehmen; quitar, sacar. **Tomba** *s.f.* tomb; tombe; Grab; tumba. **Tonno** *s.m.* tuna; thon; Thunfisch; atún. **Topo** *s.m.* mouse; rat, souris; Maus; ratón. **Tornare** *v.i.* to return; revenir, retourner; zurückkommen; volver. **Toro** *s.m.* bull; taureau; Stier; toro. **Torre** *s.f.* tower; tour; Turm; torre. **Torta** *s.f.* cake; gâteau, tarte; Torte, Kuchen; tarta. **Tosse** *s.f.* cough; toux; Husten; tos. **Tossire** *v.i.* to cough; tousser; husten; toser. **Totale** *s.m.* total; total; Total, Gesamtsumme; total. **Tovaglia** *s.f.* table-cloth; nappe; Tischtuch; mantel. **Tovagliolo** *s.m.* napkin; serviette de table; Serviette; servilleta. **Tradizione** *s.f.* tradition; tradition; Tradition, Überlieferung; tradición. **Tradurre** *v.t.* to translate; traduire; übersetzen; traducir. **Traduzione** *s.f.* translation; traduction; Übersetzung; traducción. **Traffico** *s.m.* traffic; circulation; Verkehr; tráfico. **Traghetto** *s.m.* ferry-boat; ferry-boat; Fähre; transbordador. **Tram** *s.m.* streetcar; tramway; Straßenbahn; tranvía. **Tramonto** *s.m.* sunset; coucher de soleil; Sonnenuntergang; puesta, ocaso. **Tranquillo** *agg.* quiet, calm; tranquille; ruhig; tranquilo. **Transitivo** *agg.* transitive; transitif; transitiv; transitivo. **Trarre** *v.t.* to draw from, to pull; tirer; (heraus)ziehen; traer, sacar. **Trascorrere** *v.t* to pass, to spend; passer; verbringen; pasar, transcurrir. **Trasferire** *v.t.* to transfer; transférer; versetzen; transferir. **Trasformare** *v.t.* to transform; transformer; verwandeln; transformar. **Trasfusione** *s.f.* transfusion; transfusion;

Blutübertragung; transfusión. **Trasloco** *s.m.* removal; déménagement; Umzug; mudanza, traslado. **Trasmettere** *v.t.* to transmit; transmettre; übermitteln; transmitir. **Trasparente** *agg.* transparent; transparent; durchsichtig; trasparente. **Trasportare** *v.t.* to transport; transporter; transportieren; transportar. **Trasporto** *s.m.* transport; transport; Transport, Beförderung; transporte. **Treno** *s.m.* train; train; Zug; tren. **Tribunale** *s.m.* Court; tribunal; Gericht; tribunal. **Triste** *agg.* sad; triste; traurig; triste. **Troppo** *agg.* too much; trop; zu viel; demasiado. **Trota** *s.f.* trout; truite; Forelle; trucha. **Trovare** *v.t.* to find; trouver; finden; hallar, encontrar. **Trucco** *s.m.* make-up, trick; maquillage, truc; Make-up, Trick; maquillaje, treta. **Tubo** *s.m.* tube; tube; Rohr; tubo. **Tuffarsi** *v.i.* to plunge, to dive; plonger; (unter)tauchen; zambullirse. **Tuono** *s.m.* thunder; tonnerre; Donner; trueno. **Tuorlo** *s.m.* yoke; jaune d'œuf; Eigelb; yema. **Turismo** *s.m.* tourism; tourisme; Tourismus; turismo. **Turista** *s.m.f.* tourist; touriste; Tourist; turista. **Turistico** *agg.* touristic; touristique; touristisch; turístico. **Turno** *s.m.* turn; tour, garde; Reihenfolge, Schicht; turno. **Tutto** *agg./pron.* all; tout; ganz, alles; todo.

U

Ubbidire *v.i.* to obey; obéir; (be)folgen; obedecer. **Ubriaco** *agg.* drunk; ivre; betrunken; borracho. **Uccello** *s.m.* bird; oiseau; Vogel; pájaro. **Uccidere** *v.t.* to kill; tuer; töten; matar. **Ufficiale** *agg.* official; officiel; offiziell; oficial. **Ufficio** *s.m.* office; bureau; Büro, Abteilung; oficina. **Uguale** *agg.* equal; égal; gleich; igual. **Ultimo** *agg.* last; dernier; letzte; último. **Umano** *agg.* human; humain; menschlich; humano. **Umido** *agg.* damp; humide; feucht; húmedo. **Unghia** *s.f.* nail; ongle; Nagel; uña. **Unico** *agg.* unique; unique; einzig; único. **Unione** *s.f.* union; union; Verbindung; unión. **Unire** *v.t.* to join; unir; vereinigen; juntar, unir. **Università** *s.f.* university; université; Universität; universidad. **Uomo** *s.m.* man; homme; Mann, Mensch; hombre. **Uovo** *s.m.* egg; oeuf; Ei; huevo. **Urgente** *agg.* urgent; urgent; dringend; urgente. **Usare** *v.t.* to use; user; gebrauchen; usar. **Uscire** *v.i.* to leave; sortir; hinausgehen; salir. **Uscita** *s.f.* exit; sortie; Ausgang; salida. **Utile** *agg.* useful; utile; nützlich; útil. **Uva** *s.f.* grapes; raisin; Trauben; uva.

V

Vacanza *s.f.* holiday; vacances; Ferien; vacación. **Vaglia** *s.m.* money order; mandat; Anweisung; giro postal. **Valanga** *s.f.* avalanche; avalanche; Lawine; alud. **Valere** *v.i.* to be good, to be worth, to cost; valoir; gelten, wert sein; servir, ser útil, valer. **Valido** *agg.* valid; valable, valide; gültig; válido. **Valigia** *s.f.* suitcase; valise; Koffer; maleta. **Valore** *s.m.* value; valeur; Wert, Gültigkeit; valor. **Valuta** *s.f.* currency; devise; Währung; divisa, moneda. **Vantaggio** *s.m.* advantage; avantage; Vorteil; ventaja. **Vapore** *s.m.* steam; vapeur; Dampf; vapor. **Vaso** *s.m.* vase; vase; Topf, Vase; vasija, florero, frasco. **Vecchio** *agg.* old; vieux; alt; viejo. **Vedere** *v.t.* to see; voir; sehen; ver. **Vedovo** *agg.* widower; veuf; verwitwet; viudo. **Vegetale** *s.m.* vegetable; végétal; Pflanze, Gewächs; vegetal. **Vegetariano** *s.m.* vegetarian; végétarien; Vegetarier; vegetariano. **Veicolo** *s.m.* vehicle; véhicule; Fahrzeug; vehículo. **Vela** *s.f.* sail; voile; Segel; vela. **Veleno** *s.m.* poison; poison; Gift; veneno. **Velluto** *s.m.* velvet; velours; Samt; terciopelo. **Veloce** *agg.* quick; rapide; schnell; veloz. **Velocità** *s.f.* speed; vitesse; Schnelligkeit; velocidad. **Vendemmia** *s.f.* grape-harvest; vendange; Weinlese; vendimia. **Vendere** *v.t.* to sell; vendre; verkaufen; vender. **Venerdì** *s.m.* Friday; vendredi; Freitag; viernes. **Venire** *v.i.* to come; venir; kommen; venir. **Ventilatore** *s.m.* fan; ventilateur; Ventilator; ventilador. **Vento** *s.m.* wind; vent; Wind; viento. **Verbo** *s.m.* verb; verbe; Verb; verbo. **Verde** *agg.* green; vert; grün; verde. **Verdura** *s.f.* vegetables; légumes; Gemüse; verdura. **Vergogna** *s.f.* shame; honte; Scham; vergüenza. **Verità** *s.f.* truth; vérité; Wahrheit; verdad. **Verme** *s.m.* worm; ver; Wurm; gusano. **Vero** *agg.* true; vrai; wahr; verdadero. **Verticale** *agg.* vertical; vertical; vertikal; vertical. **Vespa** *s.f.* wasp; guêpe; Wespe; avispa. **Vestirsi** *v.i.* to get dressed, to dress o.s.; s'habiller; sich anziehen; vestirse. **Vestito** *s.m.* suit, dress; robe, vêtement; Kleid, Anzug; vestido. **Veterinario** *s.m.* vet; vétérinaire; Tierarzt; veterinario. **Vetrina** *s.f.* shop-window; vitrine; Schaufenster; escaparate, vitrina. **Vetro** *s.m.* glass; verre, carreau; Glas, Scheibe; vidrio, cristal. **Via** *s.f.* street; rue; Weg, Strasse; calle. **Viaggiare** *v.i.* to travel; voyager; reisen; viajar. **Viaggiatore** *s.m.* traveller; voyageur; Passagier, Reisende; viajero. **Viaggio** *s.m.* trip, journey; voyage; Reise; viaje. **Viale** *s.m.* avenue; boulevard; Allee, Parkweg; avenida, bulevar. **Vicino** *avv.* nearby; près; nah(e); cerca. **Vietare** *v.t.* to forbid; interdire; verbieten; vetar, prohibir. **Vietato** *agg.* forbidden; interdit; verboten; prohibido. **Vigile** *s.m.* policeman; policier; Stadtpolizist; guardia municipal. **Vigilia** *s.f.* eve;

veille; Vortag; vispera, vigilia. **Vigneto** *s.m.* vineyard; vignoble; Weinberg; viña, viñedo. **Villeggiatura** *s.f.* holidays; villégiature; Sommerurlaub; veraneo. **Vincere** *v.t.* to win; gagner, vaincre; siegen; ganar, vencer. **Vino** *s.m.* wine; vin; Wein; vino. **Viola** *agg.* violet; violet; violett; violeta. **Violenza** *s.f.* violence; violence; Gewalt; violencia. **Visita** *s.f.* visit; visite; Besuch; visita. **Visitare** *v.t.* to visit; visiter; besuchen, besichtigen; visitar. **Viso** *s.m.* face; visage; Gesicht; cara, rostro. **Vista** *s.f.* sight; vue; Sicht; vista. **Visto** *s.m.* visa; visa; Visum; visado, visa. **Vita** *s.f.* life; vie; Leben; vida. **Vitamina** *s.f.* vitamin; vitamine; Vitamin; vitamina. **Vitello** *s.m.* calf, veal; veau; Kalb; ternero. **Vittima** *s.f.* victim; victime; Opfer; víctima. **Vivere** *v.i.t.* to live; vivre; leben; vivir. **Vivo** *agg.* alive; vivant; lebend; vivo. **Vocabolario** *s.m.* vocabulary; vocabulaire; Wörterbuch; vocabulario. **Voce** *s.f.* voice; voix; Stimme; voz. **Voglia** *s.f.* desire; envie; Lust; gana. **Volare** *v.i.* to fly; voler; fliegen; volar. **Volentieri** *avv.* gladly; volontiers; gern(e); con mucho gusto. **Volere** *v.t.* to want; vouloir; wollen; querer. **Volta** *s.f.* time; fois; Mal; vez. **Vomitare** *v.t.* to vomit; vomir; erbrechen; vomitar. **Vuoto** *agg.* empty; vide; leer; vacío.

Z

Zaino *s.m.* backpack; sac à dos; Rucksack; mochila. **Zanzara** *s.f.* mosquito; moustique; Mücke; mosquito. **Zio** *s.m.* uncle; oncle; Onkel; tío. **Zitto** *agg.* quiet; muet; still; callado. **Zona** *s.f.* area; zone; Zone; zona. **Zucchero** *s.m.* sugar; sucre; Zucker; azúcar. **Zuppa** *s.f.* soup; soupe; Suppe; sopa.

Finito di stampare
nel mese di maggio 2003
presso la Tipografia «Il David» di Firenze